CAREER

よくわかる
キャリア
コンサルティング
の教科書

渡部昌平［著］

金子書房

CONSULTING

はじめに

　本書は 2020 年度以降のキャリアコンサルタント養成講習カリキュラム（150時間以上）に基づいて項目立てをしていますが，キャリアコンサルティング資格試験の合格対策に向けた書籍ではありません。あくまで実践家がキャリアコンサルティングを実践する上で必要十分な知識や経験を積んでいただくための教科書であり，参考書でありたいと考えています。問題集で過去問を何度も解けば，資格試験には合格できるかもしれません。しかしそうした断片的な知識では，「安定したキャリアコンサルティング実践」はできません。断片的な知識と知識，断片的な知識と経験とをつなぎ，「キャリアコンサルティングに関する統合的な知識と経験」にしていく必要があります。さらに指導者には，自ら教科書が書けるくらいのレベルの「統合的かつ深くて広い知識と経験」を常に最新の情報に更新し続けることが求められます。

　このため本書では，近年欧米でも我が国でも主流になりつつあるナラティブ／社会構成主義アプローチの理解をゴールとして，キャリアコンサルティングの理論や実践方法について，キャリア理論やカウンセリング，心理療法の歴史的経緯も踏まえて具体的かつ詳細に論じています。

　また，発展学習やグループ学習がしやすいように，各項末には【発展学習・グループ学習のための議論のテーマ】を設け，ただ読むだけの書籍にならないよう「考えるきっかけ」を提供しています。

　さらに参考文献は，主に我が国の文献（洋書・外国語論文については，なるべく邦訳があるもの）を中心とし，読者が分野ごとに追いかけて学習しやすいように配慮しました。もし本書を読んで「さらに学びたい」という分野がありましたら，ぜひ各章末の参考文献を参考にしてください。

　本書がすべてのキャリアコンサルタント実践家と実践家を目指す皆様の，知識・経験の向上のきっかけとなることを祈っています。

2019 年 8 月

秋田県立大学　渡部昌平

なお2019年度以前に養成研修を受けた方あるいは2019年度までの受験に向けて勉強されている（た）方にとっては，本書の項目の並びは多少使いにくいかもしれません。本書ではすべての項目について以下のとおり対応しています（以下，2019年度までのカリキュラム体系を旧体系と表示）。

- 旧体系Ⅰ「3　キャリア・コンサルティングを担う者の活動範囲と義務」→Ⅳ「五　キャリアコンサルタントとしての倫理と姿勢」(1)～(3)で対応
- 旧体系Ⅱ「3　自己理解に関する理解」→Ⅲ二「2　自己理解の支援」で対応
- 旧体系Ⅱ「4　仕事に関する理解」→Ⅲ二「3　仕事の理解の支援」で対応
- 旧体系Ⅱ「5　職業能力開発に関する理解」→Ⅱ「三　職業能力開発（リカレント教育を含む）の知識」とほぼ重複
- 旧体系Ⅱ「6　人事労務管理に関する理解」→Ⅱ「四　企業におけるキャリア形成支援の理解」とほぼ重複
- 旧体系Ⅱ「8　労働関係法規，社会保障制度等に関する理解」→Ⅱ「六　労働政策及び労働関係法令並びに社会保障制度の知識」とほぼ重複
- 旧体系Ⅱ「9　学校教育制度，キャリア教育に関する理解」→Ⅱ「七　学校教育制度及びキャリア教育の知識」と内容が同じ
- 旧体系Ⅱ「11　ライフステージ，発達課題に関する理解」→Ⅱ「九　中高年齢期を展望するライフステージ及び発達課題の知識」とほぼ重複
- 旧体系Ⅱ「13　相談者の個人的特性に関する理解」→Ⅱ「十一　個人の多様な特性の知識」とほぼ重複
- 旧体系Ⅳ「3　ネットワークの認識と実践」(1)ネットワークの重要性の認識(2)ネットワークの形成」(3)専門機関への紹介（リファー）(4)異なる分野の専門家への照会（コンサルテーション）の実施→Ⅳ三「1　ネットワークの重要性の認識および形成」「2　専門機関への紹介及び専門家への照会」で対応
- 旧体系Ⅳ「5　キャリア形成支援者としての姿勢」→Ⅳ「五　キャリアコンサルタントとしての倫理と姿勢」(4)で対応

　以上のとおり，2019年度以前のカリキュラムで学ばれた方にも本書の学びは有効と考えています。旧体系と新カリキュラム体系の改訂比較表については，次ページ以降の表をご参照ください。

キャリアコンサルティング実施のために必要な能力体系（2011年（平成23年）3月からの改訂比較表）

「職業能力開発促進法施行規則及び職業能力開発促進法施行規則第四十八条の十七第一項第一号及び第二号に規定する講習の指定に関する省令の一部を改正する省令」（2020年4月1日施行予定）を踏まえて改訂

2011年（平成23年）3月		目標訓練時間			2020年4月（矢印及び下線が変更箇所）		目標訓練時間		
細目	能力要件	講義	演習	合計	細目	能力要件	講義	演習	合計
Ⅰ キャリア・コンサルティングの社会的意義に対する理解					Ⅰ キャリアコンサルティングの社会的意義				
1 社会・経済的動向とキャリア形成支援の必要性の認識	技術革新の急速な進展等様々な社会・経済的な変化に伴い、個人が主体的に自らの希望や適性・能力に応じて、生涯を通じたキャリア形成を行うことの重要性と、そのための支援の必要性が増してきたこと、個々人のキャリアの多様化や、社会的ニーズ、また労働政策上の要請等を背景に、キャリア・コンサルタントの活動が期待される領域が多様化していることについて十分に理解していること。	2H以上			一 社会及び経済の動向並びにキャリア形成支援の必要性の理解	技術革新の急速な進展等様々な社会・経済的な変化に伴い、個人が主体的に自らの希望や適性・能力に応じて、生涯を通じたキャリア形成を行うことの重要性と、そのための支援の必要性が増してきたこと、個々人のキャリアの多様化や、社会的ニーズ、また労働政策上の要請等を背景に、キャリアコンサルタントの活動が期待される領域が多様化していることについて十分に理解していること。			
2 キャリア・コンサルティングの役割の理解	キャリア・コンサルティングは、職業を中心にしながらも個人の生き甲斐、働き甲斐まで含めたキャリア形成を支援すること、また、個人が自らキャリアマネジメントにより自立・自律できるように支援すること、さらには、個人と組織との共生の関係をつくる上で重要なものであること等、その役割、意義について十分に理解していること。また、キャリア・コンサルティングは、個人に対する相談支援だけでなく、キャリア形成やキャリア・コンサルティングに関する教育・普及活動、環境への働きかけ等も含むものであることを十分に理解していること。	2H以上			二 キャリアコンサルティングの役割の理解	キャリアコンサルティングは、職業を中心にしながらも個人の生き甲斐、働き甲斐まで含めたキャリア形成を支援すること、また、個人が自らキャリアマネジメントにより自立・自律できるように支援すること、さらには、個人と組織との共生の関係をつくる上で重要なものであること等、その役割、意義について十分に理解していること。また、キャリアコンサルティングは、個人に対する相談支援だけでなく、キャリア形成やキャリアコンサルティングに関する教育・普及活動、組織（企業）・環境への働きかけ等も含むものであることを十分に理解していること。			
3 キャリア・コンサルティングを担う者の活動範囲と義務		―	10H程度				2H以上	―	2H以上
(1)活動範囲・限界の理解	キャリア・コンサルタントとしての活動の範囲には限界があること、その限界には任務上の範囲の限界のほかに、キャリア・コンサルタント自身の力量の限界、実践フィールドによる限界があることを理解し、活動の範囲内においては誠実かつ適切な配慮を持って職務を遂行しなければならないことを十分に理解し、実践できること。また、活動範囲を超えてキャリア・コンサルティングが行われた場合には、効果がないだけでなく個人にとって有害となる場合があることを十分に理解していること。	3H以上							
(2)守秘義務の遵守	相談者のプライバシーや相談内容は相談者の許可なしに決して口外してはならず、守秘義務の遵守はキャリア・コンサルタントと相談者の信頼関係の構築及び個人情報保護法令に鑑みて最重要のものであることを十分に理解し、実践できること。	Ⅳの五へ（P10）							
(3)倫理規定の厳守	キャリア形成支援の専門家としての高い倫理観を有し、キャリア・コンサルタントが守るべき倫理規定（基本理念、任務範囲、守秘義務の遵守等）について十分に理解し、実践できること。								

キャリアコンサルティング実施のために必要な能力体系（2011年（平成23年）3月からの改訂比較表）

「職業能力開発促進法施行規則及び職業能力開発促進法施行規則第四十八条の十七第一項第一号及び第二号に規定する講習の指定に関する省令の一部を改正する省令」（2020年4月1日施行予定）を踏まえて改訂

2011年（平成23年）3月					2020年4月（矢印及び下線が変更箇所）				
細目	能力要件	目標訓練時間			細目	能力要件	目標訓練時間		
		講義	演習	合計			講義	演習	合計
Ⅱ キャリア・コンサルティングを行うための基本的知識					Ⅱ キャリアコンサルティングを行うために必要な知識				
1 キャリアに関連する各理論の理解	キャリア発達理論、職業指導理論、職業選択理論等のキャリア開発に関する代表的理論の概要（基礎知識）について十分に理解していること。	3H以上			一 キャリアに関する理論	キャリア発達理論、職業指導理論、職業選択理論等のキャリア開発に関する代表的理論の概要（基礎知識）について十分に理解していること。	3H以上		
2 カウンセリングに関連する理論の理解	キャリア・コンサルティングの全体の過程においてカウンセリングの理論及びスキルが果たす役割を十分に理解していること。 　また、来談者中心アプローチや認知行動アプローチ等の代表的なカウンセリング理論の概要（基礎知識）、特徴について理解していること。 　なお、グループを活用したキャリア・コンサルティング（グループワーク、グループガイダンス、グループカウンセリング、グループエンカウンター、サポートグループ等のグループアプローチ）の意義、有効性、進め方の留意点等について理解していること。	3H以上			二 カウンセリングに関する理論	キャリアコンサルティングの全体の過程においてカウンセリングの理論及びスキルが果たす役割を十分に理解していること。 　また、来談者中心アプローチや認知行動アプローチ等の代表的なカウンセリング理論の概要（基礎知識）、特徴について理解していること。 　なお、グループを活用したキャリアコンサルティング（グループワーク、グループガイダンス、グループカウンセリング、グループエンカウンター、サポートグループ等のグループアプローチ）の意義、有効性、進め方の留意点等について理解していること。	3H以上		
3 自己理解に関する理解	キャリア・コンサルティングにおける自己理解の重要性及び自己理解を深めるための視点や手法等について体系的に十分に理解していること。 　また、自己理解を深めるためのキャリアシート（自らを振り返り今後のキャリア形成の方向性やその実現を図るための手段・方法を整理するための様式（職務経歴書やジョブ・カード等））や面接、観察、職業適性検査を含む心理検査等のアセスメントの種類、目的、特徴、主な対象、実施方法、評価方法、実施上の留意点等について理解していること。	2H以上							
4 仕事に関する理解	キャリア形成における「仕事」は、職業だけでなく、ボランティア活動等の職業以外の活動を含むものであることを十分に理解していること。 また、職務分析、職業調査、職業分類及び職業に関する主要な情報の種類、内容、情報媒体、情報提供機関、入手方法等について理解していること。	2H以上							
5 職業能力開発に関する理解	職業能力開発に関する知識（職業能力の要素、学習方法やその成果の評価方法、教育練体系等）及び職業能力開発に関する情報の種類、内容、情報媒体、情報提供機関、入手方法等について理解していること。 　また、教育訓練プログラム、能力評価シート等による能力評価、これらを用いた総合的な支援の仕組みであるジョブ・カード制度の目的、内容、対象等について理解していること。	3H以上			三 職業能力開発（リカレント教育を含む）の知識	個人の生涯に亘る主体的な学び直しに係るリカレント教育を含めた職業能力開発に関する知識（職業能力の要素、学習方法やその成果の評価方法、教育訓練体系等）及び職業能力開発に関する情報の種類、内容、情報媒体、情報提供機関、入手方法等について理解していること。 　また、教育訓練プログラム、能力評価シート等による能力評価、これらを用いた総合的な支援の仕組みであるジョブ・カード制度目的、内容、対象等について理解していること。	5H以上		

Ⅲの二の2及び3へ
（P6～7）

キャリアコンサルティング実施のために必要な能力体系(2011年(平成23年)3月からの改訂比較表)

「職業能力開発促進法施行規則及び職業能力開発促進法施行規則第四十八条の十七第一項第一号及び第二号に規定する講習の指定に関する省令の一部を改正する省令」(2020年4月1日施行予定)を踏まえて改訂

2011年(平成23年)3月					2020年4月(矢印及び下線が変更箇所)				
細目	能力要件	講義	演習	合計	細目	能力要件	講義	演習	合計
6 人事労務管理に関する理解	企業における雇用管理の仕組み、代表的な人事労務施策・制度の動向及び課題、企業内のキャリア形成に係る支援制度・能力評価基準等、ワークライフバランスの理念、労働者の属性(高齢者、女性、若者等)や雇用形態に応じたキャリアに関わる共通的課題について理解している。また、主な業種における勤務形態、賃金、労働時間等の具体的な労働条件について理解している。	3H以上		―	四 企業におけるキャリア形成支援の知識	企業における雇用管理の仕組み、代表的な人事労務施策・制度の動向及び課題、セルフ・キャリアドックをはじめとした企業内のキャリア形成に係る支援制度・能力評価基準等、ワークライフバランスの理念、労働者の属性(高齢者、女性、若者等)や雇用形態に応じたキャリアに関わる共通的課題とそれを踏まえた自己理解や仕事の理解を深めるための視点や手法について理解していること。また、主な業種における勤務形態、賃金、労働時間等の具体的な労働条件について理解していること。さらに、企業内のキャリア形成に係る支援制度の整備とその円滑な実施のための人事部門等との協業や組織内の報告の必要性及びその具体的な方法について理解していること。	5H以上		―
7 労働市場等に関する理解	社会情勢や産業構造の変化とその影響、また、雇用・失業情勢を示す有効求人倍率や完全失業率等の最近の労働市場や雇用の動向について理解している。	1H以上		30H程度	五 労働市場の知識	社会情勢や産業構造の変化とその影響、また、雇用・失業情勢を示す有効求人倍率や完全失業率等の最近の労働市場や雇用の動向について理解していること。	1H以上		35H以上
8 労働関係法規、社会保障制度等に関する理解	職業安定法、雇用対策法、職業能力開発促進法、労働基準法、労働安全衛生法等の労働関係法規や、年金、社会保険等に関する社会保障制度等、労働者の雇用や福祉を取り巻く各種の法律・制度について、キャリア形成との関連において、その目的、概念、内容、課題、関係機関等を理解していること。	1H以上			六 労働政策及び労働関係法令並びに社会保障制度の知識	職業安定法、雇用対策法、高年齢者雇用安定法、障害者雇用促進法、若者雇用促進法、労働者派遣法、職業能力開発促進法、労働基準法、労働安全衛生法、労働契約法、男女雇用機会均等法、育児・介護休業法、女性活躍推進法等の労働関係法規及びこれらに基づく労働政策や、年金、社会保険等に関する社会保障制度等、労働者の雇用や福祉を取り巻く各種の法律・制度について、キャリア形成との関連において、その目的、概念、内容、動向、課題、関係機関等を理解していること。	4H以上		
9 学校教育制度、キャリア教育に関する理解	学校教育制度や、初等中等教育から高等教育に至る学校種ごとの教育目標、青少年期の発達課題等に応じたキャリア教育のあり方等について理解していること。	2H以上			七 学校教育制度及びキャリア教育の知識	学校教育制度や、初等中等教育から高等教育に至る学校種ごとの教育目標、青少年期の発達課題等に応じたキャリア教育のあり方等について理解していること。	2H以上		
10 メンタルヘルスに関する理解	メンタルヘルスに関する法令や指針、また、職場におけるメンタルヘルスの保持・増進を図る対策の意義や方法、職場環境改善に向けた働きかけ方等、さらに、ストレスに関する代表的理論や職場のストレス要因、対処方法について理解していること。また、代表的な精神的疾病の概要、特徴的な症状を理解した上で、疾病の可能性のある相談者に対応する際の適切な見立てと、特別な配慮の必要性について理解していること。さらに、専門機関へのリファーやメンタルヘルス不調者の回復後の職場復帰支援等に当たっての専門家・機関の関与の重要性、これら機関との協働による支援の必要性及びその具体的な方法について十分に理解していること。	4H以上			八 メンタルヘルスの知識	メンタルヘルスに関する法令や指針、また、職場におけるメンタルヘルスの保持・増進を図る対策の意義や方法、職場環境改善に向けた働きかけ方等、さらに、ストレスに関する代表的理論や職場のストレス要因、対処方法について理解していること。また、代表的な精神的疾病の概要、特徴的な症状を理解した上で、疾病の可能性のある相談者に対応する際の適切な見立てと、特別な配慮の必要性について理解していること。さらに、専門機関へのリファーやメンタルヘルス不調者の回復後の職場復帰支援等に当たっての専門家・機関の関与の重要性、これら機関との協働による支援の必要性及びその具体的な方法について十分に理解していること。	4H以上		

キャリアコンサルティング実施のために必要な能力体系（2011年（平成23年）3月からの改訂比較表）

「職業能力開発促進法施行規則及び職業能力開発促進法施行規則第四十八条の十七第一項第一号及び第二号に規定する講習の指定に関する省令の一部を改正する省令」（2020年4月1日施行予定）を踏まえて改訂

2011年（平成23年）3月		目標訓練時間			2020年4月（矢印及び下線が変更箇所）		目標訓練時間		
細目	能力要件	講義	演習	合計	細目	能力要件	講義	演習	合計
11 ライフステージ、発達課題に関する理解	職業キャリアの準備期、参入期、発展期、円熟期、引退期等の各ライフステージ、出産・育児等のライフイベントにおいて解決すべき課題や主要な過渡期に乗り越えなければならない発達課題について理解していること。	2H以上			九 中高年齢期を展望するライフステージ及び発達課題の知識	職業キャリアの準備期、参入期、発展期、円熟期、引退期等の各ライフステージ、出産・育児、介護等のライフイベントにおいて解決すべき課題や主要な過渡期に乗り越えなければならない発達課題について理解していること。また、それらを踏まえた中高年齢期をも展望した中長期的なキャリア・プランの設計、キャリア・プランに即した学び直しへの動機付けや機会の提供による支援の必要性及びその具体的な方法ついて理解していること。	4H以上		
12 転機に関する理解	初めて職業を選択する時や、転職・退職時等の人生の転機が訪れた時の受け止め方や対応の仕方について理解していること。	1H以上			十 人生の転機の知識	初めて職業を選択する時や、転職・退職時等の人生の転機が訪れた時の受け止め方や対応の仕方について理解していること。			
13 相談者の個人的特性に関する理解	相談者の個人的特性（例えば、障害者については障害の内容や程度、ニート等の若者については生活環境や生育歴）等によって、課題の見立てのポイントや留意すべき点があることについて理解していること。	1H以上			十一 個人の多様な特性の知識	相談者の個人的特性（例えば、障害者については障害の内容や程度、ニート等の若者については生活環境や生育歴、病気療養中の者については治療の見通しや職場環境）等によって、課題の見立てのポイントや留意すべき点があることについて理解していること。	2H以上		

キャリアコンサルティング実施のために必要な能力体系（2011年（平成23年）3月からの改訂比較表）

「職業能力開発促進法施行規則及び職業能力開発促進法施行規則第四十八条の十七第一項第一号及び第二号に規定する講習の指定に関する省令の一部を改正する省令」（2020年4月1日施行予定）を踏まえて改訂

2011年（平成23年）3月		目標訓練時間			2020年4月（矢印及び下線が変更箇所）		目標訓練時間		
細目	能力要件	講義	演習	合計	細目	能力要件	講義	演習	合計
Ⅲ キャリア・コンサルティングの相談実施において必要なスキル					Ⅲ キャリアコンサルティングを行うために必要な技能				
1 基本的スキル					一 基本的な技能				
(1) カウンセリング・スキル	カウンセリングの進め方を体系的に理解したうえで、キャリア・コンサルタントとして、相談者に対する受容的・共感的な態度及び誠実な態度を維持しつつ、様々なカウンセリングの理論とスキルを用いて相談者との人格的相互関係の中で相談者が自分に気づき、成長するよう相談を進めることができること。また、相談者との関係構築を踏まえ、情報提供、教示、フィードバック等の積極的関わり技法の意義、有効性、導入時期、進め方の留意点等について理解し、適切にこれらを展開することができること。				1 カウンセリングの技能	カウンセリングの進め方を体系的に理解したうえで、キャリアコンサルタントとして、相談者に対する受容的・共感的な態度及び誠実な態度を維持しつつ、様々なカウンセリングの理論とスキルを用いて相談者との人格的相互関係の中で相談者が自分に気づき、成長するよう相談を進めることができること。また、傾聴と対話を通して、相談者が抱える課題について相談者と合意、共有することができること。さらに、相談者との関係構築を踏まえ、情報提供、教示、フィードバック等の積極的関わり技法の意義、有効性、導入時期、進め方の留意点等について理解し、適切にこれらを展開することができること。			
(2) グループアプローチ・スキル	グループを活用したキャリア・コンサルティングの意義、有効性、進め方の留意点等について理解し、それらを踏まえてグループアプローチを行うことができること。また、若者の職業意識の啓発や社会的・基礎的能力の習得支援、自己理解・仕事理解などを効果的に進めるためのグループアプローチを行うことができること。	9H以上			2 グループアプローチの技能	グループを活用したキャリアコンサルティングの意義、有効性、進め方の留意点等について理解し、それらを踏まえてグループアプローチを行うことができること。また、若者の職業意識の啓発や社会的・基礎的能力の習得支援、自己理解・仕事理解などを効果的に進めるためのグループアプローチを行うことができること。	6H以上		
(3) キャリアシートの作成指導・活用スキル	キャリアシートの意義、記入方法、記入に当たっての留意事項等の十分な理解に基づき、相談者に対し説明できるとともに適切な作成指導ができること。また、職業能力開発機会に恵まれなかった求職者の自信の醸成等が図られるよう、ジョブ・カード等の作成支援や必要な情報提供ができること。				3 キャリアシート（法第十五条の四第一項に規定する職務経歴等記録書を含む。）の作成指導及び活用の技能	キャリアシートの意義、記入方法、記入に当たっての留意事項等の十分な理解に基づき、相談者に対し説明できるとともに適切な作成指導ができること。また、職業能力開発機会に恵まれなかった求職者の自信の醸成等が図られるよう、ジョブ・カード等の作成支援や必要な情報提供ができること。			
(4) 相談過程全体のマネジメント・スキル	相談者が抱える課題の把握を適切に行い、相談過程のどの段階にいるかを常に把握し、各段階に応じた支援方法を選択して適切に相談を進行・管理することができること。				4 相談過程全体の進行の管理に関する技能	相談者が抱える課題の把握を適切に行い、相談過程のどの段階にいるかを常に把握し、各段階に応じた支援方法を選択して、適切に相談を進行・管理することができること。			

キャリアコンサルティング実施のために必要な能力体系（2011年（平成23年）3月からの改訂比較表）

「職業能力開発促進法施行規則及び職業能力開発促進法施行規則第四十八条の十七第一項第一号及び第二号に規定する講習の指定に関する省令の一部を改正する省令」（2020年4月1日施行予定）を踏まえて改訂

2011年（平成23年）3月		目標訓練時間			2020年4月（矢印及び下線が変更箇所）		目標訓練時間		
細目	能力要件	講義	演習	合計	細目	能力要件	講義	演習	合計
2 相談実施過程において必要なスキル					二 相談過程において必要な技能				
(1) 相談場面の設定					1 相談場面の設定				
(ア) 物理的環境の整備	相談を行うにふさわしい物理的な環境、相談者が安心して積極的に相談ができるような環境を設定することができること。				(1) 物理的環境の整備	相談を行うにふさわしい物理的な環境、相談者が安心して積極的に相談ができるような環境を設定することができること。			
(イ) 心理的な親和関係（ラポール）の形成	相談を行うに当たり、受容的な態度（挨拶、笑顔、アイコンタクト等）で接することにより、心理的な親和関係を相談者との間で確立することができること。				(2) 心理的な親和関係（ラポール）の形成	相談を行うに当たり、受容的な態度（挨拶、笑顔、アイコンタクト等）で接することにより、心理的な親和関係を相談者との間で確立することができること。			
(ウ) キャリア形成及びキャリア・コンサルティングに係る理解の促進	主体的なキャリア形成の必要性や、キャリア・コンサルティングでの支援の範囲、最終的な意思決定は相談者自身が行うことであること等、キャリア・コンサルティングの目的や前提を明確にすることの重要性について、相談者の理解を促すことができること。				(3) キャリア形成及びキャリアコンサルティングに係る理解の促進	主体的なキャリア形成の必要性や、キャリアコンサルティングでの支援の範囲、最終的な意思決定は相談者自身が行うことであること等、キャリアコンサルティングの目的や前提を明確にすることの重要性について、相談者の理解を促すことができること。			
(エ) 相談の目標、範囲等の明確化	相談者の相談内容、抱える問題、置かれた状況を傾聴や積極的関わり技法等により把握・整理し、当該相談の到達目標、相談を行う範囲、相談の緊要度等について、相談者との間に具体的な合意を得ることができること。				(4) 相談の目標、範囲等の明確化	相談者の相談内容、抱える問題、置かれた状況を傾聴や積極的関わり技法等により把握・整理し、当該相談の到達目標、相談を行う範囲、相談の緊要度等について、相談者との間に具体的な合意を得ることができること。			
(2)「自己理解」支援					2 自己理解の支援				
(ア) 自己理解への支援	職業興味や価値観等の明確化、キャリアシート等を活用した職業経験の棚卸し、職業能力の確認、個人を取り巻く環境の分析等により、相談者自身が自己理解を深めることを支援することができること。				(1) 自己理解への支援	キャリアコンサルティングにおける自己理解の重要性及び自己理解を深めるための視点や手法についての体系的で十分な理解に基づき、職業興味や価値観等の明確化、キャリアシート等を活用した職業経験の棚卸し、職業能力の確認、個人を取り巻く環境の分析等により、相談者自身が自己理解を深めることを支援することができること。			
(イ) アセスメント・スキル	年齢、相談内容、ニーズ等、相談者に応じて適切な時期に適切な職業適性検査等の心理検査を選択・実施し、その結果の解釈を適正に行うとともに、心理検査の限界も含めて相談者自身が理解するよう支援することができること。		50H程度	70H程度	(2) アセスメント・スキル	面接、観察、職業適性検査を含む心理検査等のアセスメントの種類、目的、特徴、主な対象、実施方法、評価方法、実施上の留意点等についての理解に基づき、年齢、相談内容、ニーズ等、相談者に応じて適切な時期に適切な職業適性検査等の心理検査を選択・実施し、その結果の解釈を適正に行うとともに、心理検査の限界も含めて相談者自身が理解するよう支援することができること。		60H以上	76H以上

Ⅱの3から（P2）

キャリアコンサルティング実施のために必要な能力体系（2011年（平成23年）3月からの改訂比較表）

「職業能力開発促進法施行規則及び職業能力開発促進法施行規則第四十八条の十七第一項第一号及び第二号に規定する講習の指定に関する省令の一部を改正する省令」（2020年4月1日施行予定）を踏まえて改訂

2011年（平成23年）3月		目標訓練時間			2020年4月（矢印及び下線が変更箇所）		目標訓練時間		
細目	能力要件	講義	演習	合計	細目	能力要件	講義	演習	合計
(3)「仕事理解」支援	相談者がキャリア形成における仕事（職業だけでなく、ボランティア活動等の職業以外の活動を含む。）の理解を深めるための支援をすることができること。また、インターネット上の情報媒体を含め、職業や労働市場に関する情報の収集、検索、活用方法等について相談者に対して助言することができること。				3 仕事の理解の支援	キャリア形成における「仕事」は、職業だけでなく、ボランティア活動等の職業以外の活動を含むものであることの十分な理解に基づき、相談者がキャリア形成における仕事の理解を深めるための支援をすることができること。また、インターネット上の情報媒体を含め、職業や労働市場に関する情報の収集、検索、活用方法等について相談者に対して助言することができること。さらに、職務分析、職務、業務のフローや関係性、業務改善の手法、職務再設計、（企業方針、戦略から求められる）仕事上の期待や要請、責任についての理解に基づき、相談者が自身の現在及び近い将来の職務や役割の理解を深めるための支援をすることができること。			
(4)「啓発的経験」支援	インターンシップ、職場見学、トライアル雇用等により職業を体験することの意義や目的について相談者自らが理解できるように支援し、その実行について助言することができること。また、相談者がそれらの経験を自身の働く意味・意義の理解や職業選択の材料とすることができるように助言することができること。	8H以上			4 自己啓発の支援	インターンシップ、職場見学、トライアル雇用等により職業を体験することの意義や目的について相談者自らが理解できるように支援し、その実行について助言することができること。また、相談者がそれらの経験を自身の働く意味・意義の理解や職業選択の材料とすることができるように助言することができること。	10H以上		
(5)「意思決定」支援					5 意思決定の支援				
(7)キャリア・プランの作成支援	自己理解、仕事理解及び啓発的経験をもとに、職業だけでなくどのような人生を送るのかという観点や、自身と家族の基本的生活設計の観点等のライフプランを踏まえ、相談者のキャリア・プランの作成を支援することができること。				(1)キャリア・プランの作成支援	自己理解、仕事理解及び啓発的経験をもとに、職業だけでなくどのような人生を送るのかという観点や、自身と家族の基本的生活設計の観点等のライフプランを踏まえ、相談者の中高年齢期をも展望した中長期的なキャリア・プランの作成を支援することができること。			
(イ)具体的な目標設定への支援	相談者のキャリア・プランをもとにした中長期的な目標や展望の設定と、それを踏まえた短期的な目標の設定を支援することができること。				(2)具体的な目標設定への支援	相談者のキャリア・プランをもとにした中長期的な目標や展望の設定と、それを踏まえた短期的な目標の設定を支援することができること。			
(ウ)能力開発に関する支援	相談者の設定目標を達成するために必要な自己学習や職業訓練等の能力開発に関する情報を提供するとともに、相談者自身が目標設定に即した能力開発を行うためのプランの作成及びその継続的見直しについて支援することができること。				(3)能力開発に関する支援	相談者の設定目標を達成するために必要な自己学習や職業訓練等の能力開発に関する情報を提供するとともに、相談者自身が目標設定に即した能力開発に対する動機付けを高め、主体的に実行するためのプランの作成及びその継続的見直しについて支援することができること。			

Ⅱの4から（P2）

キャリアコンサルティング実施のために必要な能力体系（2011年（平成23年）3月からの改訂比較表）

「職業能力開発促進法施行規則及び職業能力開発促進法施行規則第四十八条の十七第一項第一号及び第二号に規定する講習の指定に関する省令の一部を改正する省令」（2020年4月1日施行予定）を踏まえて改訂

2011年（平成23年）3月		目標訓練時間			2020年4月（矢印及び下線が変更箇所）		目標訓練時間		
細目	能力要件	講義	演習	合計	細目	能力要件	講義	演習	合計
(6)「方策の実行」支援					6 方策の実行の支援				
(ア)相談者に対する動機づけ	相談者が実行する方策（進路・職業の選択、就職、転職、職業訓練の受講等）について、その目標、意義の理解を促し、相談者が自らの意思で取り組んでいけるように働きかけることができること。				(1)相談者に対する動機づけ	相談者が実行する方策（進路・職業の選択、就職、転職、職業訓練の受講等）について、その目標、意義の理解を促し、相談者が自らの意思で取り組んでいけるように働きかけることができること。			
(イ)方策の実行のマネジメント	相談者が実行する方策の進捗状況を把握し、相談者に対して現在の状況を理解させるとともに、今後の進め方や見直し等について、適切な助言をすることができること。				(2)方策の実行のマネジメント	相談者が実行する方策の進捗状況を把握し、相談者に対して現在の状況を理解させるとともに、今後の進め方や見直し等について、適切な助言をすることができること。			
(7)「新たな仕事への適応」支援	方策の実行後におけるフォローアップも、相談者の成長を支援するために重要であることを十分に理解し、相談者の状況に応じた適切なフォローアップを行うことができること。				7 新たな仕事への適応の支援	方策の実行後におけるフォローアップも、相談者の成長を支援するために重要であることを十分に理解し、相談者の状況に応じた適切なフォローアップを行うことができること。			
(8)相談過程の総括					8 相談過程の総括				
(ア)適正な時期における相談の終了	キャリア・コンサルティングの成果や目標達成具合を勘案し、適正だと判断できる時点において、相談を終了することを相談者に伝えて納得を得たうえで相談を終了することができること。				(1)適正な時期における相談の終了	キャリアコンサルティングの成果や目標達成具合を勘案し、適正だと判断できる時点において、相談を終了することを相談者に伝えて納得を得たうえで相談を終了することができること。			
(イ)相談過程の評価	相談者自身が目標の達成度や能力の発揮度について自己評価できるように支援することができること。また、キャリア・コンサルタント自身が相談支援の過程と結果について自己評価することができること。				(2)相談過程の評価	相談者自身が目標の達成度や能力の発揮度について自己評価できるように支援することができること。また、キャリアコンサルタント自身が相談支援の過程と結果について自己評価することができること。			

「職業能力開発促進法施行規則及び職業能力開発促進法施行規則第四十八条の十七第一項第一号及び第二号に規定する講習の指定に関する省令の一部を改正する省令」(2020年4月1日施行予定)を踏まえて改訂

2011年（平成23年）3月		目標訓練時間			2020年4月（矢印及び下線が変更箇所）		目標訓練時間		
細目	能力要件	講義	演習	合計	細目	能力要件	講義	演習	合計
Ⅳ キャリア・コンサルティングの包括的な推進、効果的実施に係る能力					Ⅳ キャリアコンサルタントの倫理と行動				
1 キャリア形成、キャリア・コンサルティングに関する教育・普及活動	個人や組織のみならず社会一般に対して、様々な活動を通じてキャリア形成やキャリア・コンサルティングの重要性、必要性等について教育・普及することができること。また、それぞれのニーズを踏まえ、主体的なキャリア形成やキャリア形成支援に関する教育研修プログラムの企画、運営をすることができること。	2H以上			一 キャリア形成及びキャリアコンサルティングに関する教育並びに普及活動	個人や組織のみならず社会一般に対して、様々な活動を通じてキャリア形成やキャリアコンサルティングの重要性、必要性等について教育・普及することができること。また、それぞれのニーズを踏まえ、主体的なキャリア形成やキャリア形成支援に関する研修プログラムの企画、運営をすることができること。	2H以上		
2 環境への働きかけの認識と実践	個人の主体的なキャリア形成は、個人と環境（地域、学校、職場等の組織、家族等、個人を取り巻く環境）との相互作用によって培われるものであることを認識し、相談者個人に対する支援だけでは解決できない環境（例えば学校や職場の環境）の問題点の発見や指摘、改善提案等の環境への介入、環境への働きかけを、関係者と協力して行うことができること。	2H以上			二 環境への働きかけの認識及び実践	個人の主体的なキャリア形成は、個人と環境（地域、学校・職場等の組織、家族等、個人を取り巻く環境）との相互作用によって培われるものであることを認識し、相談者個人に対する支援だけでは解決できない環境（例えば学校や職場の環境）の問題点の発見や指摘、改善提案等の環境への介入、環境への働きかけを、関係者と協力（職場にあってはセルフ・キャリアドックにおける人事部門との協業、経営層への提言や上司への支援を含む）して行うことができること。	3H以上		
3 ネットワークの認識と実践					三 ネットワークの認識及び実践				
(1) ネットワークの重要性の認識	個人のキャリア形成支援を効果的に実施するためには、行政、その他の専門機関や専門家との様々なネットワークが重要であることを認識していること。				1 ネットワークの重要性の認識及び形成	個人のキャリア形成支援を効果的に実施するためには、行政、企業の人事部門等、その他の専門機関や専門家との様々なネットワークが重要であることを認識していること。ネットワークの重要性を認識したうえで、関係機関や関係者と日頃から情報交換を行い、協力関係を築いていくことができること。また、個人のキャリア形成支援を効果的に実施するため、心理臨床や福祉領域をはじめとした専門機関や専門家、企業の人事部門等と協働して支援することができること。			
(2) ネットワークの形成	ネットワークの重要性を認識したうえで、関係機関や関係者と日頃から情報交換を行い、協力関係を築いていくことができること。また、個人のキャリア形成支援を効果的に実施するため、専門機関や専門家と協働して支援することができること。	3H以上							4H以上
(3) 専門機関への紹介（リファー）の実施	個人や組織等の様々なニーズ（メンタルヘルス不調、発達障害等）に応えるなかで、適切な見立てを行い、キャリア・コンサルタントの任務の範囲、自身の能力の範囲を超えることについては、必要かつ適切なサービスを提供する専門機関や専門家を選択し、相談者の納得を得た上で紹介あっせんすることができること。	5H以上	20H程度		2 専門機関への紹介及び専門家への照会	個人や組織等の様々なニーズ（メンタルヘルス不調、発達障害、治療中の（疾患を抱えた）者）に応えるなかで、適切な見立てを行い、キャリアコンサルタントの任務の範囲、自身の能力の範囲を超えることについては、必要かつ適切なサービスを提供する専門機関や専門家を選択し、相談者の納得を得た上で紹介あっせんすることができること。個人のキャリア形成支援を効果的に実施するために必要な追加情報を入手したり、異なる分野の専門家に意見を求めることができること。			
(4) 異なる分野の専門家への照会（コンサルテーション）の実施	個人のキャリア形成支援を効果的に実施するために、必要な追加情報を入手したり、異なる分野の専門家に意見を求めることができること。								

キャリアコンサルティング実施のために必要な能力体系（2011年（平成23年）3月からの改訂比較表）

「職業能力開発促進法施行規則及び職業能力開発促進法施行規則第四十八条の十七第一項第一号及び第二号に規定する講習の指定に関する省令の一部を改正する省令」(2020年4月1日施行予定)を踏まえて改訂

	2011年（平成23年）3月					2020年4月（矢印及び下線が変更箇所）			
細目	能力要件	講義	演習	合計	細目	能力要件	講義	演習	合計
4 自己研鑽・スーパービジョン					四 自己研鑽及びキャリアコンサルティングに関する指導を受ける必要性の認識		10H以上		27H以上
(1)自己研鑽	キャリア・コンサルタント自身が自己理解を深めること能力の限界を認識することの重要性を認識するとともに、常に学ぶ姿勢を維持して、様々な自己啓発の機会等を捉えた継続学習により、新たな情報を吸収するとともに、自身の力量を向上させていくことができること。 特に、キャリア・コンサルティングの対象となるのは常に人間であることから、人間理解の重要性について十分に認識していること。	2H以上			(1)自己研鑽	キャリア・コンサルタント自身が自己理解を深めること能力の限界を認識することの重要性を認識するとともに、常に学ぶ姿勢を維持して、様々な自己啓発の機会等を捉えた継続学習により、新たな情報を吸収するとともに、自身の力量を向上させていくことができること。 特に、キャリア・コンサルティングの対象となるのは常に人間であることから、人間理解の重要性について十分に認識していること。	3H以上		
(2)スーパービジョン	スーパービジョンの意義、目的、方法等を十分に理解し、スーパーバイザーから定期的に実践的助言・指導（スーパービジョン）を受けることの必要性を認識していること。 また、スーパービジョンを受けるために必要な逐語録等の相談記録を整理することができること。	2H以上			(2)スーパービジョン	スーパービジョンの意義、目的、方法等を十分に理解し、スーパーバイザーから定期的に実践的助言・指導（スーパービジョン）を受けることの必要性を認識していること。 また、スーパービジョンを受けるために必要な逐語録等の相談記録を整理することができること。			
5 キャリア形成支援者としての姿勢	キャリア・コンサルティングは個人の人生に関わる重要な役割、責任を担うものであることを自覚し、キャリア形成支援者としての自身のあるべき姿を明確にすることができること。 また、キャリア形成支援者として、自己理解を深め、自らのキャリア形成に必要な能力開発を行うことの必要性について、主体的に理解できること。	2H以上			五 キャリアコンサルタントとしての倫理と姿勢				
					(1)活動範囲・限界の理解	キャリアコンサルタントとしての活動の範囲には限界があることと、その限界には任務上の範囲の限界のほかに、キャリアコンサルタント自身の力量の限界、実践フィールドによる限界があることを理解し、活動の範囲内においては誠実かつ適切な配慮を持って職務を遂行しなければならないことを十分に理解し、実践できること。 また、活動範囲を超えてキャリアコンサルティングが行われた場合には、効果がないだけでなく個人にとって有害となる場合があることを十分に理解していること。	5H以上		
	Ⅰの3から(P1)				(2)守秘義務の遵守	相談者のプライバシーや相談内容は相談者の許可なしに決して口外してはならず、守秘義務の遵守はキャリアコンサルタントと相談者の信頼関係の構築及び個人情報保護法に鑑みて最重要のものであることを十分に理解し、実践できること。			
					(3)倫理規定の厳守	キャリア形成支援の専門家としての高い倫理観を有し、キャリアコンサルタントが守るべき倫理規定（基本理念、任務範囲、守秘義務の遵守等）について十分に理解し、実践できること。			
					(4)キャリアコンサルタントとしての姿勢	キャリアコンサルティングは個人の人生に関わる重要な役割、責任を担うものであることを自覚し、キャリア形成支援者としての自身のあるべき姿を明確にすることができること。 また、キャリア形成支援者として、自己理解を深め、自らのキャリア形成に必要な能力開発を行うことの必要性について、主体的に理解できること。			
その他		10H程度	10程度		その他		10H以上		
訓練時間合計　140時間程度					訓練時間合計　150時間以上				

目　次

第2部　指導者に向けて ‖‖‖‖‖‖‖‖‖‖‖‖‖‖‖‖‖‖‖‖‖‖‖‖‖‖‖‖‖‖‖

第1部

実践者に向けて

第1章

キャリアコンサルティングの社会的意義

　この章では，技術革新の急速な進展等のさまざまな社会・経済的な変化にともない，個人が主体的に自らの希望や適性・能力に応じて，生涯を通じたキャリア形成を行うことの重要性と，そのための支援の必要性を学んでいきます。

1　社会および経済の動向ならびにキャリア形成支援の必要性の理解

（1）押さえておきたい世の中の動きとキャリア形成の重要性

　近年，産業構造や雇用環境の大幅な変化，技術革新の急速な進展さらには家族や生活のあり方への意識の変化等の中で「日本的雇用慣行」（※筆者注：終身雇用，年功序列，企業別組合）も変化してきており，個人が主体性を持って自分自身の能力や特性に合わせたキャリア形成を行うこと，組織・会社任せでない，いわば自己決定・自己責任が重要性を増してきています。人生100年時代を迎え，年金受給開始年齢の引き上げ等により定年年齢も引き上げられ，職業人生が長期化する中で何度か訪れるかもしれない「キャリア危機」の克服が求められるようになってきています。そうした中でも，ワーク・ライフ・バランスなど個人の尊厳や私生活の充実と会社のニーズとのバランスを意識した，仕事と生活を調和させたキャリア形成を支援していくことが求められています。

　例えば厚生労働省「平成20年度キャリアコンサルティング研究会報告書」（2009）では，

　　　企業や働く者を取り巻く状況や，企業と働く者の関係は，経済社会の急激な変化によって大きな転機を迎えている。すなわち，人口の高齢化に対応したキャリアの長期化，絶え間ない産業構造の変化，技術革新等によって，働く者に必要な職務・職業能力が常に変化していること等により，企業等の組織内における人材の育成，活用の重要性に加え，外部労働市場の果たす役割が拡大しつ

つある。

　世界規模での金融不安や円高等を背景に生じている，現下の非正規労働者の大量離職を含めた雇用調整の増加といった雇用環境の激変は，こうした傾向をさらに強めていると言える。

　かかる中長期的，喫緊両面の課題を踏まえ，内部・外部労働市場の変化に職業能力を基軸として対応する上で，「職業訓練システム」，「能力評価システム」，「情報システム」と並んで，キャリア形成の方向づけを相談等を通じ支援するキャリアコンサルティングを含めた「キャリア形成支援システム」を，重要なインフラの一つとして位置づけることが適当である。

　この間，官民共同で，キャリア形成支援システムを労働市場インフラとして構築するため，キャリアコンサルタント5万人養成に取り組んできたところであり，特に大企業においては社内の従業員支援制度としてキャリア形成支援を行うところが増えてきており，キャリアコンサルティング等の相談，キャリアプランの策定や自己啓発・能力開発の支援，主体的なキャリアプランを尊重した自己申告制度や社内公募制度といった配置・任用の仕組み等を導入している企業も多く見られるようになった。

　また，教育機関においても，キャリア教育プログラムの導入が徐々に進展してきており，その中でも大学や専修学校等を中心に，キャリアコンサルタントの有資格者に対する期待が高まりつつある。

としています。

　企業側は正社員中心の雇用管理から契約社員，派遣社員，パート・アルバイトあるいは地域限定採用など多様な雇用管理を進めており（あるいはリストラや早期退職制度も増えているかもしれません），あわせて労働者等の側でも多様な働き方をする人が増えると同時に，インターネットを含めた転職市場も拡大し，また時代とともに派遣会社やNPOや合同会社など従来の企業・組織とは異なる形態の法人も増えてきています。選択肢が増える中で「何をどう選ぶか」は非常に困難な選択になりつつあります。キャリアコンサルタントは自らの活動する領域に関し，こうした時代背景あるいは企業や労働者等のニーズや置かれた立場について，十分に学んでおく必要があります。

　木村（2010）においても，キャリアコンサルティングが求められる理由を「働く人間と企業の人事・労務管理の両面からそれが求められている」とし，厳しい雇用失業情勢，事業再構築（リストラ）など産業構造の変化，世界不況による国際競争力の変化，急速な技術革新，国際化などの「大きな構造変化の波」を指摘します。それにより労働者側も企業側も意識が変化しており，そのためにキャリア形成支援のキャリアコンサルティングが必要だというのです。木村（2010）は労働者側の①「やりたい仕事」志向，②自己啓発ニーズ，③改革を求める傾向を挙げ，企業側の①労働者と企業とが相互に選択しあう傾向，②人事・労務管理の個別化・多様化，③キャリア形成への支援，④若年者・高齢者・女性・障害者に対する雇用対策，メンタルヘルス対策などを挙げています（実は木村の最新刊（2018）ではこれら記述が削除されていますが，それは平成27（2015）年の青少年雇用促進法（従来の勤労青少年福祉法）・職業能力開発促進法の改正，平成28（2016）年の第10次職業能力開発基本計画の策定等により，キャリアコンサルタント登録制度（国家資格制度）の運用が開始され，現在では企業・組織においても労働者個人においても「キャリアコンサルティングすることが当然のこと」となりつつあるということの影響と思われます）。

　なお下村（2015）は近年の流れとして「コンストラクション系のキャリア理論」が「2000年代に入って（中略）大々的に注目を集めるようになった」としています。その背景として，下村（2015）は「考え方の大転換（パラダイムシフト）の背景には，情報化・グローバル化に伴うキャリア環境の変化の激しさというマクロな社会経済的要因がある」とし，「環境変化が激しく，不安定で，自分と職業との関係が常にめまぐるしく変化してしまう状況下では，安定的で静的で固定的な一時点での人と職業とのマッチングを念頭に置いた理論背景ではいかにもおかしい。そこで発見されたのが，今や不安定で動的で流動的な理論というものが必要だということであった。こうした時代だからこそ検査や情報にのみ頼るのではなく，できるかぎり人と話し，社会と向き合い，その中で目まぐるしく変わっていく自分と職業の位置関係をつかみ，自分と職業を重ね合わせる作業を常日頃やっていかなければならない」としています。それがナラティブ／社会構成主義アプローチと呼ばれる一連の技法が隆盛してきた原因であるとしているのです。ガイスバーズ（Gysbers et al., 1998 日本ドレーク・

ビーム・モリン株式会社ライフキャリア研究所訳 2002）でもアメリカにおける「職場の変化（グローバリゼーション，規制緩和，規模の縮小と拡大，自由貿易，合併），社会と職場の多様化，長寿化，生涯学習の普及，家族構成の変化（中略）が個人と社会に，課題・緊張・ストレス・不安をもたらして」いるとし，「このような変化がもたらす問題に対応できるように」キャリアカウンセリングがクライエントを援助しなければならないとしていますし，アムンドソン（Amundson, 2009 高橋監訳 2018）も「社会のスピードは極めて速く（中略）変化が最も変わらない現実」であるとして，キャリアクラフト（キャリアを自分で作っていくこと）の必要性を述べています。

　社会・経済的な動向を学ぶに当たっては，こうしたキャリア理論書を読むだけでなく，例えば内閣府「年次経済財政報告」，同「日本経済」，同「世界経済の潮流」，厚生労働省「労働経済の分析」あるいは一般社団法人日本経済団体連合会などの事業主団体が発刊する各種報告書等も参考になりますので，そうした資料を定期的に読むこともよいでしょう。

　また日本のキャリアコンサルティングの状況（これまでの普及状況や制度の改革等）については，厚生労働省のキャリアコンサルティング研究会報告書を読むことで，詳細に理解できます。これらは厚生労働省のHP「キャリアコンサルティングに関する調査研究報告」（https://www.mhlw.go.jp/stf/seisakunitsuite/bunya/koyou_roudou/shokugyounouryoku/career_formation/career_consulting/career_consulting_research/index.html）で，2006年度〜2015年度分の研究会報告書を読むことができます。

発展学習・グループ学習のための議論のテーマ

- 近年の産業構造の変化等で，キャリアコンサルタントが必要とされるようになった経緯としてはどんなものが考えられると思いますか？　メンバーで自由に話し合ってみましょう。その際，他の人の意見をすぐに否定するのではなく，そう思った理由についてもしっかりと傾聴・質問するようにしてみましょう。自分の意見についても，理由をつけてしっかり発言してみましょう。
- 本書を読むだけでなく，他書も参考に「近年の産業構造の変化等」について自分でも調べてみましょう。お互いに調べてきた「近年の産業構造の変化

> 等」について，情報を共有してみましょう。
>
> ● 「近年の産業構造の変化等」によって，これまであなたの周辺で起こった変化について話し合ってみましょう。

コラム　厚生労働省キャリアコンサルティング研究会報告書

　厚生労働省のキャリアコンサルティング研究会報告書を読むことで，これまでの日本の社会・経済状況と，そうした状況の中でキャリアコンサルティングが必要とされてきた歴史・状況，制度制定・改正の歴史が理解できます。これからのキャリアコンサルティングの社会への普及を考えると，キャリアコンサルタントを養成・指導する指導者層だけでなく，キャリアコンサルティングを実践する実務家の方にも学んでいただきたい内容です。

　厚生労働省のキャリアコンサルティング研究会は2006年度から2015年度までの毎年の報告書を厚生労働省HPで公表しており，その報告書を追うことで日本のキャリアコンサルティングの歴史がわかります。

　例えば平成18（2006）年報告書では，企業・教育機関・民間需給調整機関への実態調査結果を踏まえ，キャリアコンサルティングの普及促進に係る課題を整理し，施策のあり方について検討結果をまとめています。平成19（2007）年報告書では，企業・教育機関各領域におけるキャリアコンサルタントに求められる役割・能力等を明らかにし，各領域でキャリアコンサルタントが担う業務や専門性の向上とさらなる普及促進等について取りまとめています。平成20（2008）年報告書では，「指導レベル」キャリアコンサルタントに求められる能力要件と能力評価の枠組み等について検討を行い，求められる水準に即した1級技能検定制度と登録制度の組み合わせを提言しています。平成21（2009）年報告書は「キャリア教育部会」「ジョブ・カードを活用したキャリアコンサルティング部会」「業種・職種専門キャリアコンサルタントに係る検討」の3つの報告で構成され，ジョブ・カードを活用したキャリアコンサルティング部会ではジョブ・カードを活用した効果的なキャリアコンサルティングのあり方や今後の課題等について具体的提言をまとめています。平成22（2010）年報告書も「キャリアコンサルティング実態調査部会」「標準レベルキャリアコン

サルタントに求められる能力要件等に関する検討部会」「大学等キャリア教育部会」の３つの報告から構成され，標準レベルキャリアコンサルタントに求められる能力要件等に関する検討部会ではモデルカリキュラムの改訂等について提言等をまとめています。平成23（2011）年報告書では，企業・就職支援・教育・地域の４つの活動領域ごとにキャリアコンサルタントに期待される役割や活用ニーズを把握し，役割・能力・育成策等について整理されています。平成24（2012）年報告書では中小企業にキャリアコンサルティングを導入するための方策，平成25（2013）年報告書ではキャリアコンサルティングに必要な能力の習得・向上のための方策，平成26（2014）年報告書では企業がキャリアコンサルティング導入に当たって参考となる好事例，平成27（2015）年報告書ではキャリアコンサルタント登録制度（国家資格制度）創設を機に関係各機関・民間養成団体・キャリアコンサルタント個人に期待される役割等をまとめています。

また平成19（2007）年度～平成20（2008）年度には若年者向けキャリアコンサルティング研究会，平成22（2010）年度～平成23（2011）年度には大学等キャリア教育部会，平成24（2012）年度には職業訓練機関等におけるキャリアコンサルティング部会など，必要に応じて別研究会もしくは部会を併設し，複数の報告書をまとめています。

これら報告書の結果を踏まえ，2002年の厚生労働省「キャリアコンサルタント５万人計画」に始まるいわゆる標準レベルのキャリアコンサルタント養成から，2008年にはキャリアコンサルタント技能士制度（２級・１級）が開始され，2016年からは国家資格化されることとなりました。

国家資格を取得するためには，現在，国家資格キャリアコンサルタント試験に合格した上で，キャリアコンサルタント名簿に登録する必要があります。

受験資格は
- 厚生労働大臣が認定する講習の課程を修了した者
- 労働者の職業の選択，職業生活設計又は職業能力開発及び向上のいずれかに関する相談に関し３年以上の経験を有する者
- 技能検定キャリアコンサルティング職種の学科試験又は実技試験に合格した者
- 平成28（2016）年３月までに実施されていたキャリアコンサルタント能力評

価試験の受験資格である養成講座を修了した者（平成28（2016）年４月から
　５年間有効）

ということになっています。試験内容は，学科が筆記試験（100分）で四肢択
一のマークシート50問を70点以上（100点満点），実技が論述試験（50分）が
逐語記録を読み設問に解答する記述式１〜２問と面接（20分：ロールプレイ15
分／口頭試問５分）１ケースで90点以上（150点満点）で合格とされています。

> ### 発展学習・グループ学習のための議論のテーマ
>
> - 厚生労働省キャリアコンサルティング研究会報告書を読んだことがあります
>   か？　読んだことがある人はどの報告書をなぜ読んだのか，メンバーに説明
>   してみましょう。各メンバーがどの報告書を読みたいか，なぜ読むべきと思
>   ったか，話し合ってみましょう。
> - 報告書を読んでみて，どんな感想を抱きましたか？　あなたが考えていたキ
>   ャリアコンサルタントのニーズと，報告書に書かれたキャリアコンサルタン
>   トのニーズはどのような点で共通点・相違点がありましたか？　お互いの感
>   想をシェアしてみましょう。

2　キャリアコンサルティングの役割の理解

　キャリアコンサルティングを実施するに当たっては，キャリアコンサルティ
ングの役割を理解することが重要です。

　厚生労働省のホームページでは，まずキャリアを「過去から将来の長期に
わたる職務経験やこれに伴う計画的な能力開発の連鎖を指すもの」と定義し，
「『職業生涯』や『職務経歴』などと訳されます」と解説します。その上で「キ
ャリアコンサルティング」について，「労働者の職業の選択，職業生活設計又
は職業能力の開発及び向上に関する相談に応じ，助言及び指導を行うこと」と
定義します。

　さらに同ホームページでは，キャリアコンサルティングの活用場面として
・企業で働いている方の例として「今よりいい仕事をするためにスキルアップ

したいが，何から始めたら効果的かわからない」

- 学生の例として「就職活動をしているが，自分がどんな仕事に向いているのかわからない」「就職面接でうまく自己アピールできない」
- 仕事を探している方の例として「次の就職に向けて資格などを取得したいが，どのように選んだらいいかわからない」

などの場面を挙げ，「キャリアコンサルティングを通じて，自分の適性や能力，関心などに気づき，自己理解を深めるとともに，社会や企業内にある仕事について理解することにより，その中から自身に合った仕事を主体的に選択できるようになることが期待できます。組織内では，必ずしも自身の希望が叶うわけではありませんが，自身の潜在的なキャリアのニーズに気づき，仕事や能力開発の機会などを通して視野を広げ，自身のキャリア形成を考えていくことが大切です」「キャリアコンサルティングを通じて自身のキャリアプランを明確にし，そのために必要な知識・資格の習得や仕事の選択を行うなど，自身が希望するキャリアの道筋を実現していくための有力な手段の一つとして，キャリアコンサルティングを活用することができます」と解説します（図1-1参照）。

またキャリアコンサルティングの効果として

- 自らのキャリアについて相談した労働者の約9割が，相談（キャリアコンサルティング）が役に立ったとしている
- 役立った内容としては，「仕事に対する意識が高まった」とする人の割合が多いほか，正社員では「自分の目指すべきキャリアが明確になった」，「自己啓発を行うきっかけになった」といった内容が，正社員以外では「現在の会社で働き続ける意欲が湧いた」

等を挙げています。

このキャリアコンサルティングを行う専門家がキャリアコンサルタントであり，登録試験機関が行うキャリアコンサルタント試験に合格し，指定登録機関に登録する必要があります（名称独占資格）。また5年ごとの更新義務があり，資格の継続のためには更新講習を一定時間受講する必要があります。これはキャリアコンサルタントの力量を維持・向上するために必要とされているからです（厚生労働省，2019など）。

キャリアコンサルティングの流れを図1-2に示しますが，詳細については第

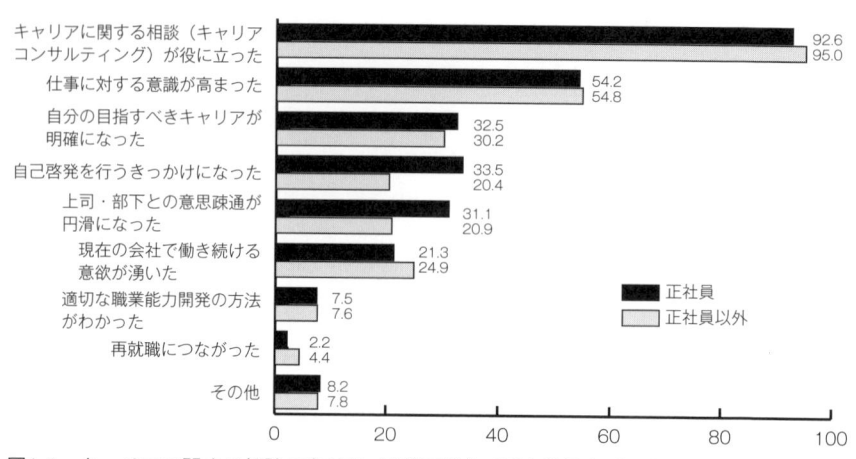

図1-1　キャリアに関する相談の有効性（複数回答）（厚生労働省「平成29年度能力開発基本調査」より）

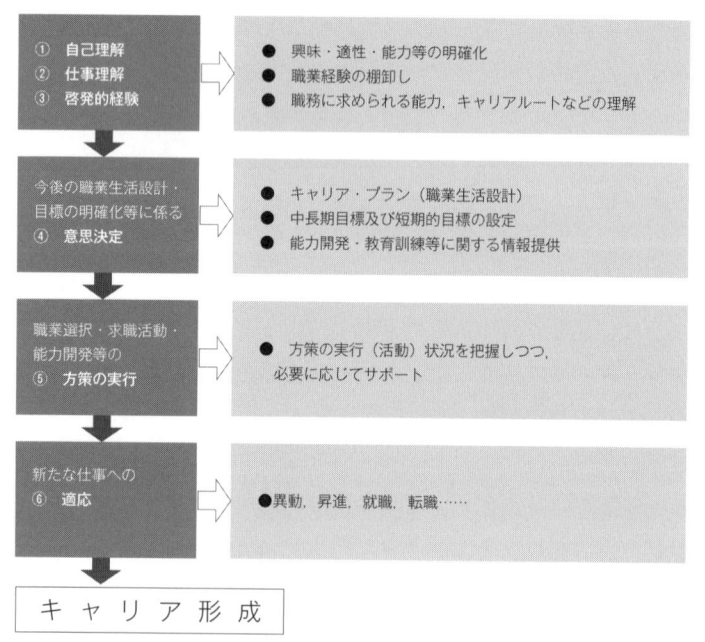

職務経験や教育訓練の受講等を積み重ねていくことによる，
段階的な職業能力の形成

図1-2　キャリアコンサルティングの流れ（厚生労働省HP https://www.mhlw.
go.jp/stf/seisakunitsuite/bunya/0000198322.html より）

2 章以降で説明します。

発展学習・グループ学習のための議論のテーマ

- あなた自身はあなたの活動領域におけるキャリアコンサルタントの役割はどのようなものだと感じていますか？　メンバーで話し合ってみましょう。またメンバーの活動領域であれば，他にどんな役割が求められると思いますか？　議論してみましょう。
- あなた自身はキャリアコンサルティングを受けたことがありますか？　受けた時の感想をメンバーで共有してみましょう。受けたことがない人はなぜ受けていないのか，メンバーで共有してみましょう。
- 企業や社会からのキャリアコンサルティングに関するニーズにはどんなものがあると思いますか？　求職者・労働者はどんなキャリアコンサルティングを求めると思いますか？　グループで議論してみましょう。
- キャリアコンサルティングが行われることで，どんな結果になって欲しいと思いますか？　そのためにキャリアコンサルタントはどういう姿勢・態度でなければならないと思いますか？

[引用・参考文献]

Amundson, N.E.（2009）. *ACTIVE ENGAGEMENT edition three the being and doing of career counselling*. Richmond：Ergon Communications.
（アムンドソン，N. E.（著）高橋 美保（監訳）（2018）．キャリアカウンセリング——積極的関わりによる新たな展開——　誠信書房）

Gysbers, N.C., Heppner, M. J., & Johnston, J. A.（1998）. *CAREER COUNSELING Process, Issues, and Techniques*. Boston：Allyn & Bacon.
（ガイスバーズ，N. C.，ヘプナー，M. J.，ジョンストン，J.A.（著）日本ドレーク・ビーム・モリン株式会社ライフキャリア研究所（訳）（2002）．ライフキャリアカウンセリング——カウンセラーのための理論と技術——　生産性出版）

木村 周（2010）．キャリア・コンサルティング　理論と実際　社団法人　雇用問題研究会

木村 周（2018）．キャリアコンサルティング　理論と実際 5訂版　一般社団法人　雇用問題研究会

厚生労働省（2009）．平成 20 年度キャリアコンサルティング研究会報告書　https://www.javada.or.jp/topics/pdf/H20_houkoku.pdf（2019 年 3 月 1 日）

厚生労働省（2019）．キャリアコンサルタントの継続的な学びの促進に関する報告書　https://www.mhlw.go.jp/content/11801000/000468483.pdf（2019 年 3 月 1 日）

厚生労働省　キャリアコンサルティング・キャリアコンサルタント　https://www.mhlw.go.jp/stf/seisakunitsuite/bunya/koyou_roudou/jinzaikaihatsu/career_consulting.html（2019 年 1 月 30 日）

厚生労働省　キャリアコンサルティングに関する調査研究報告　https://www.mhlw.go.jp/stf/seisakunitsuite/bunya/koyou_roudou/shokugyounouryoku/career_formation/career_consulting/career_consulting_research/index.html（2019 年 1 月 31 日）

下村 英雄（2015）．コンストラクション系のキャリア理論の根底に流れる問題意識と思想　渡部 昌平（編）下村 英雄・新目 真紀・五十嵐 敦・楡野 潤・高橋 浩・宗方 比佐子（著）社会構成主義キャリア・カウンセリングの理論と実践（pp.10-43）　福村出版

第2章

キャリアコンサルティングを行うために必要な知識

　この章では，キャリアコンサルティングは職業を中心にしながらも個人の生きがい，働きがいまでを含めたキャリア形成を支援するものであること，また個人が自らキャリアマネジメント（自立／自律）できるように支援するものであること，個人と組織との共生の関係をつくる上で重要なものであることなど，キャリアコンサルティングの意義について学んでいきます。

　キャリアコンサルティングは，個人に対する相談支援だけでなく，組織や集団に対するキャリア形成やキャリアコンサルティングに関する教育・普及活動，環境への働きかけなども含むものであることも同時に学んでいく必要があります。

　ただしあまりに理論家や理論名を大量に例示すると1つ1つの理論の理解が浅くなることを懸念して，この章ではまず，少数の主要な理論家を抜粋して紹介することとし，続くコラムで別の切り口から他の理論家や理論をまとめて説明します。

1-1　キャリアに関する理論

(1) パーソンズ（Persons, F.）1854-1908

　パーソンズは「職業指導運動」の創始者あるいはキャリアコンサルティングのみならず，カウンセリング全体の創始者の1人として，多くのカウンセリングの教科書で取り上げられる人物です。

　わが国のキャリアコンサルティングに関する著書の中で最も主要なものの1つと目される木村（2018）では，パーソンズについて「パースンズ」と表記した上で「職業指導の創始者とも言われるパースンズ（Persons, F.）は，その著書『職業の選択』（1909）の中で次のような，後に特性・因子理論と言われ職業指導に決定的な影響を与える理論の原型とも言うべき見解を示した」として，

　①　自分自身，自己の適性，能力，興味，希望，資質，限界，その他の諸特

性を明確に理解すること

②　さまざまな職業や仕事に関して，その仕事に求められる資質，成功の条
件，有利な点と不利な点，報酬，就職の機会，将来性などについての知識
を得ること

③　上記の2つの関係について，合理的な推論を行いマッチングすること
の3つのステップを挙げ，「これらの課題を達成する方法として，①個人情報
の記述，②自己分析，③選択と意思決定，④カウンセラーによる分析，⑤職業
についての概観と展望，⑥推論とアドバイス，⑦選択した職業への適合のため
の援助の7つが必要である」とし，「この理論は（中略）マッチングの理論と
も呼ばれる」としています。その後，ウィリアムソン（Williamson, E. G.）や
カウリィ（Cowley, W. H.），さらに臨床心理学の研究者たちが，学生の進路の
選択を援助する方法について検討を重ねていった（渡辺，2002）とされていま
す。

(2) ウィリアムソン（Williamson, E. G.）1900-1979

ウィリアムソンは「特性因子論」を提唱した人物で，ロジャーズ（Rogers,
C. R.）が批判した指示的カウンセリングとはウィリアムソン方式のことであ
った（國分監修，2008）とされています。なおウィリアムソンは1951年に教
育使節団として来日し，東京大学の教育学部などでカウンセリングの講義を行
ったのだそうです（下山，2001b）。

ウィリアムソンの方式は，(1)分析：主観的，客観的方法を用いて適性，興味，
価値観などクライエントに関する多くの情報を集める，(2)総合：クライエント
の特性を明確にするため，情報を比較・検討し，要約する，(3)診断：クライエ
ントの目立った特徴と問題点を叙述し，個人の特徴と職業や進路の諸条件を
比較し，問題の原因を見つける，(4)予後：問題から予想される結果と適応の可
能性を判断し，クライエントが選択可能な行動や適応をクライエントに示唆す
る，(5)処置：現在及び将来において望ましい適応状況を得るために何をすべき
か，クライエントと協力的に話し合う，(6)追指導：新たな問題が生じた場合に，
上記のステップを繰り返す（木村，2018）とされています。

(3) スーパー（Super, D. E.）1910-1994

　スーパーはキャリア理論の大家であり，全米キャリア発達学会が "*Career Development Quarterly*" で特集を組むほどの代表的な人物です。

　國分（2013）は「D・E・スーパーは，1950年代，臨床心理学に対当できる^(ママ)カウンセリング心理学を立ち上げた先駆者の1人である」とした上で，「キャリアガイダンスのうち，とくにスーパーの理論は，その機能が豊かである。その理由は2つある。1つは，人が育つとは何かを説明していること。すなわち，人は役割（キャリア）を介して成長する。その結果，次のキャリアへ移るし，レディネスもできる。ほかは，伝統的なカウンセリング（フロイト，ロジャーズ）は personal な体験が人を育てるというフレームを主としているのに対し，スーパーは，役割体験，すなわち social な体験を重視したことである。役割は，社会・文化的所産であるから，カウンセリングの学問的基盤を心理学にとどめないという提唱にもなっている」としています。また菊池（2013）はス

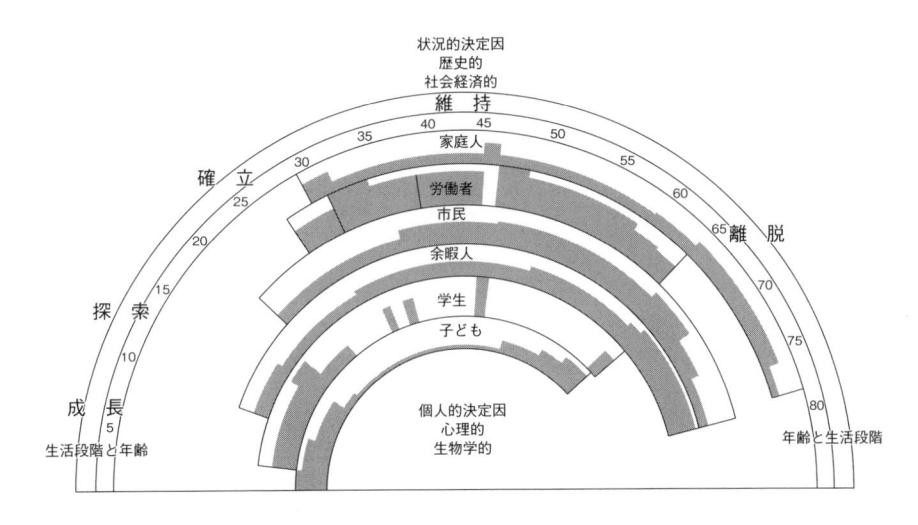

図2-1　ライフ・キャリアレインボー（Super, Savicas & Super, 1996, p.127　日本キャリア教育学会（編）p.15 より転載）

※労働政策研究・研修機構の下村英雄先生からスーパーのキャリアレインボーには複数の版があり，サビカスらとの共著による1996年版のほかに，主だったものとして，他の書籍や論文でもよく用いられている1980年版，スーパー晩年の1990年版があることを教えていただきました。本書では日本キャリア教育学会編（2008）でも採用されている1996年版を採用しました。本書の目的から逸れるのでここでは詳しく紹介しませんが，興味のある方は調べてみてください。

ーパーがそれまでの職業的発達理論を大きく転換させたことにふれ，「『職業』から『キャリア』へ，さらに『ライフ・キャリア』への展開があった」として

表2-1　スーパーらの職業的発達段階（労働政策研究・研修機構 労働大学校（2014）「職業指導の理論と実際」p.32 より作成）

発達段階	時期	職業的発達課題	説明
A　成長段階	児童期 青年前期	自分がどういう人間であるかということを知る。職業世界に対する積極的な態度を養い，また働くことの意味について理解を深める。	1つの役割を果たすこと（しばしば尊敬する成人や友人に自分を同一化する結果として）により，また学校や自由時間，その他の活動によって児童は自分は何がうまくやれるのか，何を好むか，他の人と自分はどんな点で違うかということを理解し，このような知識で自己像というものをつくりあげる。
B　探索段階 　1　試みの段階	青年前期 青年中期	職業についての希望を形づくっていく。	自分に適切だと思う職業の水準や分野について，おおまかな予想を立てていく。
2　移行の時期	青年後期 成人前期	職業についての希望を明らかにしていく。	学校から職場へ，あるいは学校から高等教育機関に移行する。その際おおまかな予想をある1つの選択へと絞っていく。
3　実践試行の時期	成人前期	職業についての希望を実践していく。	暫定的な職業について準備し，またそれを試みることによって，それが生涯にわたる自分の職業となるかどうかを考える。その職業経験はまだ準備的なもので，その経験によって，積極的にその職業を続けるか他の分野に進むかが考えられる。もし他の分野を考えるようになれば，改めてその他の分野が何であるかとかその職業に対する方向づけを行っていかなければならない。
C　確立段階 　1　実践試行の時期	成人前期から30歳ごろまで	職業への方向づけを確定し，その職業に就く。	必要な機能や訓練経験を得て，一定の職業に自分を方向づけ，確立した位置づけを得る。今後起こる職業についての移動は1つの職業内の地位，役割，あるいは雇用場所の変化が主になる。
2　昇進の時期	30歳代から40歳代中期	確立と昇進。	その後経験を積み，輩下を得，また能力を高めることによって，その地位を確かなものにし，また昇進する。
D　維持段階	40歳代中期から退職まで	達成した地位やその有利性を保持する。	若年期が，競争が激しく新奇な発想が豊富なのに比べて，この時期は，現状の地位を保持していくことに，より力が注がれる。
E　下降段階	65歳以上	諸活動の減退と退職	人びとは，やがてくるかまたは実際に当面する退職にあたって，その後の活動や楽しみを見出すことを考え実行していく。

います。

　皆さんもこれまで書籍や講座などでライフ・キャリアレインボー（図2-1参照）やアーチモデル（キャリア決定のアーチ：片側の柱が内的な個人的特性で，片側の柱が外的な社会特性となっているアーチ）を見たことがおありかと思います。ライフ・キャリアレインボーは，人が生まれてから死ぬまでのライフ・キャリアをどのように構成するか視覚的に描写したもので，ライフ・キャリアを役割と時間軸の二次元で捉えています。スーパーは，ギンズバーグの発達理論，ハヴィガーストの発達課題などを整理したうえで，職業的発達段階と発達課題をまとめた（労働政策研究・研修機構編，2016）とされています（表2-1参照）。

　この他スーパーへの評価としては，ジトウスキ（Zytowski，1994；以下National Career Development Association（1994 仙﨑・下村編訳 2013）より）はスーパーが「仕事観」などの価値観を個人のキャリア発達の観点として「能力」や「興味」と同じくらい重要な個人差の要素として見なしたとしていますし，ベッツ（Betz，1994）はスーパーがキャリア発達を自己概念実現の過程であるということを強調したとしています。またジェプセン（Jepsen，1994）は「キャリアカウンセリングに対するドナルド・スーパーの最も重要な貢献は『キャリアモデル』，すなわち，ある人の地域の連なりが相対的かつ唯一のキャリアを構成するという考え方であった」とし，サビカス（Savickas，1994）は「ドナルド・スーパーの業績は，キャリア発達とそのプロセスを言葉で正しく説明し，操作的に定義した点にある」とし，フィリップとブラスタイン（Phillips & Blustein，1994）は「スーパーの最も重要な貢献の一つは，総じて進路選択のレディネスとして知られている，プランニングや探索や意思決定といったプロセスに関する発達的課題を解き明かしたことである」としています。

　なおスーパーは1934年から1994年まで一貫して全米キャリア発達学会の会員であったそうで，1930年代から1990年代にかけて多くの論文が残されています。

(4) ホランド（Holland, J. L.）1919-2008

　パーソンズやスーパーと並び称される偉大なキャリア理論家であり，多くの

キャリアの文献で取り上げられる人物として，ホランドが挙げられます。ホランドは，ギンズバーグやスーパーの発達理論に対して，「概して説明の方法が一般的・包括的であるため，実際の指導には十分な効力が発揮できない」と批判していた（坂柳, 1990）と言われます。

　ホランドの職業選択理論（Holland, 1997 渡辺・松本・道谷共訳 2013）では具体的には，

① 大多数の人は，現実的，研究的，芸術的，社会的，企業的，慣習的の6つのパーソナリティ・タイプのうちの1つに分類される

② 環境モデルも現実的，研究的，芸術的，社会的，企業的，慣習的の6つのモデルがある（※一部筆者改変）

③ 人は，自分の持っている技能や能力が生かされ，価値観や態度を表現でき，自分の納得できる役割や課題を引き受けさせてくれるような環境を求める

④ 人の行動は，パーソナリティと環境との相互作用によって決定される

としています。ですから，クライエントのパーソナリティ・タイプを（標準化されたテストで）判別し，そのパーソナリティ・タイプに合ったモデルを持つ環境（職務）につけばいい，とするわかりやすい理論です。

　ホランドの職業選択理論について，ホランド（Holland, 1997）自身は「我々は，人と職業について莫大な情報を蓄積してきたが，それらを整理し体系化するために，私は類型論が便利な方法であると思った。本書で示す類型論は，多くの点で，ほぼすべての従前の類型論とは異なる」として，第3版の中で

① データに基づいて4回改訂した

② 人と環境双方に対する類型論である。私の類型論は一種の相互作用モデルである

③ パーソナリティと環境の複雑さをうまく取り扱えるように，6タイプ間は絶対的に独立した関係にあるのではなく，ある程度相互に類似点を持つものとした

④ その発達，安定，変化の過程は，今回のほうがより類型論的用語で説明されている

⑤ 主要概念にはすべて，経験的定義を呈示している

⑥　理論の主要概念を，1つの空間的モデル（6角形）の上に位置づけた
と批判がある都度，理論を改善してきたことを説明しています。ホランドが
「類型論だが，類型論でない」とされるゆえんです（渡辺編（2018）ではホラ
ンドを「特性因子理論家と捉えることは，ホランドの業績や開発された用具
の解釈において誤解を招く恐れがある」としています）。日本でも労働政策研
究・研修機構が作成したVPI職業興味検査（大学生や職業経験のある大人が対
象）やVRT：職業レディネス・テスト（中学・高校生や職業知識・経験に乏
しい大学生が対象）などにホランドの業績が生かされています。

(5)　コクラン（Cochran, L.）1944-

　1990年代にキャリア分野にナラティブ・アプローチを導入した先駆者として，
カナダのコクラン（Cochran, L.）の名前を挙げることができます。「コクラン
は，スーパーの理論は有用であるが，カウンセラーとクライエントが職業的使
命やその重要性を理解できるよう支援するには至っていないと論じている。あ
る人間の職業的使命，すなわち "人生における天職がもつ高尚な意義" をどう
やって理解するかについて論じるために，彼は生活史法を自叙伝的資料に応用
した」（Jepsen, 1994；NCDA, 1994）とされています。同様にスーパーを批判
したホランドがクライエントのパーソナリティーと職務のマッチングを狙った
のに対して，コクランは「クライエントが感じる仕事の意義」を理解しようと
したのです。ですからクライエントの類型化（タイプ分け）はせず，クライエ
ントの絶対的・主観的な特徴をクライエントの語り（ナラティブ）から掘り起
こそうとします。コクラン以降の理論・技法の特によい点は，「カウンセラー
がクライエントにどう質問すればいいか，具体的にわかりやすい」「クライエ
ントを類型化せず，そのユニークさに寄り添う」点ではないでしょうか。

　具体的には，コクラン（Cochran, 1997 宮城・松野訳 2016）は①ライフライ
ン（人生を上下行する曲線で描写）を書かせ，②ライフチャプター（自叙伝の
各時期）に章名をつけさせ，③成功体験をリスト化し，④家族の布置（家族の
特徴，違い）を確認し，⑤ロールモデル（尊敬する人）と自分の相同・相違を
確認し，⑥早期記憶などを質問する技法（質的キャリア・アセスメント）を用
いて，クライエントのナラティブ・ストーリー（人生の物語）を「強化する」

というキャリアコンサルティングを行っていきます。

　ちなみにコクラン（Cochran, 1997）の序文は後に紹介するサビカスが書いており、「これまでのキャリアガイダンスで欠けていたことは、クライアント自身の内面（主観、語りの物語）に焦点を当てるカウンセリングであった」とし、「キャリアカウンセリングの本はたくさんある。しかし、これらの本は、職業ガイダンスであったり、キャリア発達理論を適用したキャリアカウンセリングばかりであった。本書では、キャリアカウンセリングをもっと個人的なものにするアプローチを行っている」としています。つまりホランドがカウンセラーの主観を排して「客観的にマッチングする」ことを試みたのに対して、コクランは「クライエントの主観（語り）を引き出す」ことを試みたのです。

（6）ガイスバーズ（Gysbers, N. C.）1932-

　ガイスバーズ（Gysbers et al., 1998 日本ドレーク・ビーム・モリン株式会社ライフキャリア研究所訳 2002）は、ライフキャリアの視点（個人の役割・環境・出来事など、人生における重要な要素すべてを考慮して最適な選択を行おうとする考え方）から行う「ライフキャリアカウンセリング」の概念を提唱し、ライフキャリアアセスメント（LCA：これまで好きだった職業・教育・余暇、典型的な1日、長所や短所などを聴取する）やキャリアジェノグラム、職業カードソート、標準化されたテスト、キャリア変化検査（CTI）を使ってクライエントのライフキャリアテーマを発見する方法について紹介しています。ガイスバーズ（Gysbers et al., 1998）では、LCA などの質的キャリア・アセスメントを導入しつつも、標準化されたテストも併用されており、多文化・性・障害などを含め包括的にキャリアカウンセリングを実施しようとしているところが特徴的です。LCA も後に述べるサビカスのキャリア構築理論同様、アドラーの影響を受けていると言われます。

（7）アムンドソン（Amundson, N. E.）

　アムンドソン（Amundson, 2009；高橋監訳 2018）は、キャリアパスウェイ（個人領域：興味、価値、スキル、性格、外的領域：重要な他者の認知（キーパーソン）、教育的背景、仕事や余暇の経験、労働市場に注目した活動、の8

分野について聴取）などのツールのほか，課題分析，職場の魅力（探し），シャインのキャリアアンカー，カードソート，サビカスでも用いられる幼少期の記憶（の聴取），マインドマッピングあるいは比喩などを用いてキャリアカウンセリングが終結するまでを解説します（同書では解決志向カウンセリングの引用もあります）。Amundson は，当初クライエントが持ってきた主訴だけでなく周囲の問題を含めた積極的なかかわり（Active Engagement）の必要性を主張します。アムンドソンは問題に焦点化した対話パターンに陥った事例のスーパービジョンに際して，「比喩や描画，深層を探るスキルや，詩作，物語，解決志向の質問，行動リハーサルなどの技法を，もっと使うように言う」のだそうです。ガイスバーズやアムンドソンはナラティブ・アプローチと従来の技法の折衷派と言えるかもしれません。ちなみにアムンドソンは執筆時点でブリティッシュコロンビア大学の現役教員であり，コクランはブリティッシュコロンビア大学の名誉教授です。

(8)　サビカス（Savickas, M. L.）1947-

　スーパーの弟子であったサビカスは，彼曰くスーパーやアドラーの影響を受け（Savickas, 2011 日本キャリア開発センター監訳 2015），キャリア構築理論（キャリアストーリー・インタビュー）と呼ばれる技法を構築しています。具体的には，過去や現在の「将来のキャリア（あるいは仕事観・人生観）につながりそうな経験」に焦点を当て，①尊敬する人（ロールモデル），②よく見た雑誌やテレビ番組，③好きなストーリー（本や映画），④モットー，⑤初期記憶などの質問技法（質的キャリア・アセスメント）を用いてその人の仕事観・人生観を紡ぎ出し，出てきた仕事観・人生観を整理（脱構築・再構築）して「これからどうするか」をクライエントと相談して決めていきます。①〜⑤の質問項目を見ていただいてわかるとおり，コクランとの類似点も見られますが，質問を具体的に5つに限定して簡素化・簡略化しています。これがわかりやすさと導入のしやすさの源泉になっているように思います。

　近年，日本産業カウンセリング学会の大会発表などでもサビカスのキャリア構築理論（あるいはキャリアストーリー・インタビュー）を用いた発表が増加しており，わが国においてもこうしたナラティブ／社会構成主義アプローチと

呼ばれる手法が実践・研究に着実に導入されてきていることがうかがえます（他方，サビカスばかりが採り上げられている印象がないでもありません）。

なお筆者の体験としては，サビカス流の質問では，専門職の社会人や大学院生はさておき大学生などでは「尊敬する人（ロールモデル）が出てきにくい」「よく見た雑誌やテレビに特徴が出にくい」という印象を持っていますが，野条（2017; 2019）は学生同士のグループワークを通じて「ロールモデルが出やすくなる」という印象を述べています。

ちなみにサビカスは NCDA の EMINENT CAREER AWARD を 1996年に受賞していますが，ローが 1966年に，スーパーが 1972年に，ウィリアムソンが 1977年に，ティードマンが 1979年に，ホランドが 1980年に，シュロスバーグが 1987年に，ガイスバーズが 1989年に，ハンセンが 1991年に，クランボルツが 1994年に，アムンドソンが 2014年にそれぞれ受賞しています。

（9）ピーヴィー（Peavy, R. V.）1929-2002

ピーヴィーのソシオダイナミック・カウンセリングでは，①複数のライフ・ストーリー（仕事や家族・家の中での役割などの物語）を傾聴し，②それぞれの役割（例えば大学研究者であれば執筆者としての役割，講師としての役割，家庭の中での夫の役割など）をマッピングし，③人生の章にそれぞれ名前を付け，④特徴やポジティブな特性などを明確化し，最後に⑤ライフ・スペース・マッピングを行うという流れで進みます。新目（2016）は「ピーヴィーは，カウンセリングに必要なスキルとして『対話的傾聴』を提唱している」とします。

筆者にはスーパーの弟子であるサビカス以上に，ピーヴィーの技法がスーパーのライフ・キャリアレインボーに沿ったアプローチであるように感じられますが，新目（2016）は「ピーヴィーのライフ・ストーリーは，スーパーの対象としたライフ・スペースとは異なる概念である。スーパーのライフ・スペースは，個人が置かれている状況的側面に注目した概念であり，社会的な立場や担っている役割を指している。（中略）一方，ピーヴィーのライフ・スペースはレヴィンの理論を念頭に置いている」とし，人間と環境が相互作用することで行動が生起する全体的な空間・事態をライフ・スペースと捉えていると説明します。

(10) その他の理論の流れ

新目（2015）はマクマホン＆パットン編（McMahon, M. & Patton, W.,（Ed.）2006）の Constructivist Approaches から System Theory Framework（STF）を紹介しています。これは①学校を卒業する頃を振り返る。どこに住んだか，どんな人物か，どんな生活か。その頃，人生に大きな影響を与えたことを思い描く，②紙と鉛筆を用意する。紙の真ん中に丸を書きその中に「私」と書き，今振り返った自分の特徴，例えば性格，特筆すべき能力やスキルを書く，③その頃の自分の人生に大きな影響を与えた人や考えはどのようなものか，思い描いたものを「私」の丸と交わる丸を書き，その中に書き入れる，④それまでに書いた丸を囲む，もっと大きな丸を書く。所属していた社会やその社会や環境における重要な側面はどのようなものかを振り返る。その頃田舎に住んでいたか，社会的，経済的に恵まれていたか，政府の規制から影響を受けていたかなどを，丸の中に書き込む，⑤さらに外側に別の丸を書く。その頃の過去と現在を考える。特定のライフスタイルにひかれていたり，目標とする人がいたり，その後の選択に影響を与えるような怪我や病気といった出来事があったかなどを考え，丸の中に記入する，という順序で紙に書かせていくものです。

コクランやサビカスに比べると，ピーヴィーと同様，より「環境からの影響」「環境との相互作用」を強く意識させるものになっています。同書の執筆者はオーストラリアや南アフリカなどアメリカ以外に在住する研究者・実践家が多く，そうしたことも内容に影響を与えているのかもしれません。いずれにせよ，ナラティブあるいは社会構成主義と呼ばれるアプローチが，アメリカのみならずヨーロッパなどにも広がっていることがわかる書籍だと思います。

また下村（2015）は "*Journal of Vocational Behavior*" に2009年に書かれた論文（Savickas, Nota, Rosseier, Dauwalder, Guichard, Soresi, Van Esbroeck, & Van Vianen, 2009）を引用し，「Savickas が第一著者ではあるが，グローバル経済，情報技術の急速な発展，知識社会などを背景に，21世紀のクライエントのニーズに応えるためには，新しいパラダイムが必要であるとして，ベルギー，フランス，イタリア，ポルトガル，スイス，オランダ，アメリカの7か国9名の研究者の連名で書かれたキャリアコンストラクション論である」と紹介しています。また「一方で，同じコンストラクション系のキャリア理論でも（中

略）Guicard は，より自己形成・アイデンティティ形成といったニュアンスが強い」（下村，2015）と国や研究者による違いも述べています。

　わが国でも近年，サビカスやコクランの訳書のほか，渡部（2016），渡部編（2017）などが出版されるようになってきました。この章の後のコラムにも関係してきますが，近年のキャリアコンサルティングでは「発達的視点を内包」「職業生活だけでなく人生全体を俯瞰」「（再）就職時期だけでなく（危機の有無に関わりなく）人生の各時期が対象」「クライエント中心／クライエントの主観を重視」そして「社会正義」が求められています。また単純にクライエントの自己理解・仕事理解に関する認知を明確化する／変化させるというよりも，クライエントの自己理解・仕事理解に関する認知をクライエントの語り（ナラティブ）を通じて理解（メタ認知）し再構成する，という方向に変化してきています。そうした時代・社会や人間理解の変化に合わせて，キャリアコンサルタント側の技法や態度・姿勢も変化してきている，と理解する必要があるでしょう。

　※(5)以降のコクランやサビカス，ピーヴィーなどを見ると，職業興味検査や職業適性検査などの標準化されたアセスメント（量的アセスメント）をまったく用いていないので，「標準化されたアセスメントは現代にはもはや不要」と思われる方もいらっしゃるかもしれませんが，標準化されたアセスメントは今でも有効だと考えています。ただ例えば職業を選択するに当たっては職業興味のみ・職業適性のみあるいは仕事の意義ややりがいのみで選択するわけではなく，仕事場所や賃金その他の労働条件，職場の人間関係，家族との関係など多岐にわたる条件を踏まえて選択・決定することから，ガイスバーズやアムンドソンのように多面的にクライエントの興味・関心や仕事観・人生観あるいは能力や適性を引き出した上で，多面的に検討することが必要なのだろうと考えています。

発展学習・グループ学習のための議論のテーマ

- ●この項で理解したことについて，整理してみましょう。メンバー間で感想を共有してみてください。

- ●コクランやサビカスなどの質問に答え，自らの仕事観・人生観について考えてみましょう。やってみた感想について，メンバー間で共有してみましょう。
- ●あなたが興味を持った理論家・理論は誰（何）ですか？　それを学ぶためにこれから何をしますか？　メンバーでシェアしてみましょう。

1-2　その他のキャリア理論家について
——意思決定理論や発達理論からの影響・示唆

（1）ジェラット（Gelatt, H. B.）1926- ほか

　キャリアに関する意思決定のプロセスを重視する立場の研究者として，ジェラット（Gelatt, H. B.），ヒルトン（Hilton, T. J.），ティードマン（Tiedeman）などが挙げられます（労働政策研究・研修機構編，2016）。國分監修（2008）はジェラットを「キャリア理論における意思決定論的アプローチの第一人者である」と紹介しています。ジェラットの意思決定理論では，意思決定の前段階で決定すべき事項を明確化し，決定すべき事項に関する情報収集をした上で，意思決定は①予期システム：選択可能な行動とその結果の予想を行う。自分の客観的な評価と選択肢がマッチするかを予測する，②価値（評価）システム：予測される結果がどれくらい自分にとって望ましいかを評価する。「自分の価値観にあっているか」「自分の興味・関心にあっているか」などを評価する，③基準（決定）システム：可能な選択肢を目的や目標に照らし合わせて評価し，決定基準に合っているものを選択する，という3段階で実施される（労働政策研究・研修機構編，2016）とされています。

　またヒルトンの意思決定モデルは，フェスティンガーの認知的不協和理論を意思決定プロセスに応用したものです。個人が持つ自己概念や希望，期待，職業観などの「前提」と外界からの情報との間に生じた不協和（不一致）の解消が意思決定の過程である（労働政策研究・研修機構編，2016）とされています。

（2）エリクソン（Erikson, E.）1902-1994

　エリクソンはフロイトの弟子で，生涯を通じて自我同一性の発達について新

表2-2 エリクソンの心理社会的段階（Butterworth et al., 1994 村井監訳（1997）より作成）

年齢	段階	説明
0-1	乳児期	親は教育的環境を用意し，子どもは他人への基本的信頼感を発達させる（フロイトの口唇期に該当）。
1-3	幼児前期	子どもは腸や膀胱の調節を通して自立性を発達させる（フロイトの肛門期）。
3-6	幼児後期	子どもは社会的に受け入れられるやり方で自分の行為を起こす（フロイトの男根期）。
6-14	児童期	子どもは特に仲間との関係から能力感を獲得する（フロイトの潜伏期）。
14-20	青年期	役割認識の発達。特に将来の職業選択（フロイトの最終成人期，生殖期に入る）。
20-35	壮年期	大人の性的関係の形成。
35-65	熟年期	子どもを導くことで自分を発達させる。
65-	老年期	うまく過ごした人生から知恵と満足した存在感を得る。

フロイト派の見解を提出した人（Butterworth et al., 1994）であり，アンナ・フロイトの教育分析を受けています（國分監修，2008）。

　エリクソンで有名なのは心理社会的段階説で（表2-2参照），こうした「発達段階」という考え方はこの後，他の理論家にも受け継がれていきます。

(3) ロー（Roe, A.）1904-1991

　宗方ら（2002）はローについて「精神分析理論と Maslow の欲求階層説に依拠し」と紹介し，坂柳（1990）はローの早期決定論を「幼児期の家庭環境や親の養育態度が人格の形成を規定し，それが将来の職業選択を方向付けると主張している」としています。「彼女は，幼児期における家庭の雰囲気（暖かい，冷たい），親の子どもに対する態度（関心，回避，受容），子どもによる親の態度の認知の仕方（過保護，要求過剰，拒否，放任，なにげない，愛情）の3つで，子どもの志向性（対人志向か非対人志向か，自己防衛的か自己防衛的でないか）が決まり，それによって，その後に選択される職業領域が決定するとし（中略）環状モデル（Circular Model）を示している」としています（図

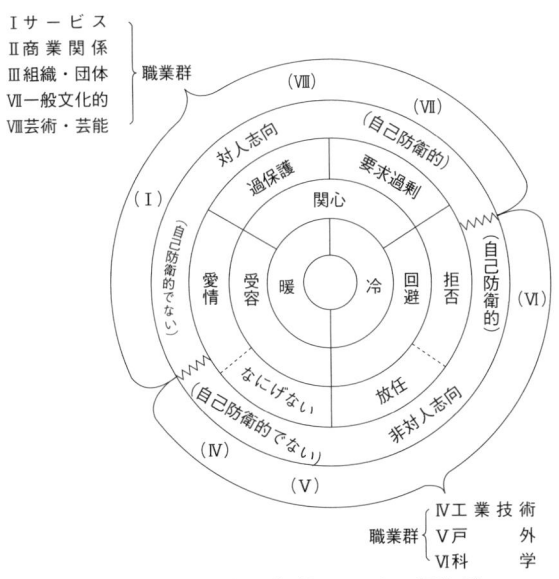

図2-2　Roe の環状モデル（坂柳, 1990 を一部改変）

2-2)。「一般に，家庭の雰囲気が暖かく，親の態度が受容的で，親の態度には愛情があると認知した子どもは，対人志向的で，人と接触することを好み，後になって対人接触を伴う職業領域（サービス，商業関係，組織・団体，一般文化的，芸術・芸能）に進む傾向があり，逆の場合には，非対人（対物）志向的で，対人的接触の少ない職業領域（工業技術，戸外，科学）に進む傾向があるという」と説明されています。

（4）ギンズバーグ（Ginzberg, E.）1911-2002

　坂柳（1990）は，ギンズバーグらが「職業選択が１つの時点でなされるという従来の考えを否定し，それが一連の選択・決定からなる発達的特質を持つことを主張した」とし，

(1)　空想期（11歳未満）：現実のさまざまな制約を考えずに，「大人になったら，何になろうか」と空想している

(2)　暫定期（11歳～18歳頃）：将来の職業を決める必要性を認識し，職業選択の基盤を形成し始める①興味の段階（11～12歳）：興味が職業選択の主要な

基準となる，②能力の段階（12〜14歳）：自己の能力を考慮して職業選択を
試みるようになる，③価値の段階（15〜16歳）：自己の価値基準が形成され，
望ましさを基準とした職業選択を試みるようになる，④移行の段階（17〜18
歳）：職業選択には，自己の内的要因（興味・能力・価値観）だけでなく，現
実的な外的要因が関与していることを認識するようになる

(3) 現実期（18〜22 ないし 24歳頃）：自己の希望と自己が遭遇した機会との
間で起こる矛盾や葛藤を順次解決し，現実との妥協を図らなければならない
ことを認識する①探索の段階：現在までの経験をもとにして，可能な職業領
域や方向をみつけようとする，②結晶化の段階：可能な職業のなかから，特
定の職業に関心が集まり，それに向かって，将来の計画をつくり始める，③
特定化の段階：選択した特定の職業について，さらに具体的な検討を深める

と説明しています。また坂柳（1990）ではギンズバーグが言う職業選択の発達
的特徴として

(1) 職業選択は，生涯を通して行われる

(2) 職業選択の過程は，後もどりも可能であるが，時間や経費などの損失を受
ける

(3) 職業の選択・決定は，個人的要因と現実的要因との最適化の過程である

を挙げています。

(5) ハヴィガースト（Havighurst, R. J.）1900-1991 ほか

岡田・小玉編（2012）ではフリードマン（Friedmann. M. A.）とハヴィガー
ストを引用して「人が自分の仕事に与える意味と，それらの意味がより普遍的
な仕事の機能にいかにつなげるか」を表に示しています（表2-3）。

岡田・小玉編（2012）はさらに「これらの意味づけは，成長，探索，確立，
維持，解放というキャリア発達段階を経るにしたがって獲得され，実感され
てくるものであろう。人はなぜ働くかといえば，収入を得るためであることに
ほかならないが，人は職業生活の過程で収入以外のさまざまな意味を得ている。
これらの意味の一つひとつは，私たちの人生にとって大変重要なものであり，
重い」としています。こうした職業生活や人生の意味論への追求が，現在のナ
ラティブ／社会構成主義アプローチにつながっていったのかもしれません。

表2-3　仕事の機能と意味との間の関係（Friedmann & Havighurst, 1954　岡田・小玉編（2012）より作成）

仕事の機能	仕事の意味
1.　収入	(a)最低限の水準を維持すること (b)より高い水準もしくは集団基準を達成すること
2.　時間とエネルギーの消費	(a)何かするべきことがあること (b)日中もしくは過ぎ行く時を満たす方法
3.　アイデンティフィケーションと地位	(a)自尊心の源泉 (b)他者からの承認と尊敬を達成する手段 (c)役割の定義
4.　共同	(a)友情関係 (b)仲間集団関係 (c)下位－上位の関係
5.　重要な生活経験の源泉	(a)生活に目的を与える (b)創造性，自己表現 (c)新しい関係 (d)他者への奉仕

（6）シャイン（Shein, E. H.）1928-

　シャインは組織内キャリア発達理論を提唱し，発達段階的なキャリアの考え方をしているものの（表2-4参照），「外的キャリア」と「内的キャリア」の2つの軸から捉える点に大きな特色がある（労働政策研究・研修機構編，2016）とされています。

　組織内でキャリアを発達していく上で，シャインが重要と考えたのが内的キャリアであり，それは「キャリア・アンカー」（コンピテンシー，モチベーション，バリューからなる自己概念）と呼ばれています。キャリア・アンカーとしては①専門・職種別コンピテンス，②全般管理コンピテンス，③自律と独立，④保障，安定，⑤起業家的創造性，⑥奉仕・社会貢献，⑦純粋な挑戦，⑧生活様式の8つが挙げられています（労働政策研究・研修機構編，2016）。

　ホランドがクライエントのパーソナリティーと職務のマッチングを狙ったのに対して，シャインはクライエントの内的キャリア（仕事の意義）の類型から職業選択を考えようとしたのです。例えば世の中には職種（職務）で仕事を選ぶのではなく，「人間関係のいいところで働きたい」「空港で働ければ職種は関係ない」「成長（チャレンジ）できる職場で働きたい」など職務とは関係のない選択をする人も少なからずいます。そうしたクライエントに対応するために

表2-4 シャインの組織内キャリア発達段階 （労働政策研究・研修機構編, 2016 から要約）

第1段階	成長・空想・探索期（21歳くらいまで）
第2段階	仕事世界へのエントリー期（16歳から25歳くらいまで）
第3段階	基礎訓練期（16歳から25歳くらいまで）
第4段階	キャリア初期の正社員資格（17歳から30歳くらいまで）
第5段階	正社員資格, キャリアの中期（25歳以降）
第6段階	キャリア中期の危機（35歳から45歳）
第7段階	キャリア後期：非指導者と指導者に分かれる
第8段階	衰えおよび離脱（40歳から引退まで）
第9段階	引退

は,「本人にとっての働くことの意味・意義」を拾っていく必要があるのです。それがその後のナラティブ／社会構成主義アプローチにつながる大きな要素になっていると思っています。なおシャインはキャリア・アンカーにつき「3％の人が不明」としますが, 逆に言えば90数％の人ではキャリア・アンカーが見つかるとしており,（筆者の体験ではナラティブ／社会構成主義アプローチでは1割2割のクライエントは仕事観・人生観が明確にならないことから）かなり優秀なアプローチであるようにも感じられます。

　シャイン（2013 木村監訳 2015）のキャリア・アンカーについては, 近年, セルフ・アセスメント, パーティシパント・ワークブック, ファシリテーター・ガイドが翻訳出版されていますので, そちらも参考にしてください。

（7）シュロスバーグ（Shlossberg, N. K.）1929-

　シュロスバーグはスーパーの下で教育博士号を取得した, 成人のキャリア発達の研究者です（労働政策研究・研修機構, 2016）。それまでのキャリア理論では, ある年齢段階において人々が共通に遭遇する出来事や課題があると考えていたものを, シュロスバーグは人生をさまざまな転機（トランジション）の連続として捉えるところに特色がある（労働政策研究・研修機構, 2016）とされています。発達段階よりも「転機」への対応を重視する考え方です。

　シュロスバーグはステップ 1 として転機を見定め，ステップ 2 として①状況，②自己，③支援，④戦略のリソース（資源）を点検し，ステップ 3 として現実を受け止め，主体的に対処することを求めます（労働政策研究・研修機構，2016）。

　従来のキャリア発達理論が白人男性をモデルとしていると批判されていますが，発達段階説よりも「転機」という視点に注目したのはシュロスバーグが女性であるからかもしれません。

(8) ハンセン（Hansen, S. S.）1929-

　ハンセン（Hansen, 1997 平木・今野・平・横山監訳 2013）は，特性因子理論によるキャリア・プランニングは社会の変化，キャリアの定義の変化，人口動態の変化，生き方の変化，組織と職場の変化，個人の転換（期）と変化する働き方のパターン，個人主義・スピリチュアリティ・コミュニティの観点から「基盤を持ったアプローチへ変化しなければならない」とし，統合的ライフプランニング（ILP）という概念を提唱しています。

　ハンセン（Hansen, 1997）では①変化するグローバルな文脈のなかでなすべき仕事を見つける，②人生を意味ある全体のなかに織り込む，③家族と仕事をつなぐ，④多元性と包含性に価値を置く，⑤スピリチュアリティ（精神性・魂・霊性）と人生の目的を探求する，⑥個人の転換（期）と組織の変化のマネジメント，が現代の 6 つの重要課題であるとし，人生の 4 つの要素（仕事・学習・余暇・愛）を統合し，個人や人生の全体性や統一性の維持あるいは確保を目指すべきとします。ハンセンは自らの理論について（サビカスと異なり）アドラーからの影響を述べてはいませんが，アドラーが重視する①仕事のタスク，②交友のタスク，③愛のタスクとほぼ同様の「人生の 4 つの要素」を挙げているのは筆者としては興味深いところです。

　なおハンセンはスーパーに対し①キャリア・パターン，②ライフ・パターン，③キャリア成熟，④人生役割という「スーパー独自の卓越した概念」が「狭い職業心理学の分野から脱し，より広いキャリア・ディベロプメントの視点へと向かう引き金となった」としています。個人的見解ですが，ハンセンは「スーパーのような包括的な理論家」を目指しているのではないか，と感じています。

(9)　クランボルツ（Krunmboltz, J. D.）1928-2019

　クランボルツは 1999 年にプランド・ハップンスタンス理論を提唱していま
す（労働政策研究・研修機構，2016）。わが国では「計画された偶発性」理論
などと訳されてもいます。この理論は，キャリアにおける偶然の出来事を軽視
せず，むしろ積極的に取り込み，よりよいキャリア形成に活用することを提唱
しています。従来のキャリア理論のような「明確な目標設定とその達成計画」
を頑なに重視するのではなく，予期せぬ出来事や出会い，偶然のチャンスを生
かしていこうとする考え方です。クランボルツは偶然の出来事を個人のキャリ
アに生かすためには，①好奇心，②持続性，③柔軟性，④楽観性，⑤冒険心の
5 つのスキルがあるとよいと指摘しています。

　木村（2018）は「クランボルツ（中略）らは，『職業選択行動は，学習の結
果であって，過去に起こった出来事と将来起こるかもしれない出来事を，結び
つけて解釈した結果である』とし，そのプロセスに影響を及ぼす要因」として
①生得的に持っている資質や能力，②環境条件や出来事，③学習経験，④課題
解決スキルを挙げている，としてクランボルツ理論を「社会的学習理論」ある
いは「社会的・経験的学習理論」と紹介しています。

(10)　ホール（Hall, D.T.）1940-

　渡辺編（2018）はホールの理論を関係性アプローチと呼び，「変化の激し
い現代においては，依存的ではなく，独立的でもない，相互依存的な人間関
係を学びつづけることによって『変幻自在なキャリア（protean career）』を
築いていくことができる，とホールは主張している」としています。渡辺編
（2018）ではホールとマービス（Hall & Mirvis, 1996）を引用して，新しい
「プロティアン」キャリア契約について

(1)　キャリアは組織によってではなく，個人によって管理される

(2)　キャリアは生涯を通じた経験・スキル・学習・転機・アイデンティティの
　　変化の連続である

(3)　発達とは次のものである
　　継続的な学習
　　自己志向的

　　　　関係的

　　　　仕事のチャレンジにおいて見出される

　(4)　発達とは必ずしも次のものではない

　　　　公式の教育・研修

　　　　再教育・研修

　　　　昇進

　(5)　昇進の決め手は次のように変わってきている

　　　　「いかに知るか」から「いかに学ぶか」へ

　　　　職務保障からエンプロイアビリティ（※筆者注：雇用され得る能力）へ

　　　　組織内キャリアからプロティアン・キャリアへ

　　　　働く自己から全体としての自己へ

　(6)　組織は次のようなものを提供する

　　　　挑戦しがいのある職務

　　　　発達的な人間関係

　　　　情報とその他の発達的資源

　(7)　目標は心理的成功

と整理しています。ギンズバーグやハヴィガーストなどの発達理論と比べると，時間的・空間的あるいは個人の方向に拡張していることがわかります。

(11)　ブライト（Bright, J. E. H.）とプライアー（Pryor, E. H.）

　中村（2018）は気象学者エドワード・ローレンツが発見した数理モデルである「カオス理論」をキャリア行動に応用したブライトら（Bright & Pryor, 2005）を紹介しています。中村（2018）はキャリアカオス理論の特徴を①予測（prediction）：キャリア発達は親・社会・環境・性別・年齢・政治経済・興味・能力・地域など予測不可能かつ変化する種々の出来事の影響を受けるので，クライエントが直面してきた複雑さや変化やチャンス（偶然）などを，メタファーなどを活用して掘り起こす，②複雑さ：キャリアは種々多様な影響を受けるので，クライエントにこれまでの影響を意識させる，③創発性：複雑さに潜む行動パターンを出現・確認させるに当たって，語り・類似・メタファーなどを用いることで，ライフ・ストーリーの展開を理解できるようにする，④非線

形性：未来とは本質的には個人が次に発する考え・言葉・行動によるため，キャリアに変化をもたらす介入はたった一言でも起こる，⑤非予測性：クライエントに偶然の出来事を活用したり，積極的不確実性を受け入れたりした過去の経験を語ってもらうことで，キャリア決断や歩みを合理的に説明しなくてはならないという思い込みから解放する，⑥アトラクタ：不規則だが自己相似形の構造を持つストレンジアトラクタは時間の経過とともにある種のパターンが浮かび上がってくるので，ミクロレベルでは予測不可能な自分のキャリアであってもマクロレベルで未来の可能性につながっていると認識することで変化や不確実性に対処する方法を見出すことができるようになる。さらに自分特有のパターンやテーマ・そこに働くさまざまな影響に気づき，その影響にささやかな変化をもたらせばキャリアの大きな変化につながる，と解説しています。

　プライアーとブライト（Pryor & Bright, 2014）によれば，具体的にはマインドマップ，現実チェックリスト，原型的なナラティブ，カードソート，キャリア教育モデル，寓話などの技法を用いているようです。

（12）バーネット（Burnett, B.）とエヴァンス（Evans, D.）

　バーネットら（Burnett & Evans, 2016; 千葉訳, 2017）は，健康・仕事・遊び・愛の４つの観点から人生を設計すべきとライフ・キャリアの「デザイン思考」を説きます。ライフ・キャリアのデザイン思考では問題解決と同じくらい問題発見を重視し，問題発見＋問題解決＝理想のライフデザインと考えます。対処不可能な問題は諦めて受け入れ，対処困難な問題は他の可能性へ視点を変えよ，とします。

　人生設計（ライフデザイン）においては①興味を持つ（好奇心），②やってみる（行動主義），③問題を別の視点でとらえなおす（視点の転換），④人生はプロセスだと理解する（認識），⑤助けを借りる（過激なコラボレーション）というマインドセットが重要と言います。キャリア選択に当たっては①仕事観と人生観を書き出し，一致させ（行動記録（グッドタイム日誌）をつけ，そこから人生の目的（コンパス）を探す），②マインドマップを描いて新たなキャリアへの気づきを得，③３通りの冒険プランを立て，④ライフデザイン・インタビューや実体験を行うことで選択肢を生み出し，次に選択しやすいよう選択

肢を絞り込み，判断力を総動員して選択し，選択したら迷いを断ち切り前に進むべし，とします。また人生は永遠にプレイし続けるためにルールをいじっていく無限ゲームであり，一時の結果（成功）で判断するのではなく常にプロセスの途中である（将来に向けて変化する）と考えるべきとします。またサポーターやメンターを含めチームやコミュニティを作ることも推奨しています。

(13)　渡部（Watanabe, S.）1971-

渡部（2016）は，ブライトらがカオス理論を引用したように進化論を引用し，「ライフキャリア進化論（ライフキャリア適応論）」を唱えています。これはナラティブ／社会構成主義アプローチの観点から，過去の環境や周囲からの評価などで形成された自己理解や仕事観・人生観を改めて見つめ直し，現在・未来の自己や環境に適合させる（進化させる）ことを説くものです。渡部はナラティブ／社会構成主義アプローチで活用できる，多くの質的キャリアアセスメントの技法を紹介しています。

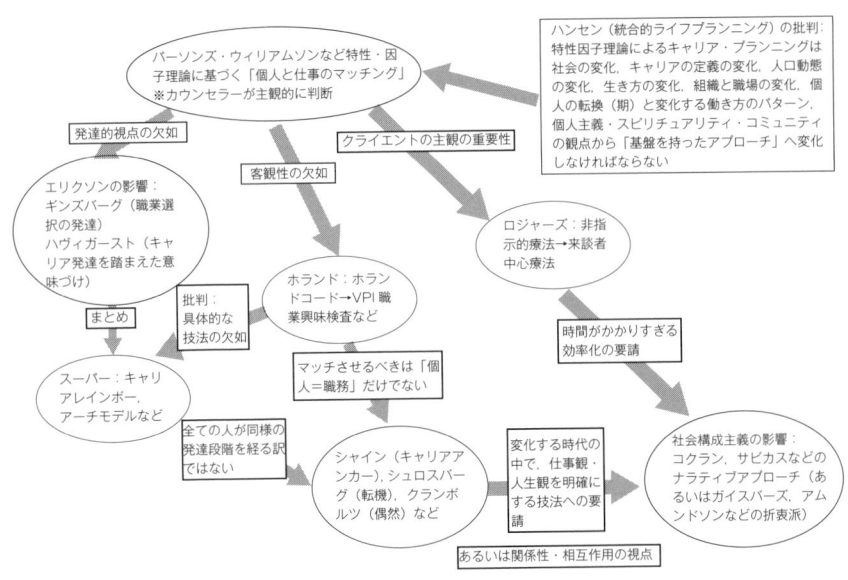

図2-3　特性・因子理論からナラティブ・アプローチに至る歴史的背景　（筆者作成）

　國分康孝のコーヒーカップ理論，日本キャリア開発協会（JCDA）の経験代謝などに続く国産の理論で，今後の理論の精緻化が期待されます。

　こうして各理論家の理論を見ていくと，各理論家・研究者が時代背景であったり師匠・同僚であったり，周囲や環境の影響を受けてその理論を形成してきていることがわかると思います（図2-3参照）。

　皆さん自身も，ご自身が活用されている理論や技法について，どういう時代や社会の流れの中で，誰のどういう影響を受けて成立した理論なのか，どういう背景があるのか，追いかけてみられるのも楽しいのではないかと思います。

発展学習・グループ学習のための議論のテーマ

- この項で理解したことについて，整理してみましょう。メンバー間で感想を共有してみてください。
- あなたの現在の実践は，どのような理論や経験によって裏打ちされていますか？　改めて自分自身の人間観やキャリアコンサルティング観についてまとめてみましょう。
- あなたが興味を持った理論家・理論は誰（何）ですか？　それを学ぶためにこれから何をしますか？　メンバーでシェアしてみましょう。

コラム　アセスメントの利用について

　教科書的には，心理的アセスメントには面接，観察，心理テスト（例えば一般財団法人日本心理研修センター，2018）などがあり，面接や観察を通じてクライエントの状態像（身体的側面，心理的側面，社会的側面），生育歴，家族の状況などを把握し，心理テストを通じて知能や性格などを把握することになっています（テストバッテリーと言って，必要に応じて複数の心理テストを組み合わせます）。一方，キャリアコンサルティングの場合には（多くの場合は症状や病気などの「異常」を扱わないがゆえに）観察は最小限に，面接あるいは心理テストからクライエントを把握することが多いように思います。

　そういう意味でいうと，キャリア分野におけるアセスメントは，大きく分けて(1)量的（統計的）に標準化されたアセスメント（心理テスト）と(2)標準化されていない質的アセスメント（面接などによる聴取）があるとも言えます。心理テストを「標準化」するに当たっては，たくさんのデータを集めて「妥当性」（その検査が測定しようとしているものをどれだけ的確に測定できるか：内容的妥当性，基準関連妥当性，構成概念妥当性があります）と「信頼性」（同じ条件で同じ検査を受けたら同じ結果が出るか：再テスト法，折半法，内部一貫性による方法などが取られます）が高まるように項目を選んでいきます。

　標準化されたテストの代表的なものとしてはVPI職業興味検査や厚生労働省編一般職業適性検査（General Aptitude Test Battery：GATB：中学生〜成人（45歳程度）が対象）などがあり，質的アセスメントの代表的なものとしてはジェノグラム（家系図）や職業カードソート，ライフライン，Savickas (2011) のキャリアストーリー・インタビューなどがあります。

　近年のナラティブ／社会構成主義アプローチでは，よく質的キャリア・アセスメント（質問や図示など）が用いられています。ただし「標準化されたテス

表2-5　質的キャリア・アセスメントの利点（渡部，2015より転載）

- クライエントを「カウンセラー化」できる
  自らの資源・症状を脱構築化し，「未来に向けたつきあい方」を考える経験を通じ，他の問題が起こっても「自分でやっていける」
- 慣れてしまえば説明が容易で，少回数・短時間で終了しやすい
- 柔軟で，応用が効きやすい
- 教育・ガイダンスなどにも応用可能

表2-6　質的キャリア・アセスメントの限界（渡部，2015より転載）

- ない経験／忘れ去られた経験は語られない
  →間接経験を含め，場合によっては経験支援の必要性
- 自信のないもの・不安なものは前面に出てこない
  →疑似体験を含め練習・行動支援の必要
- その場の興味・価値観が出やすい
  →「過去・現在・未来」のバランス感覚が必要
- カウンセラーからも影響を受ける
  →カウンセラーとクライエントの組み合わせによって，結果も変わり得る

トなら有料」「質的アセスメントは無料」という訳でもなく，民間就職活動サイトに置かれているような職業適性検査・職業興味検査の中には無料で実施できるものもありますし，市販の職業カードソート用のカードはほとんどが有料です。また標準化された職業適性検査・職業興味検査から「やってみて（書いてみて）どう思ったか」とナラティブ／社会構成主義アプローチに入っていく実践家の方もいらっしゃいます。ナラティブ／社会構成主義アプローチの中では，キャリアストーリー・インタビューなどの質問形式の他にも，ライフラインなど人生を上下する曲線で書かせてみたり，職業カードソートなどのカードを使ってみたり，履歴書やジョブ・カードから振り返りを行ってみたり，キャリアジェノグラムを書く（家系図を書いて，それら親族の人生や職業を記載する），人生を木や川に見立てて表現するなど，いろいろな手法があります。要は「将来の人生設計・選択」につながる，クライエントの語りが効果的・効率的に生じればよいわけです。

　渡部（2015）では質的キャリア・アセスメントの効果と限界について，表2-5・2-6のようにまとめています。

　実践家がクライエントに対してアセスメントを用いる際には，個々の実践家が慣れ親しんでいるもの（あるいはやったことのあるもの）または組織にやったことがある人がいて指導・アドバイスを受けられるものがよいと思います。もしやったことがないアセスメントを用いる場合には，事前に学習をし，研修などを受ける方がよいと思います。その上でクライエントに「なぜアセスメントを受ける必要があるのか」「そのアセスメントを受けることで，どういう効果が望めるのか」を伝え，クライエントから理解と了解を得るのが望ましいと言えるでしょう。

2-1　カウンセリングに関連する理論の理解

（1）カウンセリングの歴史的流れの理解

　渡辺（2002）はホワイトリィ（Whitely, J.）を引用して，カウンセリング心理学の誕生の要因として①職業カウンセリングとガイダンス運動の勃興（※筆者注：その中のひとつにパーソンズの職業カウンセリングがあります），②

心理測定運動の影響（キャッテル（Cattell, J. M.）のメンタルテストやビネー（Binet, A.）とシモン（Simon, T.）の知能尺度，第一次世界大戦および戦後の産業界の発展を受けての知能検査，適性検査，興味検査，性格検査など各種テストの勃興），③精神衛生運動の高まり（精神病や神経症の早期発見と治療，青少年への精神衛生的配慮の必要性）などを挙げています。また渡辺（2002）は「パーソンズは職業カウンセリング創始者とよばれるが，現在のような専門的カウンセリング理論や技法を開発したわけではない」として，当時のカウンセラーは「自分が判断を下すのに必要な情報を来談者から収集し，来談者を分析し，そのデータに基づいて専門家としての合理的で論理的な結論を下すことを役割としていた」としています。それに対して1940年代に現れたロジャーズ（Rogers, C. R.）らが非指示的技法を広げ，1950年代からカウンセリング心理学が専門職として承認されはじめたとしています（1951年にスーパー（Super, D. E.）が「職業指導からカウンセリング心理学への移行」という論文を書き，同じ年にアメリカ心理学会カウンセリングとガイダンス部会がカウンセリング心理学部会へ名称変更することを提案し，1953年のアメリカ心理学会総会で承認されています）。川崎（1994）は，この時期以降のキャリア発達概念の変化について，1950年代に職業発達という用語が一般化し，1960年代には発達的観点がより強調されるようになり，1970年代以降は「キャリア発達を捉えるには，生涯の過程と職業生活以外の生活領域にも目を向ける必要が出てきた」として「入職時まで→入職後まで→全生涯，および職務関連→職業生活→生活全体というように，キャリア発達の概念は時間的にも空間的にも拡張されて今日に至っている」としています。

　また渡辺（2002）は1963-1967年を専門職としてのアイデンティティの動揺期とし，「カウンセリングの新しい技法は心理療法の技法でもあったこと，さらに心理治療とカウンセリングを同意語とするロジャーズの理論や技法が多くのカウンセラー教育者やカウンセラーたちに強大な影響を与えたため，両者の相違はますます混沌としてきた」としています。こうした状況下で「カウンセリング心理学会はアイデンティティの確立のために，積極的行動をとった。それが有名な1963年のグレイストン会議である」としています。ここでカウンセリングがカウンセリングたるべき（心理療法との違いなどの）アイデンティ

ティの確立がなされた，とするのです。

　渡辺（2002）や國分監修（2008）では，アメリカにおけるカウンセリングと心理療法，カウンセリング心理学と臨床心理学の違いについても具体的に詳しく触れています。本書では目的から外れるのでここには詳しく書きませんが，興味のある方は，ぜひ渡辺（2002）や國分監修（2008）をお読みいただくとよいと思います。

（2）カウンセリングの理論家

①ロジャーズ（Rogers, C.R.）1902-1987

　「ロジャーズのカウンセリング研究の始まりは（中略）実際の事例を通しての精神分析に対する疑問であった」（國分監修，2008）とされています。その後，非指示的カウンセリングを提唱，さらには来談者中心療法を確立していきます。「来談者中心療法は精神分析同様，生物主義に立っているが，精神分析が人間を本能のかたまりと見なしているのに対して，来談者中心療法は自己実現傾向を有する有機体を前提としている」（國分監修，2008）とされています。

　木村（2018）は，来談者中心療法を「感情的アプローチの代表」として紹介し，「その基本的な視点は，人は自分を中心とする主観的な近くの世界，すなわち『現象的な場』に生きており，個人の行動は外界からの刺激によって規定されるのではなく，その個人の受け取り方や意味づけによって規定されるとする。また，パーソナリティの基本要素は自己概念と経験であるとし，その構造を3つの領域に分けた。領域Ⅰは『自己一致』の状態で，自己概念と経験が一致している状態である。領域Ⅱは『歪曲された部分』で，自己概念のうち経験と一致しない部分である。領域Ⅲは『拒否された部分』で，経験のうち自己概念と一致しない部分である。領域Ⅱと領域Ⅲは，いずれも自己概念と経験が不一致を起こしており不適応状態にある。クライエントの自己概念と経験が一致する方向へ援助するのが，カウンセリングの役割である」としています。そしてこの観点から受容的態度，共感的理解，自己一致（または誠実な態度）がカウンセラーの基本的態度であるとされています。

②ジェンドリン（Gedlin, E.T.）1926-2017

　ロジャーズの弟子であり，カウンセリング心理学に対するジェンドリンの貢献としては(1)フォーカシングと呼ばれるカウンセリング技法・自己探求法の開発と普及，(2)パーソナリティの変化という問題が，心理学理論にとって実は難問であることを指摘し，「体験過程」(experiencing) という概念の導入によって，説明困難であったパーソナリティの変化についての理論的解明を試みたこと，(3)体験と「ことば」の関係についての哲学的探求を，心理療法をモデルに具体的にイメージしやすいかたちで解明する道を開いたこと（國分監修，2008）とされています。体験過程については，44ページで解説します。

③カーカフ（Cakhuff, R.R.）1934-

　ロジャーズの弟子であり，「療法家とクライエントという視点から援助を考えるのではなく，ヘルパーとヘルピーという関係，すなわち，お互いに人間としては同格の者同士が，助けたり助けられたりという視点に立って，かかわり技法・応答技法・意識化技法・手ほどき技法などの援助的人間関係技法（ヘルピング技法）を開発」（國分監修，2008）し，まとめた人物とされています。カーカフの援助技法（かかわり技法）についても，45ページで解説します。

　アメリカでは1960年代から，既存のカウンセリングの諸理論・諸技法を状況に応じて使い分けていく折衷主義と，諸理論・諸技法を一つの体系にまとめ新たな技法として構築する折衷主義と，2通りのアプローチが提唱されたそうで，國分監修（2008）では前者の代表としてアイビィを，後者の代表としてエリスとカーカフを挙げています。

④アイビィ（Ivey, A.E.）1933-

　1960年代後半にアイビィらが開発したマイクロ技法とは，面接のときの個々の技法の単位のことで，「それまでのさまざまな理論背景を持つカウンセリングや心理療法にも適用することができ，カウンセリングや心理療法の技法習得のために欠かせないトレーニングのひとつになっている。そしてまた，アイビィらは，効果的な面接法を習得するために『マイクロ技法の階層』を作成した。その最初のものを『かかわり行動』といい，それに習熟したら次の段階である『焦点の当て方』『積極技法』『対決』という四つの技法を順次習得することを

通して，面接の技法を連続的に構造化することを学ぶことができる」（國分監修，2008）とされています。マイクロ技法を使ったマイクロカウンセリングについても，46ページで触れたいと思います。

⑤エリス（Ellis, A.）1913-2007

　当初はホーナイ派の精神分析の訓練を受けて開業したそうですが，「その後，行動療法や一般意味論，実存主義，プラグマティズムなどの影響を受けながら，独自のABC理論を構築し，論理療法（REBT：rational emotive behavior therapy, 『理性感情療法』や『合理情動療法』の訳語もある）に発展させた」（國分監修，2008）とされています。ABC理論というのは「感情は出来事（Activating event）そのものが起こすものではなく，信念（belief）によって生み出された結果（Consequence）である」とする認知論で，のちに非合理的な信念への反論（dispute），効果的な新しい信念の鼎立（effective new belief）を加えてABCDE理論とも呼ばれました。エリスは「アメリカの心理学者による投票で，最も影響力のあった心理学者の第2位に選ばれた（ちなみに第1位はカール・ロジャーズで，第3位はジグムント・フロイト）」（國分監修，2008）のだそうです。

⑥パールズ（Perls, F.S.）1893-1970

　ベルリンにドイツ系ユダヤ人として生まれた，ゲシュタルト療法の提唱者とされています。精神分析の訓練を受け，精神分析の実践家になりますが，研究論文が学会に受け入れられなかったり，フロイトとのすれ違いなどがあったりして精神分析と決別，ゲシュタルト療法に至るとされています（國分監修，2008）。「彼は，面接のなかでセラピストが解釈することを否定。クライエントの『今，ここ』での『気づき』（awareness）を，『常に，現在に起こることであり，行動への可能性を開く』ものと重視し，クライエントにあるがままの自分になることを求めた」「ほかに，現象学的な観察の活用，クライエントの成長に対する確信や実存的な責任の強調，治療者―クライエント間での人間的な関係の重視など，彼が導入した視点は，今日では多くの心理療法に取り入れられている」（國分監修，2008）とされています。語りや非言語的しぐさを「今，

ここ」のものとして再体験し，「未完結の体験」を完結させることで問題が解決するとし，エンプティ・チェアや夢のワーク，ボディワークなどの技法で知られます。

⑦バーン（Berne, E.) 1910-1970

バーン（Berne, 1972 江花監訳 2018）は，交流分析（TA）の基本的関心事の1つに自我状態を挙げ，自我状態を「親」（親の姿　※筆者注：超自我に類似）「成人」（環境を客観的に評価し，過去の経験に基づいて可能性や確率を見積もる※筆者注：自我に類似）「子ども」（パーソナリティの最も価値がある要素※筆者注：イドに類似）の3種類に分けています。また二次構造として，「親」の中に「養育する親」ないし「自然な親」と「コントロールする親」，「子ども」の中に「自然な子ども」と「順応する子ども」と「反抗する子ども」という構造を想定しています。

ここから人間（クライエント）のコミュニケーション（交流）のやりとりを「やりとり分析」し，相補的なやりとりなのか交差するやりとりなのか，成功しているやりとりなのか二重のやりとりになっていないかなどを分析していきます。

また一連の長い交流を人生全体に広げ，「時間の構造化」を行ったりもしていきます。さらに「人は，前意識的な人生プランないし脚本を持ち，これに基づいて長い期間を―何か月，何年，あるいは人生全体を通して―儀礼，活動，暇つぶし，心理ゲームによって―構造化する」として，脚本分析を行っていきます。

國分監修（2008）は「TA は精神分析の口語版ともいわれており，記号や図式を使って簡単にわかりやすく説明できるという特徴がある。バーンの弟子デュセイ（Dusay, J. M.）は，各自我状態の強さを棒グラフで表した『エゴグラム』を考案した」としています。

以上，この頃の人間性アプローチのカウンセラー／セラピストを見てみると，その多くが精神分析を学んでいる（そしてそこから応用・卒業している）というのが時代の流れであることがわかると思います。

（3）クライエントとのかかわり方の理解

　キャリアコンサルティングを学習する場合，傾聴やあいづち，承認，明確化，自己開示などのクライエントとの信頼関係の構築やクライエントの心情理解などに関するカウンセリング理論や技法にかける時間が（カウンセラー養成に比べると）多少おろそかになっている場合も少なくないように感じられます。

　ロジャーズ（Rogers, C. R.）が述べた，クライエントが変化するために必要かつ十分なカウンセラー側の条件としての「自己一致」「無条件の肯定的配慮」「共感的理解」の３要件あるいは「傾聴」という言葉は有名ですが，ロジャーズの条件を誤解してクライエントの反応を受動的に待ち続ける「カウンセラーもどき」も決して少なくないような気がしています。

　そういう意味では，筆者は個人的にロジャーズの弟子であり共同研究者でもあったジェンドリン（Gendlin, E. T.）のクライエントに関する体験過程（experiencing）理論を踏まえ，「クライエントに体験や感情に関する気づきがあったか否か」を意識することが重要だと思っています。この理論の要点は，カウンセリングの際にクライエント側に体験や感情に関する気づきが出てくると，カウンセリングが進展する，としている点です（久保田・池見, 1991：表2-7 の体験過程尺度では段階が上がるほどカウンセリングに効果があるとされます）。

表2-7　体験過程尺度（久保田・池見, 1991 を一部改変）

段階	
1	話し手と関連のない外的な出来事について語る。
2	話の内容は話し手と関連があるが，話し手の気持ちは表明されない。知的あるいは行動的な自己描写。
3	外的な出来事に対して話し手の気持ちが語られるが，そこからさらに自分自身について述べることはしない。
4	出来事に対する体験や気持ちが話の中心で，自分の体験に注意を向け，ふくらませたり，深めていったりする。
5	自分の体験について，問題や仮説提起をする。探索的，思考的，ためらいがちな話し方。
6	自分自身の新しい気持ちや体験に気づく。話し相手は新しい自己の体験や気持ちの変化について話す。
7	話し手の気持ちや体験についての気づきが人生の様々な場面に広がっていく。

　キャリアコンサルティングはキャリアコンサルタントとクライエントの相互作用ですから，「ちゃんとしゃべら（れ）ないクライエントが悪い」ではなく，キャリアコンサルタントとして真摯にクライエントに向き合い，クライエントの体験や感情に対する気づきを（質問などを通じて）引き出すようなスキルや工夫が求められるのです。クライエントの体験や感情に対する気づきが引き出せていないとすれば，クライエントとの人間関係の形成技術あるいはカウンセラーの質問・応答技術を上げていく必要があるのです。

　クライエントとの人間関係構築を考える際，カーカフ（Carkhuff, 1987；國分監修，1992）の「かかわり技法」も参考になるかもしれません。カーカフは，まず「かかわりへの準備」としてヘルパー自身の準備（いつ・どこで，目的は，など），環境の準備，親身なかかわり（正面に向かい合う，からだの前傾，視線の交差，関心の伝達など）の必要性を指摘します。

　実際の援助に入る際には，クライエントや自分自身への観察（アセスメント）も欠かせません。そして「傾聴」です。個人的評価を留保し，クライエントや事柄に焦点を当て，表現内容に注意を払い，クライエントの中の一貫した中心テーマを探していきます。

　クライエントの話を傾聴しながら，応答することも欠かせません。事柄への応答では言い換えや５Ｗ１Ｈの想起で事実関係を明確にし，感情への応答では感情に触れる応答や質問を行い，意味への応答では言い換えや関連する事柄や感情を把握することでその意味を共有し，クライエントの自己探索の促進を支援していく必要があります。

　こうした応答（感情の意識化，目標の意識化，問題の意識化，意味の意識化）を通じて，クライエントの自己理解を促進します。経験の個人的意味を意識化し，経験の内面化，一貫したテーマの明確化を進めていきます。

表2-8　援助のレベル（國分監修, 1992 より）

5.0	各段階の行動化
4.5	目標の設定
4.0	問題，感情，目標の意識化
3.5	意味の意識化
3.0	意味への応答
2.5	感情への応答
2.0	事柄への応答
1.5	親身なかかわり
1.0	無関心

　目標が設定されれば，行動計画・スケジュール・強化法を設定します。行動化が進んだ段階でフォローアップを行い，再度自己探索を進め，援助過程を繰り返します（表2-8参照）。

　カーカフ（Carkhuff, 1987；國分監修, 1993）のかかわり技法については，ワークブック，トレーナー・ガイドも翻訳出版されていますので，そちらも参考にしてください。

　また福原ら（2004）・福原監修（2007）の「マイクロカウンセリング」におけるかかわり行動，クライエント観察技法，開かれた質問・閉ざされた質問，励まし・言いかえ・要約，感情の反映，意味の反映，焦点のあてかた，積極技法，対決など「マイクロ技法の階層表」（後者になるほど階層が上位になる）もキャリアコンサルティングを進める上で参考になるかもしれません。

　こうしたカウンセリングの細かい応答技法を学ぶことで，キャリアコンサルティングでも細かくクライエントの状況に対応できるようになります。

　さらには家族療法における「ジョイニング」も，クライエントとの人間関係形成には参考になるものと思います。東（1993）はジョイニングのテクニックとして，相手の①ムードや雰囲気に合わせる，②動きに合わせる，③話の内容に合わせる，④相手のルールに合わせる，という４つのテクニックを紹介しています。こうした「合わせの技術」を習得することにより，クライエントはキャリアコンサルタントとの間に，より話しやすい雰囲気を感じ取ることができるでしょう。

カウンセラーのスキル・技法：
カーカフ「関わり技法」
アイビィ「マイクロカウンセリング」
カウンセラーの姿勢・態度：
ロジャーズ「自己一致」
「無条件の肯定的配慮」「共感的理解」
クライエントの反応（体験過程）：
ジェンドリン「体験過程理論」

図2-4　ロジャーズ，ジェンドリン，カーカフの理論の関係（筆者作成）

　キャリアコンサルタント養成講座で学ぶ150時間では，なかなかクライエントとの人間関係形成（ラポール）やジョイニングにまで至る具体的な訓練は難しいかもしれませんが，こうした知識・情報を頭に入れ，関わりや発言を意識したロールプレイをこなしていくことで，クライエントとの人間関係形成力を高め，問題や事柄だけでなくクライエントの感情や意味にまで応答し，それらを意識化させ，行動化まで一緒に歩んでいくまでに至ることが重要です。

　図2-4 はロジャーズ，ジェンドリン，カーカフの理論の関係を示した図ですが（筆者作成），どれか１つができるというのではなく，全体に目くばせをしていく必要があります。さらに現代のキャリアカウンセリングは毎回の相談の最後に（カウンセラーが判断するのではなく）クライエントに相談の効果を聴取することが一般的になりつつあります。

　面接試験対策としてアイビィのマイクロ技法を教えている実践家もいるようですが，かかわり行動，クライエント観察技法，開かれた質問・閉ざされた質問，励まし・言いかえ・要約などの背後にクライエントの感情や気づきが生じなければ意味がありません。「面接対策のためのスキル」ではなく「実践できるスキル」にまで高めていく必要があります。

（4）グループへの対応

　大学や就職支援機関で複数の受講生にガイダンスなどを実施する場合あるいは企業の従業員研修などでは，グループ・ダイナミクスやグループ・カウンセリングの知識や経験を持つことも必要となってくるでしょう。「集団精神療法の始まりというのは，ほとんどの場合，クライエントにとって大変な不安を引き起こす体験である」（The American Group Psychotherapy association, 2007 日本集団精神療法学会監訳 2014）からです。これは精神療法に限らず，グループ・カウンセリングや研修を行うすべての場合に当てはまります。このため「クライエントにとって，グループの構造と枠組みはきわめて明瞭にすべき事柄である」し，「セラピストが自分の行動に関してそのような期待（※筆者注：グループの構造と枠組みを明瞭にすること）を持っているかを振り返っておくことも，クライエントのために」なります。

　つまりグループのファシリテーターたるキャリアコンサルタントは，グルー

プの目標や目的を共有した上で，グループメンバーに対し，

- メンバーの発言（人格）を否定しないことを徹底する
- 価値観や意見の違いを認める／メンバーの意見を共有する
- 沈黙することでなく，発言することを歓迎する
- ただし，しゃべりたくないことはしゃべらなくていいことを伝える
- 共感したことはそう伝える，いいと思ったことはコンプリメントする
- 守秘義務を徹底する

などの注意喚起が必要になってくるのです（渡部，2018a）。

　グループには1対1のキャリアコンサルティングとは異なる効果が期待されます。例えばYalom（1995 中久喜・川室監訳 2012）は普遍性，愛他主義，希望，情報の伝達，凝集性，実存的要因，カタルシス，対人学習などを挙げ，The American Group Psychotherapy association（2007 日本集団精神療法学会監訳 2014）では上記に「自己理解」を加えた12項目の治療要因を挙げています。

　一方でグループには集団圧力などのネガティブな面もありますので，キャリアコンサルタントがグループ活動を行う際には，こうしたグループサイコセラピーなどの知見にも詳しくなり，グループのポジティブな効果を上げていく（ネガティブな効果が出ないようにする）必要があります。

　グループを扱う際に必要な詳細の理論・スキルについては125ページで説明しますが，渡辺・ハー（2001）が指摘するように「グループカウンセリングにはグループとしての目標はない。あくまでも個々のメンバーがもっている目標を達成することが目標である。（中略）グループメンバー間の相互作用は重要であるが，相互作用しやすい人間関係を作ることが目標ではない」あるいは「カウンセリングの目標を達成するためには，グループプロセスだけでは不十分な場合も多く，個別カウンセリングと組み合わせることがより効果的」という点については，十分に意識しておいたほうがいいように思います。

発展学習・グループ学習のための議論のテーマ

● この項で理解したことについて、整理してみましょう。メンバー間で感想を共有してみてください。

● あなたが興味を持った理論家・理論は誰（何）ですか？　それを学ぶためにこれから何をしますか。メンバーでシェアしてみましょう。

● カウンセリングと心理療法とはどう違うのか、何が同じで何が異なるのか、自分なりの言葉で表現してみましょう。他の人の意見を聴いて感じたこと・考えたことをお互いにシェアしてみましょう。

● あなたはこれまで「クライエントとの関わり」としてどんな工夫をしてきましたか？　本項を読んで気づいたこと、考えたことはどんなことですか？　グループで話し合ってみましょう。

● クライエントとの人間関係形成で重要なことは何だと思いますか？　これまでの人間関係あるいはキャリアコンサルティングを振り返って、感じたこと・考えたことをグループでシェアしてみましょう。

● メンバーの存在があなたの行動に影響を与えたことについて、メンバーとシェアしてみましょう。例：みんなが部活動をサボっていたので自分もサボった、友人が一生懸命勉強していたので自分もつられて勉強した。

2-2　心理療法（臨床心理学）の歴史および人格の理解
——カウンセリングから一旦離れて

（1）精神分析的アプローチ

　スミス（Smith et al., 2003 内田監訳 2010）は、初期の精神病院について「これらの施設はまったくの監獄であった。患者は暗く不潔な独房に鎖でつながれ、人間というよりは獣のように扱われた。フィリップ・ピネル（Philippe Pinel）がパリの精神病院の責任者になった1792年になってはじめて、いくらかの改善がなされたのである」としています。その後、20世紀に入り、梅毒スピロヘータによる神経性の病気などもわかってくるようになりました。

　こうした精神病・神経症に関する原因や治療法が科学的に探されるようになった中で，フロイト（Freud, S. 1856-1939）は催眠療法や自由連想法を用いることで「無意識の願望や不安を口に出させることで，症状が消える」ことを見出しました。フロイトによれば人格は主として「生物学的な性」と「攻撃性の欲動」と「人生の最初に起こった体験」によって決定されるとしています（Smith et al., 2003）。またフロイトの人格構造の理論によれば，人格はイド，自我そして超自我から構成されます。イドは快楽原則によって働いており，生物学的な欲動に対して即時的な充足を求めるとされます。自我は現実原則に従い，社会的に認められる方法において達成されるまで欲求が充足されるのを待つとされます。超自我（善悪の観念）は道徳的基準をその人に課すとされます。

　木村（2018）は精神分析学の理論を職業選択行動の説明に応用した理論家として，ブリル（Brill, A. A.；快楽主義と現実原則の2原則を適用）やボーディン（Bordin, E. S.；乳幼児期の欲求が職業選択に対応するとする）を紹介しています（坂柳（1990）もボーディンに触れています）。

　その後，フロイト理論にはさまざまな修正が加えられ，児童精神分析で有名な自我心理学のアンナ・フロイト（Freud, A.：彼女はフロイトが当初無意識に重きを置いたのに対し，自我に重きを置くようになります），対象関係論（特に幼児期の対象（人間，特に母親）との関係に関する無意識の内的イメージを扱う）のクライン（Klein, M.）やウィニコット（Winnicott, D.W.）あるいはビオン（Bion, W. R.）のコンテイナー・コンテイント理論，ラカン（Lacan, J.）のフロイトの大義派（パリ・フロイト派あるいはフランス精神分析学派とも），アドラー（Adler, A.）の個人心理学，ユング（Jung, C. G.）の分析心理学などに影響を与えていきます。

(2)　行動主義的アプローチ

　精神分析理論が「人間の思考や行動の多くが無意識の過程によって引き起こされる」（Smith et al., 2003）と考えるのに対し，行動主義的アプローチでは「行動を決定する要因として，環境や状況の要因を強調」します。初期の行動療法で有名な人物として，アイゼンク（Eysenck, H. J. 1916-1997）が挙げられます。

　行動理論の最も基本的な原理の一つはオペラント条件づけであり，これは

「行動と特定の結果との連合を学習するときに生ずる学習の型」とされています。報酬や罰を与えることで，相手の行動が変わるという反応です。また他の人が報酬や罰をもらうのを見ることで，同じような行動様式を学習することを観察学習といいます。特定の状況が特定の結果と連合されていくときに生じる学習（例えばベルがなるとエサが出ることに慣れた犬が，エサが出なくなってもベルがなると唾液が出るなど）を古典的条件づけと呼びます。こうした原理を用いて，系統的脱感作（不安と両立しない反応，すなわち弛緩に置き換えることによって恐怖を除去する：古典的条件づけの原理），選択的強化（特定の望ましい行動の強化：オペラント条件づけの原理）などの技法を用います。ウォルピ（Wolpe, J. 1915-1998）は，恐怖の対象となる物・状況に対して段階的にクライエントを慣らしていくという「系統的脱感作療法」を考案しました。

　初期の行動主義では無意識や思考はブラックボックスであって科学的に確認できないので，「原因（環境や状況）と結果（行動）」のみで判断し，行動変容によって治療を終結するわけですが，後に「認知的要素（思考，期待，出来事の解釈）が行動の重要な決定因であるという証拠」が出てくるところとなり，多くの行動療法家が今では自らの治療的アプローチに認知的要素を組み入れている（Smith et al., 2003）とされています。バンデューラ（Bandula, A. 1925-）は社会的認知理論（あるいは社会的学習理論）を構築し，内的な認知過程は環境的な圧力と結合して行動に影響し，認知過程と環境が相互に作用しあっていると主張しています（Smith et al., 2003）。バンデューラはまたモデリング療法を提案しています（下山，2001b）し，自己効力感という概念を提唱もしています（労働政策研究・研修機構編，2016）。またケリー（Kelly, J.）のパーソナル・コンストラクト理論は，個人が自分自身や世の中を解釈するために使う概念に注目しています（Smith et al., 2003）。

　こうした中，ベック（Beck, A.T.）は行動変容の技法を用いるが，同時に不適応的な信念を変化させるために考案された手法も併用する治療法を認知行動療法と呼び，実践するようになりました（Smith et al., 2003）。

　アサーショントレーニングは認知行動療法や論理療法に親和的な考え方（トレーニング）であり，攻撃的（aggressive）でなく，非主張的（non-assertive）でなく，正当な主張をする練習をすることを勧めています。またア

サーショントレーニングと同様に，ソーシャルスキルトレーニングやアンガーマネジメントも認知行動療法と親和的なトレーニングです。筆者は志望動機や自己PRを掘り起こす際にはほぼ100％ナラティブ／社会構成主義アプローチを用いていますが，コミュニケーション訓練や面接練習の場面ではソーシャルスキルトレーニングなどの手法を用いています。

（3）人間性アプローチ

　精神分析理論と行動主義理論への反発から「第三の勢力」，人間性アプローチが登場します。人間性心理学会はアメリカでは1962年に，日本では1982年に創設されました。

　人間性アプローチでは人間の生得的な成長と自己実現への傾向が重視され，クライエントを単なる観察対象とは捉えず，クライエントの主観的世界観を重視し，自己（クライエント）の選択・創造・自己実現を重視し，人間の尊厳に価値を置きます。

　人間性アプローチの主要人物としては，ロジャーズ（Rogers, C. R.）が挙げられます。ロジャーズなどの人間性アプローチでは，クライエントが真の自己に気づき，治療者の最小限の介入によって自らの問題を解決する援助をするのが心理療法であり，ロジャーズはクライエントの成長と自己探索を促進するためにカウンセラーは自己一致，無条件の肯定的配慮，共感的理解を備えなければならないとしています。

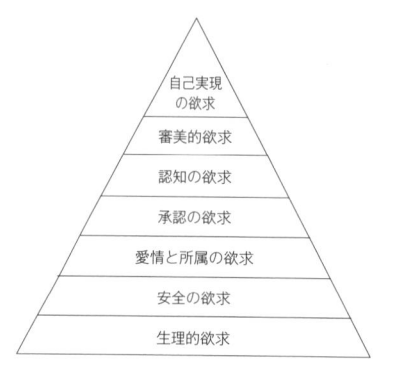

図2-5　マズローの欲求階層モデル
（Smith et al., 2003 内田監訳（2010）より要約し作成）

　また人間性アプローチの主要人物のもう1人として，マズロー（Maslow, A. 1908-1970）の名前を挙げることもできるかもしれません。はじめマズローは行動主義に関心を持ち，精神分析にも影響された（Smith et al., 2003）そうですが，そのうち精神分析の欲動理論に批判的になり，独自の理論を構築したとされています。それが欲求階層

説であり，基本的な生理的欲求からより複雑な心理的動機づけに至り，それら高次の欲求はより低次の欲求が満たされてはじめて重要性を持つとされます（図2-5）。

　またSmith et al.（2003）では，その他の心理療法として表2-9のような心理療法を挙げています。よく見ると精神分析や行動療法からの影響が見えるところもあり，その時代らしい影響を感じさせます。

表2-9　心理療法のそのほかのアプローチ
（Smith et al., 2003 内田監訳（2010）より作成。代表的な理論家は筆者が追記）

名称	治療の焦点	主な方法
ゲシュタルト療法（パールズなど）	未解決の葛藤を徹底操作し，意識から遠ざけられている個人の存在の側面を発見することによって，全人格に気づいていくこと。重要視されるのは，その瞬間に自分がどう感じ，行動しているかに集中的に気づくこと。	集団での治療であるが，治療者は一度に一人とかかわる。ファンタジー，夢，あるいは葛藤の両側面の行動化が，気づきを増す方法として用いられる。精神分析的な内的葛藤の解決の重視と，行動療法家の行動への気づきの重視と，人間学的な自己実現への関心とが組み合わされている。
現実療法（グラッサーなど）	個人の価値観を明確にし，現在の行動と将来の計画をそれらの価値観との関連で評価すること。個人に責任を引き受けるよう強制すること。	治療者は，個人が実行可能な行動計画の結果を理解し，現実的解決ないし目標を決定できるよう援助する。行動計画が選ばれたら，クライエントは最後までやり遂げることに同意する契約書に署名する。
論理情動療法（エリスなど）	非合理的な考え（人は必ずいつもすべての人に愛され称賛されなければならない，私は万事に有能であるべきだ，人は悲しみや不幸をほとんど制御できない）を，もっと現実的なものに置き換えること。認知的な変化が感情的な変化をもたらすと仮定する。	治療者は，個人が状況へのもっと合理的な見方をとるよう説得するために，その人の考えに（時に微妙に，時に直接的に）突っ込んだり反論したりする。ベックの認知療法と似ているが，治療者はもっと単刀直入に正面から対決を迫る。
交流分析（バーンなど）	個人のコミュニケーションの背後にある意図に気づくこと。言い訳やごまかしを排除し，自分の行動を正確に解釈できるようにすること。	集団での治療。夫婦または集団の成員は，「親」「子ども」「大人」（フロイトの超自我，エス，自我に同じ）と呼ぶ人格の部分，それからメッセージの意図という観点から分析される。破壊的な社会的相互交流ないし「ゲーム」がそのままあらわにされる。
催眠療法	現実を脇に置き，イメージを建設的に使えるようにすることを通して，症状をやわらげ，自我過程を強くすること。	治療者は，個人の注意に焦点づけることによって葛藤や疑念を減らし，直接的暗示や置き換えによって症状を変容させ，また対処能力を強めようと試みる上で，さまざまな催眠の手法を用いる。

（4）新しいアプローチ

下山（2001b）は，心理療法の新たな展開として「Bateson の研究を出発点として1970年代から80年代にかけて飛躍的に発展したシステム論的家族療法」について「主観としての内面でもなく，また客観としての行動でもなく，対人関係の全体システムの中で生じる出来事として心理的問題をとらえる関係論的視点」と「地域に直接介入していく臨床心理学のあり方」としてのコミュニティ心理学という2つの視点を紹介しています。

また佐藤（2007）は「1980年以前のアプローチがシステム理論に基づいた家族療法の時代，1980年代以降は，構成主義にもとづいたナラティブ・セラピー（中略）その過渡期にブリーフセラピー」が生まれたと解説しています。具体的には，ミルトン・エリクソンや MRI（Mental Reserch Institute）などを始祖とするブリーフセラピー，あるいは問題やその原因に注目しないド・シェイザー（de Shazer, S.）とバーグ（Berg, I. K.）の解決志向アプローチ（彼らは MRI から独立しています），ホワイト（White, M.）などオーストラリア・ニュージーランドで盛んなナラティブ・セラピーなどが知られていますが，近年，日本産業カウンセリング学会ではリン（Lynn, C. D.）のクリーンランゲージなども紹介されています。

こうした技法は，問題（症状）は周囲や環境との相互作用によって起こると考えており，クライエント自身の責任（問題）とは考えないことから，クライエントの治療抵抗が起こりにくく，治療同盟が結びやすいとされています。こうした考え方は現在のほぼすべてのカウンセリングに大きな影響を与えています。

またクライエント中心的かつ目的志向的であることを標榜する動機づけ面接や学習性無力感で知られるセリグマンが提唱したポジティブ心理学なども近年わが国に紹介されていますが，そのアイデアの公表年次や理論家の生い立ちなどを見ると，どういった理論やどの理論家あるいは社会背景に影響を受けて理論が確立されていったのかが，ある程度想像できます。あるいは行動療法の分野では ACT（アクセプタンス・コミットメント・セラピー），セルフ・コンパッション，マインドフルネスなどの用語が飛び交い，人生の意味や意義を採り上げることが増えているようです。

　いずれにせよ近年では，クライエントの意志の尊重や主観の重視，発達（成長）的観点に加えて，効果・効率，クライエントへの説明責任なども求められています。キャリアコンサルタントとしては，こうした理論の発達と時代背景も押さえておきたいものです。

発展学習・グループ学習のための議論のテーマ

● この項で理解したことについて，整理してみましょう。メンバー間で感想を共有してみてください。

● あなたが興味を持った理論家・理論は誰（何）ですか？　それを学ぶためにこれから何をしますか？　メンバーでシェアしてみましょう。

● あなたの理論・実践には，どの心理療法のどんな影響が出ていますか？　それはなぜだと思いますか？　考えてみましょう。

コラム　これまでの理論の違い・変化を図で整理してみる

　各理論の概要を，文章で目で追っても，どういう違い・変化があるのか，よくわからないときがあるかもしれません。皆さんも機会があれば，自分なりに図や表でまとめてみると，自分の中でより整理がつくかもしれません。

　以下の図は筆者なりにまとめたものですが，図2-6 が精神分析アプローチです。症状（問題行動）を引き起こす無意識あるいは原因を，催眠もしくは自由連想法を用いて過去に遡って探していきます。判断・分析をするのは，あくまでセラピストです。

　ローは精神分析アプローチの影響を受け，キャリア分野に単純でわかりやすいモデルをもたらしました（図2-7）。幼児期の家庭環境や親の養育態度が人格の形成を規定し，それが将来の職業選択を方向付けると考えたのです。

　これに対して，科学的に存在が証明できない無意識を排除し，症状や問題行動の排除（望ましい行動への変化）に特化した考えが行動主義アプローチ（行動療法）です（図2-8）。

　しかし行動の変化だけではすべての心の悩みは解決できず，修正行動主義では「認知」というブラックボックスを導入することになります（図2-9）。行動

にアプローチするだけでなく，認知や感情にもアプローチする方法が開発されていきます。

　これら精神分析アプローチ，行動主義アプローチが「セラピスト（カウンセラー）がクライエントを判断・分析して『正しい処置』をする」という立場なのに対して，人間性アプローチでは「クライエントこそがクライエントの人生の主人である」「クライエントは自ら気づき，発達・成長する能力がある」と高らかに謳います（図2-10）。セラピスト（カウンセラー）はあくまでその支援者・補助者となります。

　しかし人間性アプローチではややもするとクライエントを大切にしすぎるがゆえに，クライエントが自らの認知や感情のゆがみ・ずれに気づくまでに時間がかかることも少なくありません。アメリカは従来国民皆保険を持たず，お金持ちだけが高額の医療保険に加入していたがゆえにカウンセリングも医療保険の対象だったそうですが，カウンセリングがあまりに長期に継続するので，保険会社からカウンセリングの回数や時期に制限が入ったようです。その結果として，時間制限療法やブリーフセラピー（短期療法）と呼ばれる方法が台頭し（並行して社会構成主義の影響などがあり），ナラティブ／社会構成主義アプロ

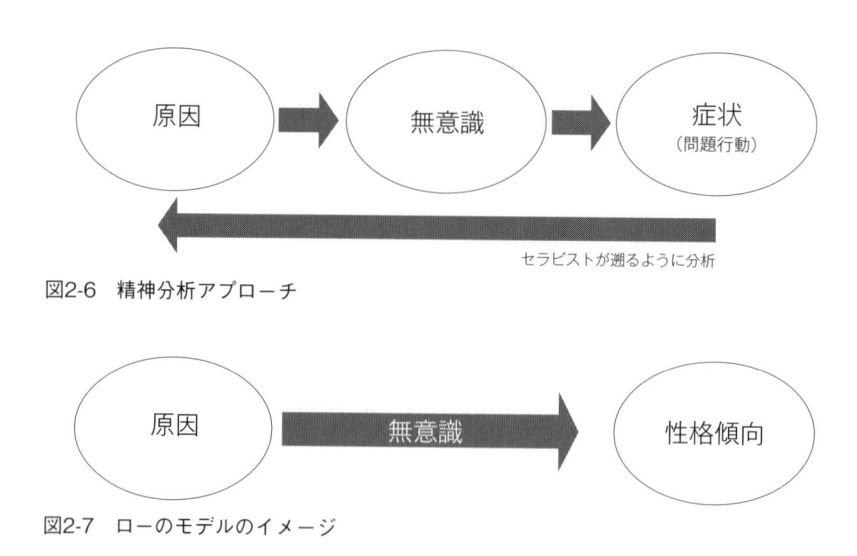

図2-6　精神分析アプローチ

セラピストが遡るように分析

図2-7　ローのモデルのイメージ

図2-8　行動主義アプローチ

図2-9　認知の考え方を取り入れた修正行動主義アプローチ

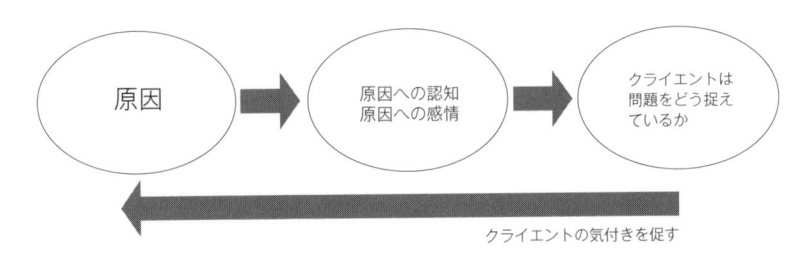

図2-10　人間性アプローチの特徴

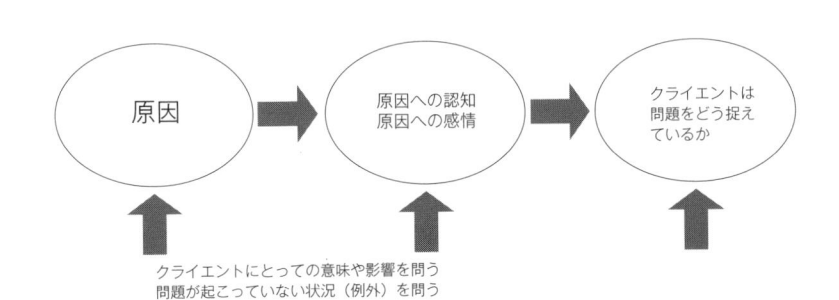

図2-11　ナラティブ／社会構成主義アプローチ

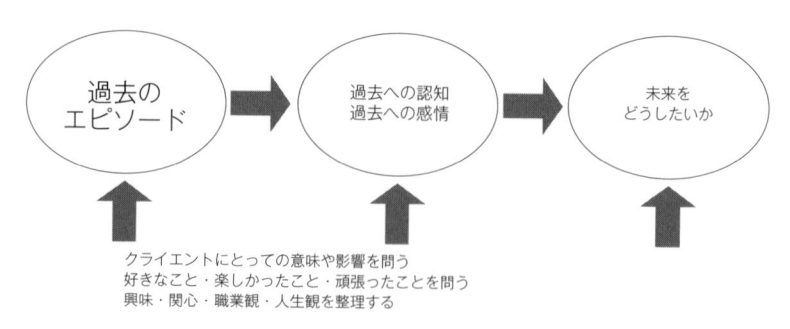

図2-12 キャリア分野のナラティブ／社会構成主義アプローチ

図2-13 従来の単純なマッチング理論

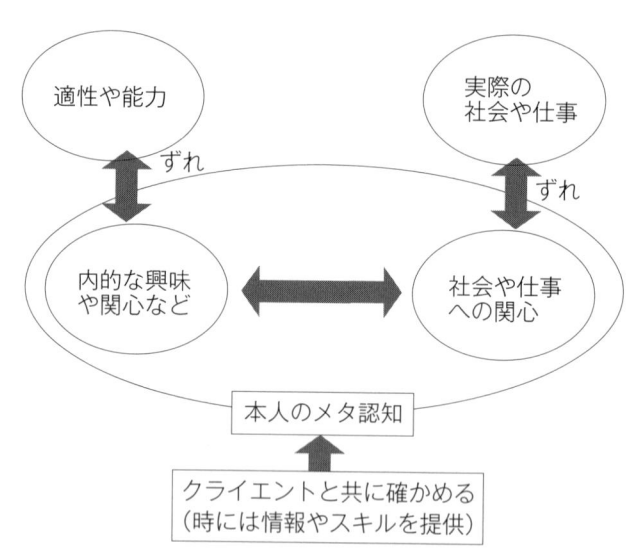

図2-14 キャリア分野におけるナラティブ／社会構成主義アプローチ

ーチと呼ばれる質問やワークを多用する技法が盛んになってきたのだろうと考えています（図2-11）。

　キャリア分野のナラティブ／社会構成主義アプローチでは「現在ある問題」（の解決）よりも「未来のあるべき姿」を扱います。このため通常の心理療法などと異なり，より具体的に興味・関心・人生観が明確になるような質問をしていきます（図2-12）。

　あるいは特性・因子論などの従来のマッチング理論が単純に「個人と社会のマッチング」（図2-13）を目指していたのに比して，近年のナラティブ／社会構成主義アプローチはクライエントのメタ認知に働きかける（図2-14），と言い直しても良いかもしれません。

　こうして言葉でなく図にして，それぞれの理論の変遷を見ていくと，その時期になぜ，どういう理由で理論の変遷が起こったのか，わかりやすく理解できるのではないでしょうか。

> **コラム**　**生徒指導提要に記載された「学校で活用できるカウンセリング技法」**

（1）教育指導に親和的なカウンセリング技法

　文部科学省「生徒指導提要」（2010）では，「教育相談でも活用できる新たな手法等」として，グループエンカウンター，ピア・サポート活動，ソーシャルスキルトレーニング，アサーショントレーニング，アンガーマネジメント，ストレスマネジメント教育，ライフスキルトレーニング，キャリア・カウンセリングの8つの集団活動（ガイダンス）が挙げられています。

（2）ソーシャルスキルトレーニング（社会生活技能訓練）

　ソーシャルスキルトレーニングで扱うスキルとしては

- あいさつのスキル：良好な人間関係をつくる最初の一歩
- 上手な聴き方スキル：人間関係をつくるうえで最も大事なスキル
- 質問するスキル：正確な情報を手にすることで，見通しが持てる
- 仲間の誘い方，入り方のスキル：友人関係を広げる
- あたたかい言葉かけ：人間関係を深める

- やさしい頼み方：気持ちよく関係を保つ
- 共感するスキル：相手と感情を分かち合い，親密な関係を維持する
- 上手な断り方スキル：自分も相手も大切にする
- 自分を守るスキル：精神的にも肉体的にも自分を大事な存在として扱う

などがあります。

　目的に応じて参加メンバーを2人組あるいは4人組程度に分けて，最初のうちはできるだけメンバーが混乱しないよう発言の順番・内容を指定して（場面を構造的にして）ワークをしていくとよいと思います。グループの人数があまりにも多いと参加できない／しないメンバーが出てくるので，必要最小限の人数にすることをお薦めします。練習の際にはわざと悪いスキル（例えば聴き方スキルであれば「下を向いて反応しない」「スマホをいじりながら，聞いているか聞いていないかわからない態度を取る」「時計をチラチラ見てそわそわしている態度を取る」など）を実際にやらせてみて，いかに相手に悪い印象を与えるかというワークをやることも効果的です。具体的に経験的に学んでいくことが効果的です。

　上手な聴き方のスキルとしては，他に「手を止めて，体ごと相手に向ける」「適切な距離で」「あいづちを打ちながら」など，具体的な行動を言葉とともにファシリテーター側が模範例を示していくとよいと思います。その他，表情や姿勢・態度，視線，声のトーン・スピードなどに意識させることもよいでしょうし，ため息や無言が相手に与えるメッセージについて議論させることもよいと思います。言語だけでなくノンバーバルな行動・行為も相手にメッセージを伝えることを意識してもらうとよいと思います。

　さらに，上記以外にも，知らない人と話す機会が極端に少ない現代の若者に関しては，「会話を継続するスキル」も1つ1つ教えたほうがいいように感じています。共通に興味を持っていそうなこと（天気やスポーツ，テレビ，ゲーム，食事など）を探して話す／事前に用意しておく，相手の話にうなずく／反応する／返事をする／共感する，「自己開示」をして自分の興味や趣味を話す，困っていることを伝える，嫌なことにNOと言うなどのスキルです。認め・ほめる言葉，なぐさめる言葉，感謝する言葉，感動する言葉，ねぎらう言葉，見守る言葉，好きだよと伝える言葉，受け止める言葉は会話を継続させ，批判す

る言葉，非難する言葉，否定する言葉，嫌いだと伝える言葉などは会話を止める傾向にあることを実際に練習してみて伝えるのもよいと思います。

　ほめる場合には具体的に伝える，自分と比較したり他との優劣でほめない，ほめ言葉を受ける場合には過度に謙遜したり否定したりしない，率直に同意するということを伝えてもよいかもしれません。いずれにせよ一般論ではなく具体論として「実際に体験してみる」ことが重要です。頭ではわかっていても，やったことがないものはできないものですので，若者にそうした機会を提供するのもキャリアコンサルタントの役割の1つだと考えています。

（3）アサーショントレーニング

　アサーションとは「相手の主張を尊重しつつ，自身の主張を発する」（例えば「そういう意見もあると思いますが，私の意見はこうです」など）ことを，ノンアサーティブ＝非主張的とは「自身の意見を押し殺し，他に合わせる」（例えば「（それは無理だと思うけど……）はい，検討します」など），アクティブ＝攻撃的とは「自分を中心に考え，自身の考えを主張する」（例えば「だってしょうがないじゃない，相手が悪いのよ……」「もう知らない！」など）とされています。相手の人格を否定せず自分の主張を言っていくために，アイ・メッセージ（相手の否定から入るのではなく，自分は〜と思う／〜と考えるなどのメッセージ）が推奨されています（51ページ参照）。

　ところで，日常会話では基本的にアサーションな発言がよいとされますが，不当な要求には断固断るべき（アクティブ＝攻撃的）場合もあるところ，「アクティブもできる（が使わない）」「選択肢の中から，普段はアサーティブな会話を選ぶ」という意識が大切だと考えています。カウンセリング（特に受容・傾聴・共感的理解）はノンアサーティブのように感じられる方も多いかもしれませんが，実際にはクライエントへの「確認」「質問」に加え必要に応じて「対決」もします。コミュニケーションの上では，アサーションとノンアサーティブとアクティブを必要に応じて「使い分けることができる」ことが重要です。どれか1つしか使えないのが問題だと考えています。

　アサーティブにものを頼む場合，「素直に頼む（要求を伝える）」ことが重要だと言われています。自分の要求と気持ちを相手に伝わるように伝える，(1)

事実，(2)感情，(3)要求・提案の順に伝える，具体的に／現実的に／1回に1つずつ頼むのもコツのようです。その他，「私は〜」のアイ・メッセージで語る（「あなたは〜」で語らない）ということも言われています。

　特に相手の依頼を断る場合は注意が必要です。「相手の気分を害するのではないか」「自分の能力がないと思われるのではないか」と思うと，言い訳がましくなったりわかりにくかったり，あるいは逆にきつい言い方になったりするからです。本来の「NO」とは相手と自分に誠実だからこそ伝える言葉，相手と長くよい関係を築く言葉であり，アサーティブに断る場合には①NO の的を絞る，②断る理由をシンプルにする，③ただし最後まで意思を伝える，④結論を急がないことが重要と言われています。相手と自分とは人間としてあくまで対等ですから，代替案を示すという方法もあります。近年，「衝突を恐れる」「嫌われるのを恐がる」若者も多いので，学校で具体的に断り方の練習をすることもよいかもしれません。

（4）アンガーマネジメント

　アンガーマネジメントで重要なことは，①怒り（イライラ）の感情は誰にでもあることを理解する，②怒り（イライラ）の感情を持っているときは，強い言動・行動に出がちであることを理解する，③アンガーマネジメントでは「怒りを抑える」というよりも「怒りの感情があるときに自分はどうなるか」ということに気づくことが重要である，ということだと思います。それらを理解した上で，生理的反応への対応，認知反応への対応，向社会的判断力・行動力を学んでいくことが重要だと思います。

　怒りは二次感情と言われます。要は，怒りを引き起こすのは「不安」「つらい」「苦しい」「痛い」「嫌だ」「疲れた」「寂しい」「虚しい」「悲しい」などのネガティブな一次感情（例えば「自分が相手に理解・尊重されていない」「自分の意見が周囲に全く聞いてもらえていない」「期待した対応（サービス）が受けられなかった」など）であり，それが何らかのきっかけであふれ出すと「怒り」という二次感情に変化するとされます。こうした怒りを管理（マネジメント）して不適切な行動につなげないようにするのが，アンガーマネジメントという考え方です。

　具体的には①衝動のコントロール：怒りのピークは6秒間と言われているので，深呼吸をする（一呼吸置く），怒りの理由（中身）を言葉にする，怒りの度合いを10段階で表現するなどをして，一旦冷静になる時間を取る，②思考のコントロール：普段から自分の許容範囲（こうあるべき）・常識の幅を広げておく，③行動のコントロール：コントロールできないこと，変えられないこと，重要でないことは「受け入れる」（認める・諦める）練習をする，などについて学んでいきます。

　怒ることには，実はデメリットだけでなくメリットもあります。感情を発散すればすっきりするでしょうし，行動に向けたエネルギーにもなるかもしれません。また良くも悪くも相手がビビる（相手が何らかの反応をする，相手に気を遣ってもらえる）かもしれません。もちろんデメリットもあり，冷静な言動・行動ができなくなる，相手が感情を害したり，後で問題になったり後悔したりする場合も出てくるでしょう。過去を振り返って，こうした怒りのメリット・デメリットを考えてみることも効果があると考えています。怒りを否定するのではなく消してしまうのでもなく，「その怒りをどう活用するか」「その怒りの意味や影響とは何か」を考えることが重要なのです。

(5) ストレスマネジメント教育

　ストレスマネジメント教育は①ストレスの概念を知る，②自分のストレス反応に気づく，③ストレス対処法を習得する，④ストレス対処法を活用する，という段階で進んでいきます。アンガーマネジメントと非常に似ていますね。

　実際のストレス対処法としては，

- 深呼吸（10秒呼吸法（6秒で吸い，3秒ではき出す））
- 漸進的弛緩法（自律訓練法）
- セルフ／ペアリラクゼーション
- ヨガや瞑想

などのほか，

- ストレス（問題）の解決法を学ぶ
- グループで問題解決のアイデアをシェアする

などの方法も用いられているようです。個人生活で言えば，アロマセラピーや

ハーブティー，入浴，睡眠，「好きな趣味に没頭する」「ご褒美に好きなものを食べる」など個人が普段行っているリラックス法を整理・拡充することも活用できるかもしれません。

　その他ストレス解消の技法としては，解決志向アプローチのほか各種のカウンセリング技法も応用可能だと思っています。

（6）その他：ライフスキルトレーニング，ピア・サポート活動

　その他にも自分で自立して生活していくための「ライフスキルトレーニング」（例えば，朝起きて朝食を食べて夜適当な時間に寝るなどの生活習慣づけ，人間関係を作るスキルの訓練，計画を立て・書き・実行するスケジュール管理の訓練，必要な時に必要な我慢をする訓練，薬物・性に関する知識を持つ，など），さらにはクライエントがすでに持っている援助的性向を活かして訓練・支援することで，職場・組織内の自然な支援プロセスを促進する「ピア・サポート活動」などの取組もあります。ピア・サポート活動では，希望する（あるいは適性や能力がある）メンバーに対して受容・傾聴・共感的理解の訓練を行ったり，カウンセリング技法について解説したり，相談のロールプレイを行ったりして，日常の職場・組織生活で同僚の簡単な相談に乗れるように指導したりします（当然，メンバーの手に負えないような問題は上司や産業医等に早めに相談するように指示します）。

　こうした教育・訓練・取組を通じて，メンバーが集団生活に馴染むとともに，集団生活に馴染めないメンバーに手をさしのべるなどによって，予防教育あるいは開発教育につながっていくことが期待されます。

発展学習・グループ学習のための議論のテーマ

- 今の学校教育におけるキャリア教育には何が必要だと思いますか？　自身の経験や周囲の意見なども踏まえて，考えてみましょう。
- この項で理解したことについて，整理してみましょう。メンバー間で感想を共有してみてください。
- あなたが興味を持った技法は何ですか？　それを学ぶためにこれから何をしますか？　メンバーでシェアしてみましょう。

コラム　自主学習について

　近年，わが国においても海外の理論書が翻訳出版されることが増えてきました。章末の参考文献で紹介したサビカス（Savickas, 2011）やコクラン（Cochran, 1997）あるいはガイスバース（Gysbers et al, 1998），ホランド（Holland, 1997），ハンセン（Hansen, 1997）などの書籍です。海外の理論や動向が日本語で読めるのは，大変便利です。当然ですが，こうした新しい理論を用いたわが国での研究論文も，少しずつ増加してきています。

　内外の学会誌等に発表された論文は，大学図書館等を通じて入手することが可能です。近年ではネット上で論文を公開する学会も増えていますので，国内の論文であればCiNii（NII学術情報ナビゲータ）などで検索・入手できる論文も増えていますし，もしネット上で論文が取得できなくても論文名と学会誌の所在さえわかれば，所蔵する図書館に依頼することでコピー代＋郵送料程度の金額で当該論文を入手することができます。アメリカ心理学会の論文はアメリカ心理学会（APA）の会員になることで入手することが可能です。

　またもちろん，アメリカ心理学会（APA）などのサイトや書籍通販サイトあるいは大手書店を通じても（カードやペイパルでの決済になる場合もありますが）原書を直接購入することができます。

　また日本国内にも原書講読をしている勉強会がいくつか存在するようですので，そうした勉強会に入れてもらう（あるいは立ち上げる）ことも可能かもしれません。

　著者を呼んでの勉強会もよいですが，コストも手間も一定程度かかりますので，書籍を通じた勉強会もよいのではないかと思っています。発表する章を分担すれば1人1人の負担は減りますし，その章について全員で情報・意見交換をすれば理解が深く多面的になると思います。

　団体による研修や書籍や論文購読等による1人きりの独学だけでなく，いろいろな自主学習があると思いますので，自分にとって効果的・効率的な学習方法を探していただければ，と思います。

3　職業能力開発（リカレント教育を含む）の知識

（1）国による職業能力開発制度

　従来の職業能力開発は，終身雇用制の中で「企業が従業員に対して行う，OJT形式のもの」（仕事をしながら学ぶこと）が多かったかもしれません。しかし近年，産業構造の変化や業種・職種の多様化，グローバル化に伴う世界的競争の激化に伴い，個別企業が主体となった「個別企業内での自前研修」には限界が生じています。労働者個人個人が自らの責任で，自らの理想の未来に合わせて自主的に（自腹を切ってでも）あるいは生涯にわたって職業能力開発を進めていかざるを得ない部分も増えています。しかし労働者個人で必要十分な職業能力開発情報を集め，選択・行動するには限界があります。

　まず職業能力開発促進法が「雇用対策法と相まつて，職業訓練及び職業能力検定の内容の充実強化及びその実施の円滑化のための施策並びに労働者が自ら職業に関する教育訓練又は職業能力検定を受ける機会を確保するための施策等を総合的かつ計画的に講ずることにより，職業に必要な労働者の能力を開発し，及び向上させることを促進し，もつて，職業の安定と労働者の地位の向上を図るとともに，経済及び社会の発展に寄与すること」を目的としていることを押さえておきましょう。そして法律では職業能力開発の基本理念として「労働者がその職業生活の全期間を通じてその有する能力を有効に発揮できるようにすることが，職業の安定及び労働者の地位の向上のために不可欠であるとともに，経済及び社会の発展の基礎をなすものである」としています。このために厚生労働大臣は「職業能力基本計画」を策定し，計画の中で①技能労働力等の労働力の需給の動向に関する事項，②職業能力の開発の実施目標に関する事項，③職業能力の開発について講じようとする施策の基本となるべき事項を定めることとされています。

　厚生労働省「第7次職業能力開発基本計画」（2001〜2005年度）では，キャリア形成支援システムの整備，職業能力開発に関する情報の収集，整理及び提供の充実強化，職業能力評価システムの整備，職業能力開発に必要な多用な職業訓練・教育訓練の機会の確保を目指すこととされ，具体的には専門家としてのキャリアコンサルタントの養成を目指すこととなり，今のようなキャリアコ

ンサルティング制度が誕生することとなります（なお2016年には現行の「第10次職業能力開発基本計画」が策定されています。この計画は「生産性向上に向けた人材育成戦略」として位置付けられ，生産性向上に向けた人材育成の強化，「全員参加の社会の実現加速」に向けた職業能力底上げの推進，産業界のニーズや地域の創意工夫を活かした人材育成の推進，人材の最適配置を実現するための労働市場インフラの戦略的展開を目指すこととされています）。

　また平成13年9月の職業能力開発促進法の改正に合わせ，キャリア形成支援のために事業主が行うべきことが指針として規定されました（「労働者の職業設計に即した自発的な職業能力の開発及び向上を促進するために事業主が講ずる措置に関する指針」厚生労働省告示296号）。概要としては，事業主は労働者が職業能力の開発や向上に関する目標を定められるように，業務の遂行に必要な技能や知識の内容・程度について情報の提供，相談の機会の確保その他の援助に努める必要があり，

- 職務等の内容や遂行に必要な職業能力に関する情報の提供
- 労働者配置の基本的方針や運用状況に関する情報の提供
- 人材育成に係る基本的方針や職業訓練，職業能力検定等に関する情報の提供
- キャリアコンサルティングを定期的に行うこと
- 実習等を通じた職務の体験機会の確保等により職務に対する理解を促進すること
- キャリアコンサルティングを行う際，職業能力検定の結果を適切に活用すること。労働者がキャリアコンサルティングに必要な職業能力評価を受けることについて，必要な援助を行うこと
- キャリアコンサルティング担当者に能力向上のための講習等を受けさせること
- キャリアコンサルティングに関する専門的な知識や技能を有する者やキャリアコンサルティングの専門的サービスを提供する機関の効果的な活用を図ること
- キャリアコンサルティングの過程で知り得た労働者の個人情報を適正に管理すること

を行う必要があるという指針です。

　また厚生労働省は企業，就職支援機関，公共職業訓練機関，学校等に対し，個人のキャリアアップや多様な人材の円滑な就職等を促進することを目的として「ジョブ・カード」を活用することを推奨しています。ジョブ・カードは，キャリアコンサルティング等の個人への相談支援を通じて，「生涯を通じたキャリア・プランニング」及び「職業能力証明」をするツールとして用意されたもので，ジョブ・カード制度総合サイト（https://jobcard.mhlw.go.jp/）で無料にて活用できるようになっています。

　さらに，厚生労働省では業種・職種ごとの職業能力評価基準を公開しており，客観的な能力評価基準を用いることによって労働者の管理や労働者自身の自己研鑽を促すことを支援しています。キャリアマップ，職業能力評価シートについては葬祭業，ディスプレイ業，外食産業，フィットネス産業，卸売業，在宅介護業，スーパーマーケット業，電気通信工事業，ホテル業，ビルメンテナンス業，アパレル業，ねじ製造業，旅館業で公開されています（https://www.mhlw.go.jp/stf/seisakunitsuite/bunya/0000093584.html）。

（2）リカレント教育とは

　OECD（経済協力開発機構）は1973年，「リカレント教育―生涯学習のための戦略―」という報告書をまとめ，リカレント教育の概念を明らかにしました。同報告書によれば，リカレント教育は「生涯学習を実現するために行われる義務教育以後の包括的な教育戦略であり，その特徴は青少年期という人生の初期に集中していた教育を，個人の全生涯にわたって労働，余暇など他の諸活動と交互に行う形で分散されることである」（OECD, 1973）としています。

　ライフキャリアデザインと類似した概念で，「個人の全生涯にわたって」「教育そのものでなく，労働や余暇など他の諸活動と交互に」という意識があり，国や企業が労働者に提供する場合もあれば，労働者個人が外に求める場合もあり，いろいろな形態が考えられます。

　「全ての教育が終わってから労働に入る」では社会参加が遅くなること，また急激な社会変動に伴う新たな知識，技術の習得が求められる中で人生初期の教育だけで対処することは困難になっていること，労働・社会経験を積むこと

で学習動機が生じ，青少年期における教育よりも学習の効率が高いことなどが背景になっています（文部省編, 1988）。

　このため学校教育だけでなく，企業内での研修，労働者自身による自己啓発，国や地方自治体等による支援など重層的な視点から「リカレント教育」を捉えていく必要があります。

(3) 国による職業能力開発に関する支援

①教育訓練給付制度

　教育訓練給付は，労働者の主体的な能力開発の取組み又は中長期的なキャリア形成を支援するため，一定の要件の下，労働者が教育訓練受講に支払った費用の20％（10万円を上限）を支給する制度です（失業者が専門実践教育訓練を受ける場合には費用負担の割合が変わります）。

　詳細は厚生労働省ＨＰの「教育訓練給付制度」（https://www.mhlw.go.jp/stf/seisakunitsuite/bunya/koyou_roudou/jinzaikaihatsu/kyouiku.html）を参考にすることができます。

②人材開発支援助成金

　人材開発支援助成金は，労働者の職業能力を測る場合に，事業主に助成する制度で，特定訓練コース，一般訓練コース，教育訓練休暇付与コース，特別育成訓練コース，建設労働者認定訓練コース，建設労働者技能実習コース，障害者職業能力開発コースがあります。

　詳細は厚生労働省ＨＰの人材開発支援助成金（https://www.mhlw.go.jp/stf/seisakunitsuite/bunya/koyou_roudou/koyou/kyufukin/d01-1.html）を参考にすることができます。

③その他

　他に，独立行政法人高齢・障害・求職者雇用支援機構が実施している，主に中小企業に在職している方向けの在職者訓練（別に失業者向けの離職者訓練，求職者支援訓練あるいは学卒者訓練，障害者訓練もあります），生産性向上訓練などがあります。

　詳細は厚生労働省ＨＰのハロートレーニング（https://www.mhlw.go.jp/stf/seisakunitsuite/bunya/koyou_roudou/jinzaikaihatsu/hellotraining_top.html）

を参考にすることができます。

　もちろん事業主団体や民間訓練機関，各種専門学校，自動車学校などでも研修や講習を実施しています。必要に応じて労働者に必要な職業能力開発分野の職業能力開発情報を得ていくことが必要になります。

発展学習・グループ学習のための議論のテーマ

- ●あなたはこれまで学校・就職支援機関・企業等でどんな職業能力開発を行ってきましたか？　どんな職業能力開発が過去・現在の仕事に役立ちましたか？
- ●個々の労働者の職業能力を公平かつ客観的に評価するためには，どうすればよいと思いますか？　国（行政）としてできること，企業としてできることにはどんなことがあるでしょうか？
- ●職業能力を開発するに当たっては，どういう機関・方法がありますか？　行政，企業，キャリアコンサルタントがそれぞれどういう支援を行っていますか？　グループでシェアしてみましょう。

4　企業におけるキャリア形成支援の知識

（1）人事管理

　人事管理はキャリア形成支援と相まって近年，大幅に取り扱いが変わっている分野です。

　人事管理には採用管理，配置管理（水平移動），昇進（垂直移動），退職管理などがあります。採用管理は，（退職管理も踏まえて）中長期的な経営計画に基づいて計画的に策定されることが多いですが，景気の好不況によって予定人数を採用できない場合もあり得ますし，中小零細企業では「欠員が出たら採用」という場合もあるかもしれません。

　伊丹・加護野（2003）は，人の配置は「ある仕事を誰が行うか」「仕事のうえでどのような連携を誰と誰がとるか」「誰がどういう物理的環境（たとえば土地）で仕事をするか」の三つを決めているとします。そして人の配置が組織の人々の行動に与える直接的な影響として①仕事の効率，意思決定の有効性

（適材適所），②インセンティブ，③人材形成，④インフォーマルグループの4つを挙げます。①の仕事の効率とは適材適所が達成できるかどうかということであり，②のインセンティブとは配置された地位や仕事そのものがもつインセンティブのことであり，③の人材形成とは「ある人にどのような仕事をさせるかが人材の形成に大きな影響を持つ」ということであり，④のインフォーマルグループとは「それが企業内部の非公式のグループの形成に影響を及ぶすことである」，としています。また伊丹・加護野（2003）では，ローテーションの持つ意味として①過度の専門化の抑制，②ネットワーク財産の蓄積という効果，③適性の発見，④インセンティブ効果，⑤異種混合による組織の活性化を挙げています。

　配置管理や昇進では，能力や適性（あるいは勤務地の希望や相性など）によって適切な部署や役職に配置すべきですが，そのためには個々の労働者の業績や成果だけでなく能力や適性，さらには希望といったものを（管理者の主観ではなく）公平かつ客観的に把握する必要があるでしょう。

　角山（2011）は「人生評価におけるパフォーマンスのとらえ方には二通りが考えられる」とし，一つは「能力や特性が発揮された職務行動（働きぶり）」であり，もう一つは「その結果としての業績や成果までを含めてとらえる」考え方だとしています。伊丹・加護野（2001）は「業績が普通フローの測定で行われる（たとえば，ある期間の販売額，利益額，いずれもフローである）のに対して，ストックの蓄積への貢献を測らねばならない。たとえば，技術蓄積への貢献，企業の信用やイメージづくりへの貢献，などは，いずれも企業の経済的成果を生むために必要なストックの蓄積への貢献であるが，フローとしての業績とは違って，単純には測りにくい」，また「職場社会の社会的な調和づくりの貢献」についても「フローとしての業績だけでは測りにくい，この種の貢献への効果が必要になってくる」とし，成果主義的人事の難しさを述べています。

　また退職管理については法制度の改正も踏まえ適切に対処する必要がありますし，会社の経営が不安定な場合には早期退職優遇制度などを活用する場面も出てくるかもしれません。わが国の雇用調整場面では，なるべく温和な方法から開始される傾向があり，残業時間や操業時間・日数の削減等の労働時間調

整（あるいは賃金調整）に始まり，配置転換，新卒・中途採用の停止や期間契約社員の更新停止，希望退職の募集等まで努力した後で，それでもダメな場合に整理解雇等に至ることが多いようです。海外では業務量の減少に伴い，解雇をしない代わりに被雇用者全員の労働時間・賃金を減らす「ワークシェアリング」という手法が取られる場合もあるようです。

　なお定年に関する法制度については，1986年の高年齢者等の雇用の安定等に関する法律の改正で60歳定年が努力義務化され，1994年に60歳定年が義務化（1998年施行），2006年には65歳までの継続雇用か定年年齢の65歳までの引き上げ，定年制の廃止のどれかを選択することが定められました。こうした法改正を遵守していくことも重要です。

　近年では，労働者だけでなく政府や社会からの要請として，ワーク・ライフ・バランスや女性の活躍促進も期待されているところ，企業としてもそうした労働者や社会のニーズに合った人事管理を行っていく必要があります。宗方ら（2002）は「わが国では管理職総数に占める女性の割合は10％未満であり，これは世界的に見ても最低水準である」と指摘します。内閣府（2017）「男女共同参画白書　平成29年版」では，厚生労働省「賃金構造基本統計調査」を引用して2016年の女性管理職は係長級で18.6％としており，2002年に比べれば倍増しているものの，まだまだ十分とは言えません。今後さらに女性の研修・昇進への配慮や，出産・育児・介護・看護等を行う労働者への配慮などが考えられるでしょう。厚生労働省（2017）の「平成29年度雇用均等基本調査」によれば，女性の育児休業取得者割合が83.2％なのに対し，男性の育児休業取得者割合は5.14％となっており，男性の育児休業取得促進も大きな課題となっています。

（2）主な業種における賃金，労働時間等の状況

　キャリア形成支援を行うに当たっては，「どういうキャリア形成をすれば，どう評価されるのか／いくらの賃金がもらえるのか」ということが明確になっていることが効果的です。厚生労働省では毎年，賃金構造基本統計調査を行い，日本産業分類に基づく16大産業の企業規模別，就業形態別，性別，雇用形態別，学歴別，年齢別，勤続年数別，労働者の種類別，役職別の賃金状況や所定内実労働時間・超過実労働時間数などを公開していますので，参考になるかも

しれません。また国税庁では「民間給与実態統計調査」として，給与階級別，事業所規模別，企業規模別の給与を公開していますし，総務省統計局は「社会生活基本調査」として生活時間の配分など一般の社会生活の実態を公開しています。

また個々の公共職業安定所では，管轄の事業所からの求人情報をもとに，求人・求職状況や賃金状況などを整理した「バランスシート」を作成している場合が多く，こうしたデータも個々の企業の雇用管理（労働条件の改善）に活用できます。「応募しても来ない」あるいは「従業員が辞めてしまう」のは企業規模が理由という場合は少なく，職種や労働条件，仕事の内容が明確でない，人間関係に問題があるなどの場合も少なくないものです。

（3）積極的なキャリア形成支援と人事管理の必要性

「賃金などの労働条件を同業他社と同程度にする」「公平な評価を行う」だけでは，必ずしも従業員の満足度は上がりません。ホールが指摘するように，挑戦しがいのある職務や発達的な人間関係を提供していく必要がありますし，シャインが指摘するように「内的キャリア」（従業員の主観的キャリア観）への配慮も重要となってくるかもしれません。ハーズバーグ（Herzberg, F.；1923－2000）は衛生要因（会社の政策・経営，監督技術，給与，上司との対人関係，作業条件）は十分に満たされれば不満を予防するが，満足はもたらさず仕事への積極性を高めることもできない（岡田・小玉編，2012）としています。動機づけ要因（達成，承認，仕事そのもの，責任，昇進，成長）のみが長期間の満足と動機づけをもたらします。

伊丹・加護野（2001）は組織が提供するインセンティブとして物質的インセンティブ（生理的欲求，安全欲求），評価的インセンティブ（尊厳欲求，自己実現欲求），人的インセンティブ（愛情欲求），理念的インセンティブ（尊厳欲求，自己実現欲求），自己実現的インセンティブ（自己実現欲求）を挙げ，5つのインセンティブの効果はしばしば矛盾するため「相互に矛盾しかねない複数の効果の間のトータルバランスをとっていくことが必要」としています。

また角山（2011）は，個人の価値観と組織の価値観の一致度が高い場合に限って，手段性（なにかを成し遂げることと関係のあるパーソナリティの手段的

な側面）と達成動機（高い成果を上げようとする傾向）が業績を高めるとしています。すなわち，これら手段性や達成動機というパーソナリティは，それ自体が直接業績を高めたり低めたりする効果を持つのではなく，個人と組織の価値観の一致がその効果を調整しているのです。角山（2011）はまた従業員の仕事への動機づけについても述べ，「（個人と組織との間の）適合関係がうまくいっているときには，従業員は組織に留まることに快適さを感じ，組織目標を積極的に受け入れ，組織のために努力しようとします」としています。

近年，成果主義・能力主義が強く言われていますが，1924年～1932年にかけて断続的に行われたホーソン実験によれば，「仕事の効率を上げる主要因は，作業環境や労働条件という『合理的な』ものではなく，『職場の人間関係』という『心理的な』ものである」（國分監修，2008）とされています。

個々の従業員の業績や成果，能力や適性だけでなくキャリア観や就業ニーズをキャリアコンサルティング等によって把握し，会社の経営方針や評価基準（インセンティブ）と摺り合わせた上で，公平かつ適切な配置・処遇をしていく。あるいは労働日数や労働時間などの労働条件や福利厚生についても，個々の従業員のニーズや会社の実情に合わせて柔軟に変化させていく（例えば，福利厚生メニューの「カフェテリア・プラン化」など）。言葉にすれば簡単ですが，組織が大きくても小さくても，「柔軟な人事管理」は実施困難な課題だと考えています。キャリアコンサルタントは，従業員のため，また組織のため，組織が「全ての関係者にとって過ごしやすい場所になること」にも配慮することが重要だと考えています。キャリアコンサルタントは，従業員の「良心的な味方」（※絶対的な味方ではありません）であると同時に，一方で組織中立的な立場も求められると考えています。

（4）セルフ・キャリアドック制度について

「セルフ・キャリアドック」とは，企業がその人材育成ビジョン・方針に基づいてキャリアコンサルティング面談と多様なキャリア研修などを組み合わせて，体系的・定期的に従業員の支援を実施することを通じて，従業員の主体的なキャリア形成を促進・支援する総合的な取組みを言います。従業員にとっては自らのキャリアを考えることで仕事に対するモチベーション向上につながり，

企業にとっても人材の定着や従業員の意識向上を通じた生産性向上・組織活性化が期待されます。セルフ・キャリアドックの具体的な進め方としては，①集合形式のキャリア研修（例：キャリアの棚卸し，キャリア目標・アクションプランの作成），②1対1のキャリアコンサルティング（例：仕事上，大切にしていることや役割・責任の確認，キャリアビジョン・行動プランの策定），③フォローアップ（例：課題解決の支援，振り返り）などを組み合わせて継続的に実施していくことが想定されています。その中核を担うのがキャリアコンサルタントです。

　厚生労働省は2018年6月から東京と大阪に支援拠点を開設し，企業内の人材育成・キャリア形成に精通した専門の導入キャリアコンサルタントを配置して，セルフ・キャリアドックの導入を検討する企業の状況や要望に応じてアドバイスを行うなど具体的な支援を行っています（2019年5月には札幌，東京，名古屋，大阪，福岡の5拠点を開設）。また，企業内でキャリアコンサルティングの機会を得ることが難しい従業員からの仕事や将来のキャリアに関する相談にも，専門のキャリアコンサルタントが応じることとしています。

発展学習・グループ学習のための議論のテーマ

- 従来の人事管理と比べて，新たに人事管理で気を付けるべき点としては，どういったものがあると思いますか？　その対象，改善方法などについて話し合ってみましょう。
- 従業員のやる気が出るような人事管理としてはどういうものが挙げられると思いますか？　従業員のやる気がそがれる人事管理としてはどういうものが挙げられると思いますか？　それぞれの考えをシェアしてみましょう。
- 組織は労働者個人の何を把握して人事管理を図るべきだと思いますか？　その情報を把握することで何が達成できると思いますか？
- セルフ・キャリアドック制度とはどういうものですか？　セルフ・キャリアドック制度によって，従業員・企業にはどのようなメリットがあると思いますか？
- キャリアコンサルタントは，企業（組織）の人事管理にどう関係していくことができると思いますか？　自身の実践から自由に考えてみましょう。

5　労働市場等に関する理解

(1)　労働市場の変化

　厚生労働省（2018d）は「我が国の経済は，企業収益や雇用・所得環境が改善し，個人消費が持ち直しの動きを示すなど，経済の好循環が広がる中，緩やかに回復している。（中略）雇用情勢については，完全失業率は2017年度平均で2.7％と1993年度以来24年ぶりの低水準となり，有効求人倍率は2017年度平均で1.54倍と1973年度以来44年ぶりの高水準となるなど，着実に改善が続いている。さらに，雇用者数は5年連続で増加しており，雇用形態別にみると，不本意非正規雇用労働者数が減少を続ける中，正規雇用労働者数が前年の増加幅を上回り3年連続で増加している。また，賃金については，2017年度の名目賃金は2014年度以降4年連続で増加し，2018年春季労使交渉では，前年を上回る賃金の引上げ額を実現した。ただし，このように雇用・所得環境が改善する中，企業における人手不足感は趨勢的に高まって」いる，としています。また続けて人手不足感と少子高齢化による生産年齢人口の減少を踏まえ，「高齢者も若者も，女性も男性も，誰もが活躍できる一億総活躍社会の実現に取り組んでいくことが重要」であり，「一人ひとりが生み出していく付加価値を向上させながら，労働生産債を高めていくことが必要不可欠」としています。そのためには「企業の内部人材の多様化が進展する中，雇用管理にしっかりと取り組んでいくことが重要」として，限定正社員の導入，高度専門人材に対する特別な雇用管理など雇用管理の工夫への取組みを求めています。また内部人材が多様化している企業では「多様な人材が相互にコミュニケーションできる場所の整備」「チーム内の意思決定方法・意思決定権者の明確化」が必要であり，従業員のストレス解消につながる雇用管理として「従業員間の不合理な待遇格差の解消（男女間，正規・非正規職間等）」「長時間労働対策やメンタルヘルス対策」「本人の希望を踏まえた配属，配置転換」，従業員の仕事に対するモチベーションの向上につながる雇用管理として「労働時間の短縮や働き方の柔軟化」「職場の人間関係やコミュニケーションの円滑化」「本人の希望を踏まえた配属，配置転換」が紹介されています。また新入社員が「働き方改革」で最も関心のある勤務形態について，「在宅勤務」「転勤のない地域限定勤務」「短時

間型勤務」が上位3位であることも紹介されています。

　1990年代初めのバブル経済崩壊以降の労働市場の通底に「非正規労働者の増加」，そして近年の好景気による「正規労働者の増加」そして人手不足という状況は大いに意識しておくとよいでしょう（図2-15）。

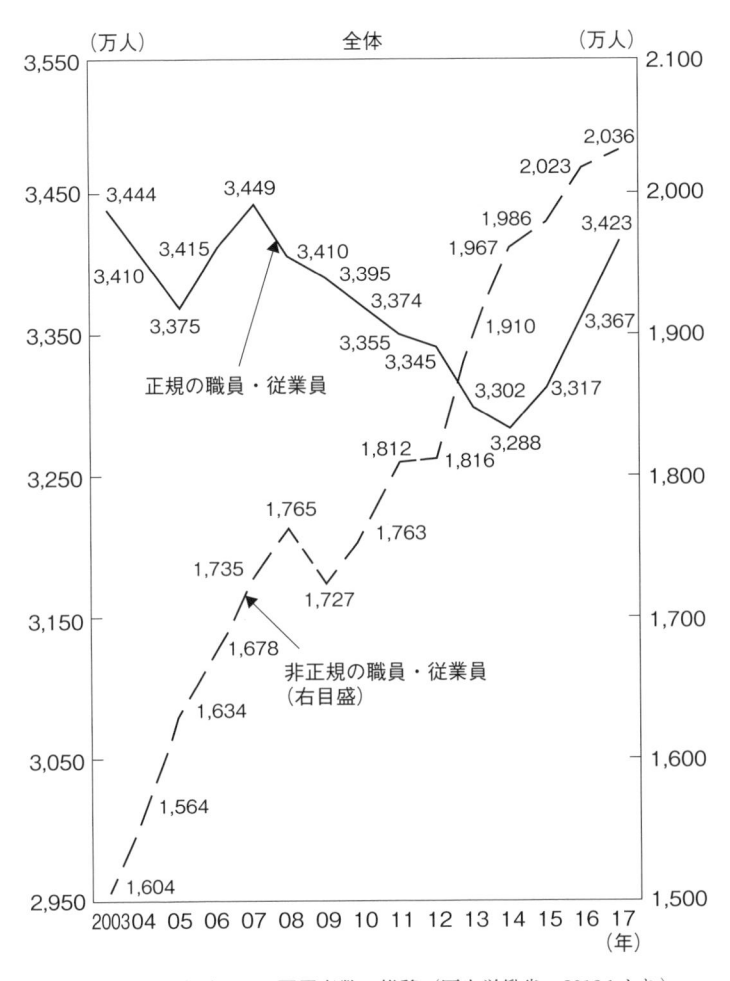

図2-15　雇用形態別にみた雇用者数の推移（厚生労働省，2018d より）

（2）労働市場情報の把握

　上記のような毎年の「労働経済の分析」のほか，厚生労働省職業安定局では毎月，職業安定業務統計（一般職業紹介状況）を公表し，雇用形態別・産業別の求人数，求職者数，都道府県別の求人倍率などを公表しています（各都道府県労働局，各公共職業安定所でも管轄ごとのデータを同様に公表しています）。2018年平均の有効求人倍率は1.61倍で，前年比0.11ポイントの上昇となっています。また前項でも触れたように，厚生労働省では毎月，毎月賃金統計調査の結果を公表していますし，毎年，賃金構造統計調査の結果を公表しています。総務省統計局が公表している労働力調査（産業別，職業別の労働力人口，就業者数・雇用者数，就業時間，非労働力人口などが分かる）も参考になることでしょう。

　完全失業率（および完全失業者数）については，総務庁統計局の労働力調査で示されています。近年はアベノミクス等による好況の影響で，完全失業率は2018年平均で 2.4％まで減少しています。これらの数値は景気の好不況で上下することになります。

　また公共職業安定機関を通じない求人募集等については，一部の民間求人サイト（リクルートワークス研究所など）が大学生の求人倍率などを公開しています。大学生の実態の変化（例えば大学教育のユニバーサル化：進学率50％以上への変化）については，キャリアコンサルティング協議会（2012）などでも述べられています。

　こうした時系列の労働市場の数値（求人数・求職者数）あるいは質の変化に加えて，非正規労働者やニート等の増加や新興分野・企業の情報など，社会・企業情勢についても大まかに把握しておくと良いのではないでしょうか。また株式会社第一生命経済研究所編（2017）は世代ごとの価値観の違いを図表で示し，「団塊ジュニア世代がそれ以前の世代とどう違うか」を分析しています。労働市場とは直接リンクしないものの社会・世代分析という意味では読むに値するデータとなっています。リクルートワークス研究所やリクナビ，マイナビ等が発行する大学生等に関する実態調査結果なども今後の労働市場を推測・理解する上では，今後重要な資料となるかもしれません。もちろん日本経団連ほか事業主団体側の意見やニーズも追いかけていく必要があるでしょう。

> **発展学習・グループ学習のための議論のテーマ**
>
> ● 近年の労働市場にはどんな変化が起こっているでしょうか？　具体的なデータを見ながら論じてみましょう。
>
> ● キャリアコンサルタントは労働市場のどんな情報をどんなタイミングで把握すべきだと思いますか？　自分の考えを述べてみましょう。
>
> ● 近年の労働市場の変化を踏まえ，世代間にはどんな意識の差が生じていると思いますか？　自分の考えを述べてみましょう。キャリアコンサルタントとしてそうした世代間の意識の差に対応するために，これから何をしていきますか？

6　労働政策，労働法規，社会保障制度等に関する理解

　厚生労働省では，誰もが「出番」と「居場所」のある社会の実現を目指して，「誰もが意欲と能力に応じて働くことができる社会を目指します。少子高齢化社会が進む中での戦略的な労働政策，雇用情勢に応じた機動的な対策などを実施し，労使関係の安定に努めています。また，その基盤となる労働経済の分析も行っています」とホームページで謳っています（https://www.mhlw.go.jp/stf/seisakunitsuite/bunya/koyou_roudou/roudouzenpan/）。そのために年度ごとに労働経済の分析（労働経済白書の発行）を行い，必要な法改正・予算執行を行っています。近年の重要な労働政策上の課題としては，ニッポン一億総活躍プラン（平成28年6月：無業の若者の切れ目ない自立支援，非正規の若者，子育て女性のキャリアアップ支援など），働き方改革実行計画（平成29年3月：治療と仕事の両立支援，仕事と子育て・介護等の両立支援，子育て女性のリカレント教育等を通じたキャリアップ支援，就職氷河期・若者の就職支援，成熟産業から成長産業への円滑な転職支援，高度IT人材の育成など），人生100年時代構想会議（平成29年9月～：シニアを含む生涯にわたる学び直し支援とキャリアへの結びつけ）などが挙げられます。国の労働政策を知るためには，毎年の労働経済白書を読み，どのように法律が改正され，予算が執行さ

れているかを確認するとよいでしょう。

　この項では主に法律について見ていきます。労働者の労働条件を規定する法律として，労働基準法，労働契約法，労働安全衛生法などが挙げられます。また労使関係・労働関係の紛争解決に関連して，労働組合法，労働関係調整法，個別労働紛争解決促進法などが挙げられます。他に官民の職業紹介事業を規定する職業安定法，労働者派遣事業を規定する労働者派遣法などの法律もあります。その他，雇用対策法，職業能力開発促進法，障害者雇用促進法，高年齢者雇用安定法，男女雇用機会均等法，育児・介護休業法などの雇用就業支援・就業機会確保等に関する法律もあります。

　また労災保険法，雇用保険法，厚生年金法等の社会保険・社会保障制度に関する法律も忘れてはなりません。領域によっては，生活保護法など福祉関連法も関係してくるかもしれません。

（1）労働基準法

　労働基準法は，第13条で「この法律で定める基準に達しない労働条件を定める労働契約は，その部分については無効とする。」と規定しており，たとえ労使が合意して締結した労働契約であっても，労働基準法を下回る条件での契約はできないことになっています。また労働基準を監督するための労働基準監督署が置かれており，労働基準監督官には特別司法警察権が付与されています。

　労働基準法では他に，男女同一賃金の原則（第4条），強制労働の禁止（第5条），中間搾取の排除（第6条），労働条件の明示（第15条），前借金相殺の禁止（第17条），解雇制限（第19条），通貨払い・直接払い・全額払い・毎月1回以上払い・定期払いの原則（第24条），休業手当：使用者の責に帰すべき事由による休業の場合に平均賃金の100分の60以上の手当の支払い（第26条），労働時間：1週間について40時間まで（第32条），休憩：6時間を超える場合は少なくとも45分，8時間を超える場合は少なくとも1時間（第34条），休日：原則毎週少なくとも1回（第35条：ただし「4週間を通じて4日以上」でも可），時間外及び休日の労働：書面協定の必要（第36条），時間外，休日及び深夜の割増賃金（第37条），年次有休休暇：6箇月以上継続勤務し全労働日の8割以上出勤した労働者に年10労働日の有給休暇（第39条），最低年齢：原則

満15歳に達した日以降の最初の３月31日が終了するまで使用してはならない（第56条）などが定められています。

(2) 最低賃金法

　最低賃金法は，賃金の最低額を保障することにより労働条件の改善を図り，労働者の生活の安定，労働力の質的向上などを目的とする法律です。

　最低賃金の具体額は中央最低賃金審議会・地方最低賃金審議会で議論されて決まり，平成31（2019）年10月からの地域別最低賃金は790円（15県）～1,013円（東京都）となっています。他に，特定の産業について設定されている「特定（産業別）最低賃金」があり，厚生労働省HPで公開されています（https://www.mhlw.go.jp/www2/topics/seido/kijunkyoku/minimum/minimum-19.htm）。

(3) 労働安全衛生法

　労働安全衛生法は「職場における労働者の安全と健康を確保」するとともに，「快適な職場環境を形成する」目的で制定された法律です。また，その手段として「労働災害の防止のための危害防止基準の確立」「責任体制の明確化」「自主的活動の促進の措置」など総合的・計画的な安全衛生対策を推進するとしています。

　職場の安全と衛生を確保するための役割を担うスタッフを配置することが，作業内容や現場の規模によってそれぞれ定められています。配置が義務付けられているのは，総括安全衛生管理者，産業医，安全管理者・衛生管理者・安全衛生推進者，衛生推進者，作業主任者などのスタッフと安全委員会・衛生委員会です。

　労働安全衛生法では労働者の健康や安全を確保するため，安全衛生教育の実施を事業者に義務付けているほか，安全確保だけでなく労働者の健康を守るため，各種検査等必要な措置の実施を事業者に義務づけています。また事業者は，労働者に快適に働いてもらうための環境を整えるよう努めなければいけません。これらの具体的な内容は厚生労働省が公表する「事業者が講ずべき快適な職場環境の形成のための措置に関する指針」にならい，疲労やストレスが生じにくい職場環境の整備が必要です（※「　8　メンタルヘルスに関する理解」も参

照してください）。

（4）労災保険法（労働者災害補償保険法）

労災保険法に基づく労災保険制度は，労働者の業務上の事由あるいは通勤による労働者の傷病等に対して必要な保険給付を行うのに合わせて，被災労働者の社会復帰の促進等の事業を行う制度です。いわゆる業務災害，通勤災害のほか二次健康診断給付等が新たに加わったことには注意が必要です。全ての費用は，原則として事業主の負担する保険料によってまかなわれます。

労災保険は，原則として一人でも労働者を使用する事業は，業種の規模の如何を問わず，すべてに適用されます。労災保険における労働者とは「職業の種類を問わず，事業に使用される者で，賃金を支払われる者」をいい，労働者であればアルバイトやパートタイマー等の雇用形態は関係ありません。

労災年金給付等の算定の基礎となる給付基礎日額については，労災保険法第8条の3等の規定に基づき，毎月勤労統計の平均給与額の変動等に応じて，毎年自動的に変更されています。

（5）雇用対策法

雇用対策法は，国が雇用対策としてすべきことをまとめています（国のほか地方公共団体，事業主の責務についても書かれています）。

雇用安定法では，募集及び採用における年齢にかかわりない均等な機会の確保（第10条），求職者・求人者に対する指導（第13条・第14条），職業訓練の充実（第16条），再就職援助計画の策定等（第24条），大量の雇用変動の届出等（第27条），外国人雇用状況の届出等（第28条）が定められています。

（6）障害者雇用促進法（障害者の雇用の促進等に関する法律）

障害者雇用促進法は，障害者の雇用義務等に基づく雇用の促進等のための措置，職業リハビリテーションの措置等を通じて，障害者の雇用の安定を図ることを目的としています。

障害者の法定雇用義務は施行令で定められ，民間企業に2.2％，国や地方公共団体等に2.5％，都道府県等の教育委員会に2.4％に相当する人数の雇用を

義務づけています（2019年4月から）。不足・超過する人数については，納付金・調整金制度で企業に不公平感がないような措置がなされています。また障害者を雇い入れるための施設の設置，介助者の配置等に助成金を支給する仕組みになっています。その他障害者の職業訓練，就職支援を国の施策として運営しています。

(7) 障害者差別解消法（障害を理由とする差別の解消の推進に関する法律）

2013年に制定された比較的新しい法律です。障害者差別解消法では，国民の責務として「障害を理由とする差別の解消の推進に寄与するよう努めなければならない」（第3条）とされ，事業者における障害を理由とする差別の禁止（第8条：社会的障壁の除去の実施について必要かつ合理的な配慮の努力義務を含む），事業者のための対応指針（第11条），報告の徴収並びに助言，指導及び勧告（第12条），未報告または虚偽の報告に対する罰則（第26条）などを定めています。

(8) 高年齢者雇用安定法（高年齢者の雇用の安定等に関する法律）

高年齢者雇用安定法は，定年の引上げ，継続雇用制度の導入等による高年齢者の安定した雇用の確保の促進，高年齢者等の再就職の促進，定年退職者その他の高年齢退職者に対する就業の機会の確保等の措置等を目的としています。

高年齢者雇用安定法では，定年年齢は60歳を下回ることはできないこと（第8条），高年齢者雇用確保措置として定年の65歳までの引き上げ・継続雇用・定年廃止をすべきこと（第9条），募集及び採用についての理由の明示等（第20条）などを定めています。

(9) 男女雇用機会均等法（雇用の分野における男女の均等な機会及び待遇の確保等に関する法律）

男女雇用機会均等法は，雇用の分野における男女の均等な機会と待遇の確保を図り，女性労働者の就業に関して妊娠中及び出産後の健康の確保を図ること等を目的としています。

男女雇用機会均等法では，性別を理由とする差別の禁止（第5条・第6条），

性別以外の事由を要件とする措置（第7条），婚姻，妊娠，出産等を理由とする不利益取扱いの禁止等（第9条），職場における性的な言動に起因する問題に関する雇用管理上の措置（第11条），職場における妊娠，出産等に関する言動に起因する問題に関する雇用管理上の措置（第11条の2），妊娠中及び出産後の健康管理に関する措置（第12条・第13条），苦情の自主的解決（第15条）などを定めています。

(10) 育児・介護休業法（育児休業，介護休業等育児又は家族介護を行う労働者の福祉に関する法律）

　育児・介護休業法は，育児・介護休業制度や子の看護・介護休暇制度を設け，職業生活と家庭生活との両立に寄与することを目的としています。

　育児・介護休業法では，最大2歳までの育児休業（第5条），不利益取扱いの禁止（第10条・第16条・第16条の4・第16条の7），通算93日までの介護休業（第11条），子の看護休暇（第16条の2），介護休暇（第16条の5），所定外労働・時間外労働・深夜業の制限（第16条の8以下），苦情の自主的解決（第52条の2）などが定められています。

(11) 女性活躍推進法（女性の職業生活における活躍の推進に関する法律）

　女性活躍推進法では，事業主の責務として「女性労働者に対する職業生活に関する機会の積極的な提供，雇用する労働者の職業生活と家庭生活との両立に資する雇用環境の整備その他の女性の職業生活における活躍の推進に関する取組の実施」の努力義務と「国又は地方公共団体が実施する女性の職業生活における活躍の推進に関する施策への協力」の義務（第4条）が課され，事業主行動計画の策定に関する指針（第7条），①計画期間②女性の職業生活における活躍の推進に関する取組の実施により達成しようとする目標③実施しようとする女性の職業生活における活躍の推進に関する取組の内容及びその実施時期を含む一般事業主行動計画の策定と届出（第8条：常時雇用する労働者が300人以上の事業主は義務，それ以外は努力義務），基準に適合する一般事業主の認定（第9条），認定一般事業主の表示等（第10条），認定の取消し（第11条），一般事業主による女性の職業選択に資する情報の公表（第16条），報告の徴収

並びに助言，指導及び勧告（第26条），未報告又は虚偽の報告に対する罰則（第34条）などを定めています。

(12) 若者雇用促進法（青少年の雇用の促進等に関する法律）

2015年に施行された比較的新しい法律です。若者の雇用の促進等を図り，その能力を有効に発揮できる環境を整備するため，若者の適職の選択並びに職業能力の開発及び向上に関する措置等を総合的に講ずることを目的としています。

一定の労働関係法令違反があった事業所の求人の不受理（第11条），平均勤続年数や研修の有無及び内容といった就労実態等の職場情報の提供（第12条），若者の採用・育成に積極的で，若者の雇用管理の状況などが優良な中小企業に対するユースエール認定制度（第15条・第16条関係）などを定めています。

(13) 雇用保険法

雇用保険法は，失業した場合や雇用継続が困難な場合や教育訓練を受けた場合に必要な給付を行うことで，労働者の生活や雇用の安定を図るとともに就職を促進することを目的としたものです。

雇用保険法では，失業等給付（第10条），基本手当の受給資格（第13条），失業の認定（第15条），基本手当の日額（第16条），賃金日額（第17条），支給の期間及び日数（第20条），支給方法及び支給期日（第30条），給付制限（第32条・第33条・第34条），高年齢被保険者の扱い（第37条の２），短期雇用特例被保険者の扱い（第38条），日雇労働者の扱い（第42条），教育訓練給付（第60条の２），高年齢雇用継続給付（第61条・第61条の２），育児休業給付（第61条の４），介護休業給付（第61条の６）などが定められています。

退職前２年間で12ヶ月以上雇用保険を払っていた離職者に対し，年齢や被保険者期間に応じて退職時の給与の45〜80％（上限あり）が３ヶ月〜１年程度支払われます。４週間に１回程度の失業認定（ハローワークへの訪問）が必要なほか，自己都合退職の場合には待機期間（３ヶ月）がつくことになります。

（14）労働者派遣法（労働者派遣事業の適正な運営の確保及び派遣労働者の保護等に関する法律）

労働者派遣とは，自己の雇用する労働者を，その雇用関係の下に，他人の指揮命令を受けて，その他人のための労働に従事させることをいいます。労働者派遣事業を営むためには労働者派遣事業の許可が必要で，派遣を行ってはならない業務として①港湾運送業務，②建設業務，③警備業務，④病院などにおける医療関係業務（紹介予定派遣や産前産後休業の場合などは可能）があります。また日雇派遣（30日以内）は原則禁止されています。

派遣契約の締結に当たっては，事業所単位の期間制限（3年：超える場合は派遣先の事業所の過半数労働組合などから意見を聞く必要），個人単位の期間制限（3年）があります。また派遣先による派遣労働者の指名，事前面接等は禁止されています。

（15）職業安定法

職業安定法は，国が行う職業紹介を定めると同時に，国以外の地方公共団体や民間職業紹介事業等についても規定しています。地方公共団体の無料職業紹介事業実施と通知（第29条），民間有料職業紹介事業の許可（第30条），求職者からの手数料聴取の原則禁止（第32条の3），民間有料職業紹介事業の取り扱い職業の範囲：港湾運送業務，建設業務への紹介の禁止（第32条の11），取扱職種の範囲等の明示等（第32条の13），民間無料職業紹介事業の許可（第33条），学校等の行う無料職業紹介事業の届出（第33条の2），委託募集（第36条），募集内容の的確な表示等（第42条）などが定められています。

（16）労働契約法

「労働者及び使用者の自主的な交渉の下で，労働契約が合意により成立し，又は変更されるという合意の原則その他労働契約に関する基本的事項を定めることにより，合理的な労働条件の決定又は変更が円滑に行われるようにすることを通じて，労働者の保護を図りつつ，個別の労働関係の安定に資すること」を目的としています。

労働契約の原則として「労働者及び使用者が対等の立場における合意に基

づいて締結し，又は変更すべき」（第3条第1項）と定め，他に使用者は労働者に労働契約の内容の理解を促進させること（第4条），労働者の安全への配慮（第5条），労働者・使用者双方の合意による労働契約の成立（第6条），出向・懲戒・解雇の制限（第14条〜第16条），契約期間中の解雇の制限（第17条），5年を超える有期労働契約の期間の定めのない労働契約への転換（第18条）などが定められています。

(17)　職業能力開発促進法

　「職業訓練及び職業能力検定の内容の充実強化及びその実施の円滑化のための施策並びに労働者が自ら職業に関する教育訓練又は職業能力検定を受ける機会を確保するための施策等を総合的かつ計画的に講ずることにより，職業に必要な労働者の能力を開発し，及び向上させることを促進し，もって，職業の安定と労働者の地位の向上を図るとともに，経済及び社会の発展に寄与すること」を目的としています。

　労働者に必要な職業訓練を行い，訓練機会を確保するため等に必要な援助など事業主の責務（第4条第1項），多様な職業能力機会の確保（第8条〜第10条の4），計画的な職業能力開発の促進（第11条），職業能力開発推進者の選任（第12条），熟練技能等の習得の促進（第13条），国および都道府県による授業主その他の関係者に対する援助（第15条の2），事業主等に対する助成等（第15条の3），職務経歴等記録書（ジョブカード）の普及（第15条の4），キャリアコンサルタント（第30条の3〜第30条の29），技能検定（第44条〜第51条）などについて定められています。（※職業能力開発・キャリアコンサルタント等については本章第3節も参考にしてください。）

(18)　生活保護法

　生活保護法では，最低限度の生活の保障と自立の助長（第1条），無差別平等（第2条），保護の補足性（第4条），申請保護の原則（第7条），必要即応の原則（第9条），世帯単位の原則（第10条）などが定められ，保護の種類として生活扶助・教育扶助・住宅扶助・医療扶助・介護扶助・出産扶助・生業扶助・葬祭扶助（第11条〜第18条）が定められています。また保護の方法として

原則居宅（第30条），生活扶助・教育扶助・住宅扶助・出産扶助・生業扶助・葬祭扶助は原則金銭給付（第31条〜第33条，第35条〜第37条），医療扶助・介護扶助は原則現物給付（第34条，第34条の2）と定められ，第38条以下で保護施設（救護施設，更正施設，医療保護施設，授産施設，宿所提供施設）等が定められています。

　また特に支援が必要な層に対しては障害者・母子世帯・児童養育などの加算があり，自立助長のための基礎控除・新規就労控除・未成年者控除などがあります。

　なお，これら労働・福祉関連法は，基本的に労働者（生活者）保護のために制定されたものですので，キャリアコンサルタントもその活動領域に合わせて，それぞれの法律を概要程度には知っておくことが重要となります。「資格試験に出る法律だけ勉強しておけば良い」のではなく，自分が支援するクライアントに関係する法律を知っておく必要があるのです。つまり障害者差別解消法や若者雇用促進法，女性活躍推進法などの新しい法律だけでなく，領域によっては本書には掲載しなかった労働組合法や労働関係調整法，個別労働紛争解決促進法あるいは入管法（出入国管理及び難民認定法）や外国人指針（外国人労働者の雇用管理の改善等に関して事業主が適切に対処するための指針）などの知識も必要となるかもしれません。もしクライアントが何らかの問題を抱えている場合には，法律を詳細に調べたり，労働局や労働基準監督署，労働委員会，自治体等へ確認したりする等の場合も出てくるかもしれません。どの制度がどの省庁やどの部署の管轄なのか，ある程度でも構わないので，知っておくことも重要です。

　また厚生労働省ＨＰにおいて「キャリア形成支援に関連する最近の労働関係法令改正」情報が公開されていますので（https://www.mhlw.go.jp/stf/seisakunitsuite/bunya/koyou_roudou/jinzaikaihatsu/sonota.html），こうしたものを逐次チェックすることも重要でしょう。

発展学習・グループ学習のための議論のテーマ

- 近年の労働政策の課題にはどんなものがありますか？　インターネット等で検索するなどして，グループで話し合ってみましょう。
- 労働者（生活者）の保護を目指す法律として，どんなものが挙げられますか？　その法律は労働者（生活者）のどういう点を保護していますか？
- 企業が従業員や派遣労働者を雇用管理するに当たって，特に気をつけなければいけないことはどんなことだと思いますか？　組織と従業員との関係から，どういうことを重視するとよいと考えますか？
- あなたが実践する領域のキャリアコンサルタントが知っておくべき法令・制度としては，どんなものがあると思いますか？　それを把握するためにこれから何をしますか？

7　学校教育制度，キャリア教育に関する理解

　日本キャリア教育学会編（2008）は「キャリア教育の源流は，米国の1970年代に遡ることができる」とし，「アメリカは1960年代以降，①大学進学率が上昇した結果，特に高等学校レベルの職業教育は衰退し，十分な職業的能力どころか健全な職業観や労働に対する積極的な態度をもたない卒業生が大量に社会に送り出されるという現象が目立ちはじめた，②自分という人間を十分に理解しないで，いつまでたっても職業に自らコミットできない，または進路を決定できない青少年が増加した，③アメリカ経済の国際競争力の低下，インフレ，失業といった環境の中で，青少年労働者の置かれる立場がますます苦しくなっていった，などの」現実を背景に，1971年以降に全米の幼稚園から大学までの学校の全教育活動を通じて教育全体をキャリア発達の視点から再編成しようとしたと説明しています。

　同書では「アメリカでは Vocational Guidance から Career Education へと同時に Career Guidance に移行し，いわゆるキャリア教育と進路指導が同時に行われている」のに対し，「わが国の場合は『職業指導から進路指導へ』，『進路

指導からキャリア教育へ』といった移行が特徴的に見られる」とし、「わが国では、1959（昭和34）年から2003（平成15）年までを進路指導の時代、2004（平成16）年をキャリア教育元年と呼んでいる」としています。

　では我が国のキャリア教育の歴史はどうなっているのでしょうか。日本キャリア教育学会編（2008）では「わが国でキャリア教育が求められる社会経済的背景として、1990年代のバブル経済の崩壊後、経済社会が危機的状況に陥り、遅まきながらキャリア教育を導入し、教育の改革・改善、若年者の雇用・労働条件の改善に結びつけようとする意図があった」としています。

　そして「わが国でキャリア教育の本格的な取り組みの契機となったのは、1999（平成11）年12月の中央教育審議会答申『初等中等教育と高等教育との接続について』である」とし、同答申が「学校と社会および高等教育の円滑な接続を図るためのキャリア教育（望ましい職業観、勤労観および職業に関する知識や技能を身につけるとともに、自己の個性を理解し主体的に進路を選択する能力、態度を育てる教育）を小学校段階から発達段階に応じて実施する必要がある、と提言している」としています。

　また同書は文部科学省（2004）「キャリア教育の推進に関する総合的調査研究協力者会議報告書」に触れ、「従来の多くの学校での進路指導では、生徒一人ひとりの適性と進路や職業・職種との適合性（マッチング）を主眼とした指導で、進学・就職の配置指導（プレイスメント・サービス）に陥り、キャリア発達課題の達成を支援する体系的な指導・援助の意識や視点が希薄で、進路指導が全体としての活動の脈絡や関連性に乏しく、多様な活動の寄せ集めになりがちで、生徒の精神的内面の発達的・適応的変容や能力・態度の向上などに十分結びつかないところがあった。そこで、これからのキャリア教育では、児童生徒の発達段階に応じた計画的、継続的、総合的な指導が求められている」とし、報告書におけるキャリア教育の基本的方向性として、①一人ひとりのキャリア発達への支援、②「働くこと」への関心・意欲の高揚と学習意欲の向上、③職業人としての資質・能力を高める指導の充実、④自立意識の涵養と豊かな人間性の育成、を挙げています。

　この調査研究協力者会議に先立って国立教育政策研究所生徒指導研究センターが発表した「職業観・勤労観を育む学習プログラムの枠組み開発」のための

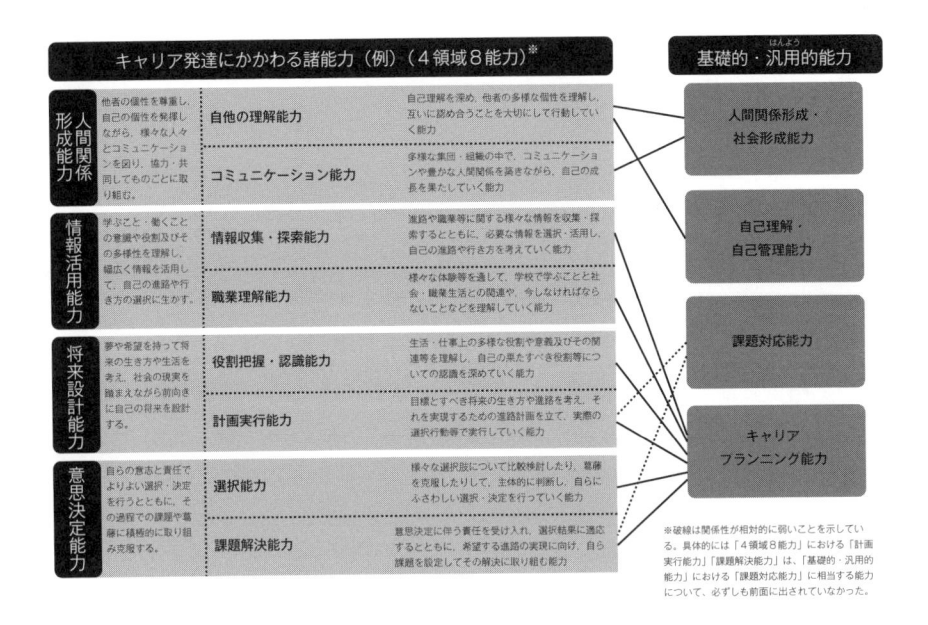

図2-16　４領域８能力から基礎的・汎用的能力へ
　　　（文部科学省，2011，小学校キャリア教育の手引き（改訂版）より作成）

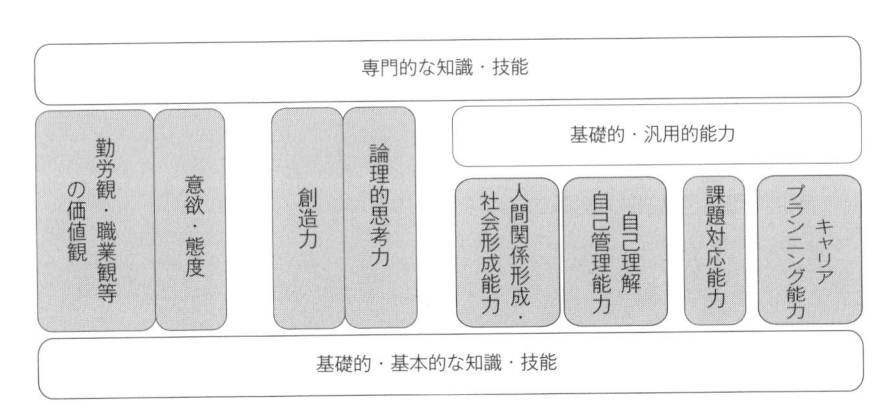

図2-17　社会的・職業的自立，学校から社会・職業への円滑な移行に必要な力
　　　（文部科学省中央教育審議会，2011「今後の学校におけるキャリア教育・職業教育の在り方について（答申）」より）

研究結果の中で，一つのモデル例として「4領域8能力の枠組み」がキャリア教育の枠組みの例として取り上げられていました。

　しかしその後，この4領域8能力については，①高等学校までの想定にとどまっているため，生涯を通じて育成される能力という観点が薄く，社会人として実際に求められる能力との共通言語となっていない，②提示されている能力は例示にもかかわらず，学校現場では固定的にとらえている場合が多い，③領域や能力の説明について十分な理解がなされないまま，能力等の名称の語感や印象に依拠した実践が散見される，等の課題が指摘され，後の中央教育審議会では4領域8能力をめぐるこれらの問題を克服するため，就職の際に重視される能力や，その後に提唱された類似性の高い各種の能力論（内閣府「人間力」，経済産業省「社会人基礎力」，厚生労働省「就職基礎能力」など）とともに，改めて分析を加え，「分野や職種にかかわらず，社会的・職業的に自立するために必要な基盤となる能力」として再構成して「基礎的・汎用的能力」として提示することとされました（図2-16）。

　教育領域で実践をするキャリアコンサルタントは，学校教育機関の関係者との共通認識を持つためにも，こうした歴史的背景を把握しておくことが重要です。上級学校への進学を前提に，各学校種（小中高など）でどういったキャリア教育を行うことで，どうやって基礎的・汎用的能力を養っていくのか，教員等とも連携してプログラム開発をしていくことが重要となります（図2-17も参照のこと）。

発展学習・グループ学習のための議論のテーマ

- 小学校・中学校・高等学校等で，いまどんなキャリア教育が行われているか，知っている例を挙げてみましょう。
- 小学校・中学校・高等学校等では，どんなキャリア教育が望まれていると思いますか？　企業や社会では学校教育に対しどんなことを望んでいると思いますか？　それぞれの時期の発達課題を考えながら，議論してみましょう。
- キャリアコンサルタントは，小学校・中学校・高等学校等のキャリア教育において，何ができると思いますか？　教員や学校とどんな連携ができると思いますか？　思いつくものをすべて挙げてみてください。

8　メンタルヘルスに関する理解

（1）メンタルヘルスのために必要なこと

　厚生労働省の平成29（2017）年労働安全衛生調査（実態調査）によると，現在の仕事や職業生活に関することで，強いストレスとなっていると感じる事柄がある労働者の割合は58.3％となっており，強いストレスの内容（主なもの3つ以内）をみると，「仕事の質・量」が62.6％と最も多く，次いで「仕事の失敗，責任の発生等」が34.8％，「対人関係（セクハラ・パワハラを含む。）」が30.6％となっています。また職場で他の人のたばこの煙を吸引すること（受動喫煙）がある労働者は37.3％，そのうち不快に感じること，体調が悪くなることがある労働者は38.8％となっています。

　こうした労働者のストレスに対し，リスクアセスメントを実施している事業所は45.9％，メンタルヘルス対策に取り組んでいる事業所は58.4％，受動喫煙防止対策に取り組んでいる事業所は85.4％に上ります。

　事業所では，メンタルヘルス対策として未然予防の1次予防，早期発見・早期治療の2次予防，再発防止の3次予防に取り組んでいますが，岡田・小玉編（2012）では「メンタルヘルス対策においても他の疾病同様，早期発見・早期治療が叫ばれている。しかし，それはどのように行えば可能になるのか。2次予防に無理があるとすれば，3次予防，つまり再発防止，事後対応でも遅くない」としています。また岡田・小玉編（2012）では1次予防について「未然予防のために管理職に期待することは多い。この期待から，管理職をカウンセラーにするような教育が行われている。しかし，管理職とカウンセラーは明らかに役職が異なる」とし，「管理職研修で求められることは，カウンセラー技法を学ぶことではなく，部下を職場で孤立させないこと，そのためには（中略）職場管理のプロセスをしっかり実行することである」としています。また岡田・小玉編（2012）では合わせて「従来の個人対応という方法に加えて，組織対応という方法論」も提唱しており，組織の力を上げるために「職場の方針・目標の理解」「仕事の範囲の明確化」「仕事の進捗管理」「上司の声かけ」「職場のきもちいいあいさつ」などの必要性を挙げています。

　メンタルヘルス対策に関わるキャリアコンサルタントは，こうした組織にお

ける1次・2次・3次予防の効果的・効率的な実行を支援していく必要があるのです。キャリアコンサルタントとして具体的に対応するのは2次・3次予防の場面のみだとしても，1次予防の主体たる本人（セルフケア）および直属の上司（ライン管理職）・同僚等への教育・研修にも配慮していくことが必要です。

(2) メンタルヘルスに関する法令・制度

　労働安全衛生法では，健康診断（第66条），健康診断の結果についての医師等からの意見聴取（第66条の4），健康診断実施後の措置（第66条の5），保健指導等（第66条の7），面接指導等：労働時間が長い者に対する面接指導を含む（第66条の8〜第66条の9），心理的な負担の程度を把握するための検査等（第66条の10），受動喫煙の防止（第68条の2），健康教育等（第69条），体育活動等についての便宜供与等（第70条），健康の保持増進のための指針の公表等（第70条の2）などが定められています。

　また関連指針として「労働者の心の健康の保持増進のための指針」，同指針に関連する通達として「労働者の心の健康の保持増進のための指針について」，別の指針として「事業場における労働者の健康保持増進のための指針（トータル・ヘルス・プロモーション・プラン：THP)」，同指針に関連する通達として「『事業場における労働者の健康保持増進のための指針の一部を改正する指針』の周知等について」「当面のメンタルヘルス対策の具体的推進について」，さらには「心の健康問題により休業した労働者の職場復帰支援の手引き」等が発出されています。

　健康保持増進措置の内容としては，事業所は(1)THP計画を策定し，(2)THP推進体制を整備し（常時50人以上の労働者を使用する事業場の義務），(3)THPのスタッフ（産業医，運動指導担当者，運動実践担当者，心理相談担当者，産業栄養指導担当者，産業保健指導者）を配置して健康測定，運動指導，メンタルヘルスケア（心理相談），栄養指導および保健指導を行い，国・中央労働災害防止協会はスタッフの養成研修，THPサービス機関の認定，助成等を行うこととされています。

　THPは，職場の健康づくりを産業医による健康測定を中心に運動指導，保

健指導，心理相談，栄養指導の総合的なものとしてとらえ，心と身体をトータルなものとして健康増進を推進するところに特徴があります。「従来の健康づくりはややもすると身体の健康に偏する傾向があった。労働環境の変化などによりこれからは心の側面，メンタルヘルスが重要になってきた」（木村，2018）とされています。このため労働安全衛生法第66条の 10 の制定に伴い2015年に「労働者の心の健康の保持増進のための指針」が改正され，いわゆるストレスチェック制度が導入されることになります。

　ストレスチェック制度は，事業者が常時使用する労働者に対し，1 年以内に 1 回，以下の項目に関する心理的な負担の程度を把握するための検査を行うことを定めたものです。

① 　職場における心理的な負担の原因に関する項目（職場のストレス要因）

② 　心理的な負担による心身の自覚症状に関する項目（心身のストレス反応）

③ 　職場における他の労働者による支援に関する項目（周囲のサポート）

　ストレスチェック制度により 1 次予防（本人の自覚・気づき）・2 次予防（早期発見・対応）の効果が高まることが期待されています。

　また 3 次予防として職場復帰支援が挙げられますが，厚生労働省「心の健康問題により休業した労働者の職場復帰支援の手引き」によれば，職場復帰は(1)病気休業開始及び休業中のケア（第 1 ステップ），(2)主治医による復職可能の判断（第 2 ステップ），(3)職場復帰の可否の判断および職場復帰支援プランの作成（第 3 ステップ），(4)最終的職場復帰の決定（第 4 ステップ），(5)職場復帰後のフォローアップへと進んでいきます。

　また木村（2018）は「仕事に関連する疲労，ストレス，メンタルヘルス不全に対する社会的関心が高まる中で」，厚生労働省が精神疾患が業務上疾病として労災認定される要件を定めたこと等に触れています。キャリアコンサルタントは労働者との 1 対 1 の相談に乗るだけでなく，仕事に関するストレス等が労働者の健康に影響を及ぼすことにも留意し，「心身ともに健康な職業生活」が送れるよう労働者個人だけでなく企業組織等に対しても支援していくことが重要です。

(3) 代表的な精神的疾病と特徴的な症状

※カウンセラーによる自己診断の危険性については，例えば日本うつ病学会（2016）はDSM-5 に基づく「Ⅱ．うつ病（DSM-5）／大うつ病性障害」の治療ガイドラインを公開していますが，治療計画の策定のために把握すべき情報として①言い間違い・迂遠さの有無を観察，②身長・体重・バイタルサイン，③一般神経学的所見（パーキンソン症状，不随意運動を含む），④既往症，⑤家族歴，⑥現病歴，⑦生活歴，⑧病前のパーソナリティ，⑨病前の適応状況，⑩睡眠の状態，⑪意識障害・認知機能障害・知能の低下の有無，⑫女性患者の場合：妊娠の有無，月経周期に伴う気分変動，出産や閉経に伴う気分変動を把握した上で，血液・尿検査，生理学的検査，画像検査，心理検査を行うとしており，決して素人が精神疾患・障害を判断・診断できるような内容にはなっていませんので，十分な注意が必要です。

　診断は専門家（医師）が行うものであり，キャリアコンサルタントが行うべきものではありません。しかしながら，メンタルヘルス対策を行う上で産業医や関係者等と意見交換を行う際に，一定の基礎知識や共通言語を持つことは必要です。以下は厚生労働省の HP「知ることからはじめよう　みんなのメンタルヘルス」（https://www.mhlw.go.jp/kokoro/）からの要約です。

①うつ病

　「憂うつである」「気分が落ち込んでいる」などと表現される症状を抑うつ気分といいます。抑うつ状態とは抑うつ気分が強い状態です。このようなうつ状態がある程度以上，重症である時，うつ病と呼んでいます。

　原因からみて外因性あるいは身体因性，内因性，心因性あるいは性格環境因性と分ける場合があります。身体因性うつ病とは，アルツハイマー型認知症のような脳の病気，甲状腺機能低下症のような体の病気，副腎皮質ステロイドなどの薬剤がうつ状態の原因となっている場合をいいます。内因性うつ病というのは典型的なうつ病であり，普通は抗うつ薬がよく効きますし，治療しなくても一定期間内によくなるといわれます。ただ，本人の苦しみや自殺の危険などを考えると，早く治療したほうがよいことは言うまでもありません。

　躁状態がある場合は，双極性障害と呼びます。

　心因性うつ病とは，性格や環境がうつ状態に強く関係している場合です。抑うつ神経症（神経症性抑うつ）と呼ばれることもあり，環境の影響が強い場合は反応性うつ病という言葉もあります。

　原因を重視したうつ病分類とは異なる視点からの分類も用いられます。DSM-Ⅳという診断基準には「気分障害」という項目があり，それをうつ病性障害と双極性障害に分けています。さらにうつ病性障害の中に，一定の症状の特徴や重症度をもつ大うつ病性障害と，あまり重症でないが長期間持続する気分変調性障害があります。

　うつ状態でみられる症状としては

１）自分で感じる症状として

　憂うつ，気分が重い，気分が沈む，悲しい，不安である，イライラする，元気がない，集中力がない，好きなこともやりたくない，細かいことが気になる，悪いことをしたように感じて自分を責める，物事を悪い方へ考える，死にたくなる，眠れない，などがあります。

２）周囲から見てわかる症状として

　表情が暗い，涙もろい，反応が遅い，落ち着かない，飲酒量が増える，などがあります。

３）体に出る症状として

　食欲がない，体がだるい，疲れやすい，性欲がない，頭痛，肩こり，動機，胃の不快感，便秘がち，めまい，口が渇く，などがあります。

②双極性障害

　双極性障害は，精神疾患の中でも気分障害と分類されている疾患のひとつです。うつ状態だけが起こる病気を「うつ病」といいますが，このうつ病とほとんど同じうつ状態に加え，うつ状態とは対極の躁状態も現れ，これらを繰り返す，慢性の病気です。

　昔は「躁うつ病」と呼ばれていましたが，現在では両極端な病状が起こるという意味の「双極性障害」と呼んでいます。躁状態だけの場合もないわけではありませんが，経過の中でうつ状態が出てくる場合も多く，躁状態とうつ状態の両方がある場合とはとくに区別せず，やはり双極性障害と呼びます。

　双極性障害は，躁状態の程度によって二つに分類されます。家庭や仕事に重

大な支障をきたし，人生に大きな傷跡を残してしまいかねないため，入院が必要になるほどの激しい状態を「躁状態」といいます。一方，はたから見ても明らかに気分が高揚していて，眠らなくても平気で，ふだんより調子がよく，仕事もはかどるけれど，本人も周囲の人もそれほどは困らない程度の状態を「軽躁状態」といいます。

　うつ状態に加え，激しい躁状態が起こる双極性障害を「双極Ⅰ型障害」といいます。うつ状態に加え，軽躁状態が起こる双極性障害を「双極Ⅱ型障害」といいます。双極性障害は，精神疾患の中でも治療法や対処法が比較的整っている病気で，薬でコントロールすれば，それまでと変わらない生活をおくることが十分に可能です。しかし放置していると，何度も躁状態とうつ状態を繰り返し，その間に人間関係，社会的信用，仕事や家庭といった人生の基盤が大きく損なわれてしまうのが，この病気の特徴のひとつでもあります。このように双極性障害は，うつ状態では死にたくなるなど，症状によって生命の危機をもたらす一方，躁状態ではその行動の結果によって社会的生命を脅かす，重大な疾患であると認識されています。

　双極Ⅰ型障害の躁状態では，ほとんど寝ることなく動き回り続け，多弁になって家族や周囲の人に休む間もなくしゃべり続け，家族を疲労困ぱいさせてしまいます。仕事や勉強にはエネルギッシュに取り組むのですが，ひとつのことに集中できず，何ひとつ仕上げることができません。

　高額な買い物をして何千万円という借金をつくってしまったり，法的な問題を引き起こしたりする場合もあります。失敗の可能性が高いむちゃなことに次々と手を出してしまうため，これまで築いてきた社会的信用を一気に失ったあげく，仕事をやめざるをえなくなることもしばしばあります。また，自分には超能力があるといった誇大妄想をもつケースもあります。

　双極Ⅱ型障害の軽躁状態は，躁状態のように周囲に迷惑をかけることはありません。いつもとは人が変わったように元気で，短時間の睡眠でも平気で動き回り，明らかに「ハイだな」というふうに見えます。いつもに比べて人間関係に積極的になりますが，少し行き過ぎという感じを受ける場合もあります。

　躁状態と軽躁状態に共通していえることは，多くの場合，本人は自分の変化を自覚できないということです。大きなトラブルを起こしていながら，患者さ

ん自身はほとんど困っておらず，気分爽快でいつもより調子がよいと感じており，周囲の困惑に気づくことができません。

双極性障害の人が具合が悪いと感じるのは，うつ状態の時です。筆舌に尽くしがたい，何とも形容しがたいうっとうしい気分が一日中，何日も続くという「抑うつ気分」と，すべてのことにまったく興味をもてなくなり，何をしても楽しいとかうれしいという気分がもてなくなる「興味・喜びの喪失」の二つが，うつ状態の中核症状です。これら二つのうち少なくともひとつ症状があり，これらを含めて，早朝覚醒，食欲の減退または亢進，体重の増減，疲れやすい，やる気が出ない，自責感，自殺念慮といったさまざまなうつ状態の症状のうち，5つ以上が2週間以上毎日出ている状態が，うつ状態です。

双極性障害では，最初の病相（うつ状態あるいは躁状態）から，次の病相まで，5年くらいの間隔があります。躁やうつが治まっている期間は何の症状もなく，まったく健常な状態になります。しかし，この期間に薬を飲まないでいると，ほとんどの場合，繰り返し躁状態やうつ状態が起こります。治療がきちんとなされていないと，躁状態やうつ状態という病相の間隔はだんだん短くなっていき，しまいには急速交代型（年間に4回以上の病相があること）へと移行していきます。薬も効きにくくなっていきます。

③強迫性障害

強迫性障害は不安障害の一型で，その病態は，強迫観念と強迫行為に特徴づけられます。強迫観念は無意味・不適切・侵入的と判断され，無視や抑制しようとしてもこころから離れない思考や衝動およびイメージなどで，強迫行為はおもに強迫観念に伴って高まる不安を緩和および打ち消すための行為で，そのばかばかしさや，過剰であることを自ら認識してやめたいと思いつつも，駆り立てられるように行う行為です。

具体的には，トイレのたびに「手の汚れ」を強く感じ，それをまき散らす不安から執拗に手洗いを続けたり，泥棒や火事の心配から，外出前に施錠やガス栓の確認をきりがなく繰り返したりします。

症状としてはさまざまな内容がありますが，上記のように「手洗いを繰り返す」「つり革につかまれない」「ガス栓や鍵を何度も確認せずにいられない」「運転中事故を起こさなかったかと何度も同じ道を通る」などが挙げられてい

ます。

④摂食障害

単なる食欲や食行動の異常ではなく，1）体重に対する過度のこだわりがあること，2）自己評価への体重・体型の過剰な影響が存在する，といった心理的要因に基づく食行動の重篤な障害です。摂食障害は大きく分けて，神経性食欲不振症と神経性過食症に分類されます（どちらにも分類されないものもあります）。

神経性食欲不振症では，一般的に，社会的孤立，抑うつ，不安，強迫症状，完ぺき主義，頑固さ，性的関心の低下，盗み食い，独特の食べ方（刻んで食べる，油ものを避ける，食事開始まで時間がかかるなど）などが特徴的です。神経性過食症では，とくに抑うつ，不安，気分の易変動，衝動性などが認められます。

神経性食欲不振症では，体重が減少しているにもかかわらず，太ること，肥満になることへの強い恐怖に基づく種々の行動が認められます。太ももやおなかなどといった，体の一部分の変化に異常な執着をもつことが多く，そのために外出が困難になることさえ見受けられます。こうした強迫症状は，飢餓状態・低栄養の進行にともなってますます強くなります。食事摂取時の儀式的行動，体重の数値への異常なこだわりもしばしば認められます。また，体重が著しく減少しているにもかかわらず，肥満恐怖のための食事制限，あるいは自己誘発性嘔吐や下剤の乱用をともなう場合があります。また行動の特徴として隠れ食い，盗み食い，万引きなども認められます。神経性食欲不振症の中にはやせ願望や肥満恐怖を否定し，"太りたい"と主張するものも少なくありません。しかし，実際には"やせ"を維持するための行動が止まらない，あるいは体重を増やそうとする行動が認められないことなどから，診断可能です。

神経性過食症の中核的症状は，むちゃ食いの反復と，それを解消し体重増加防止のための絶食や食事制限，あるいは自己誘発性嘔吐や下剤の乱用です。むちゃ食いは，だらだら食いと異なり，短時間に大量に食事を摂取し，しかも食事摂取に対するコントロール感が失われていること，この二つが最大の特徴です。とくに，食事制限によるやせを達成できなかったことに対する自己不全感，あるいは反復されるむちゃ食い後の体重増加への不安感，むちゃ食いに対する

罪悪感が特徴的です。

　神経性拒食症，神経性過食症両者に共通していますが，過食に嘔吐など代償行為をともなった例では，ともなわない制限型に比べて自傷行為，自殺企図，アルコールや薬物乱用などの自己破壊的行為や万引き，性的逸脱などの衝動行為をともなう例が多いようです。

⑤統合失調症

　統合失調症は，幻覚や妄想という症状が特徴的な精神疾患です。それに伴って，人々と交流しながら家庭や社会で生活を営む機能が障害を受け（生活の障害），「感覚・思考・行動が病気のために歪んでいる」ことを自分で振り返って考えることが難しくなりやすい（病識の障害）という特徴を併せもっています。

　多くの精神疾患と同じように慢性の経過をたどりやすく，その間に幻覚や妄想が強くなる急性期が出現します。

　新しい薬の開発と心理社会的ケアの進歩により，初発患者のほぼ半数は，完全かつ長期的な回復を期待できるようになりました。以前は「精神分裂病」が正式の病名でしたが，「統合失調症」へと名称変更されました。

⑥適応障害

　適応障害とは，「ストレス因により引き起こされる情緒面や行動面の症状で，社会的機能が著しく障害されている状態」とされています。ストレスとは「重大な生活上の変化やストレスに満ちた生活上の出来事」です。ストレス因は，個人レベルから災害など地域社会を巻き込むようなレベルまでさまざまです。

　ある人がストレスに感じることがほかの人はそうでなかったりと，個人のストレスに対する感じ方や耐性も大きな影響を及ぼします。つまり適応障害とは，ある生活の変化や出来事がその人にとって重大で，普段の生活がおくれないほど抑うつ気分，不安や心配が強く，それが明らかに正常の範囲を逸脱している状態といえます。

　さらに ICD-10 の診断ガイドラインを見ると，「発症は通常生活の変化やストレス性の出来事が生じて1カ月以内であり，ストレスが終結してから6カ月以上症状が持続することはない」とされています。ただしストレスが慢性的に存在する場合は症状も慢性に経過します。

　もうひとつ重要な点は，ほかの病気が除外される必要があります。統合失調

症，うつ病などの気分障害や不安障害などの診断基準を満たす場合はこちらの診断が優先されることになります。

　適応障害の割合は，ヨーロッパでの報告によると人口の1％といわれています。日本での末期がん患者の適応障害有病率の調査では，16.3％といわれています。しかし適応障害と診断されても，5年後には40％以上の人がうつ病などの診断名に変更されています。つまり，適応障害は実はその後の重篤な病気の前段階の可能性もあるといえます。

　適応障害のサイン・症状としては，抑うつ気分，不安，怒り，焦りや緊張などの情緒面の症状があります。置かれている状況で，何かを計画したり続けることができないと感じることもあるでしょう。また行動面では，行きすぎた飲酒や暴食，無断欠席，無謀な運転やけんかなどの攻撃的な行動がみられることもあります。子どもの場合は，指しゃぶりや赤ちゃん言葉などのいわゆる「赤ちゃん返り」がみられることもあります。不安が強く緊張が高まると，体の症状としてどきどきしたり，汗をかいたり，めまいなどの症状がみられることもあります。

　適応障害ではストレス因から離れると症状が改善することが多くみられます。たとえば仕事上の問題がストレス因となっている場合，勤務する日は憂うつで不安も強く，緊張して手が震えたり，めまいがしたり，汗をかいたりするかもしれませんが，休みの日には憂うつ気分も少し楽になったり，趣味を楽しむことができる場合もあります。しかし，うつ病となるとそうはいかないことがあります。環境が変わっても気分は晴れず，持続的に憂うつ気分は続き，何も楽しめなくなります。これが適応障害とうつ病の違いです。持続的な憂うつ気分，興味・関心の喪失や食欲が低下したり，不眠などが2週間以上続く場合は，うつ病と診断される可能性が高いでしょう。

⑦睡眠障害

　睡眠障害というと不眠症を考えがちですが，不眠症以外にもさまざまな病気があり，多くの人々が睡眠の問題を抱えていることがわかってきました。夜の睡眠が障害されると，眠気やだるさ，集中力低下など日中にも症状が出現します。睡眠の問題と日中の問題は，表と裏の関係にあるといってもいいでしょう。このような，睡眠の問題や日中の眠気の問題が1カ月以上続くときは，何らか

の睡眠障害にかかっている可能性が考えられます。睡眠障害は，その原因によって治療法も異なります。適切な治療を受けるためにも，自分の睡眠状態や睡眠の問題を把握しておくことは重要です。

　睡眠障害のサインや症状は大きく分けて，1）不眠，2）日中の過剰な眠気，3）睡眠中に起こる異常行動や異常知覚・異常運動，4）睡眠・覚醒リズムの問題，の4つにまとめられます。また，いびきや寝ぼけなど，周囲の人から指摘される症状もあります。サインや症状を，自分で困っているものと人から指摘されるものの両面から把握し，疑われる疾患について専門医にきちんと判断してもらいましょう。

⑧発達障害

　発達障害は，生まれつき脳の発達が通常と違っているために，幼児のうちから症状が現れ，通常の育児ではうまくいかないことがあります。成長するにつれ，自分自身のもつ不得手な部分に気づき，生きにくさを感じることがあるかもしれません。ですが，発達障害はその特性を本人や家族・周囲の人がよく理解し，その人にあったやり方で日常的な暮らしや学校や職場での過ごし方を工夫することができれば，持っている本来の力がしっかり生かされるようになります。

　自閉症スペクトラム障害のサイン・兆候としては，人の目を見ることが少ない，指さしをしない，ほかの子どもに関心がない，などの様子がみられます。初めてのことや決まっていたことの変更は苦手で，なじむのにかなり時間がかかることがあります。成長するにつれ症状は変化し，人それぞれに多様化します。

　注意欠陥・多動性障害（ADHD）のサイン・兆候としては，多動－衝動性，あるいは不注意，またはその両方の症状が現れ，そのタイプ別の症状の程度によって，多動－衝動性優勢型，不注意優勢型，混合型に分類されます。多動症状は，一般的には成長とともに軽くなる場合が多いですが，不注意や衝動性の症状は半数が青年期まで，さらにその半数は成人期まで続くと報告されています。また，思春期以降になってうつ症状や不安症状を合併する人もいます。

　学習障害のサイン・症状としては，全般的な知的発達には問題がないのに，読む，書く，計算するなど特定の事柄のみが難しい状態を指し，それぞれ学業

成績や日常生活に困難が生じます。

⑨パーソナリティ障害

　パーソナリティ障害は，大多数の人とは違う反応や行動をすることで本人が苦しんでいたり，周りが困っているケースに診断される精神疾患です。認知（ものの捉え方や考え方）や感情，衝動コントロール，対人関係といった広い範囲のパーソナリティ機能の偏りから障害（問題）が生じるものです。注意したいのは，「性格が悪いこと」を意味するものではないということです。パーソナリティ障害には，他の精神疾患を引き起こす性質があります。パーソナリティ障害と合併したほかの精神疾患が前面に出ることが多いので，パーソナリティ障害は背後から悪影響を及ぼす黒幕のような病気だということができます。

　治療を進めるためには，患者と治療スタッフとが協力して問題を認識し，対策を検討するという作業が重要です。最近の研究からも，この障害は経過中に大きく変化する，治療によって改善する可能性が高いものと考えられるようになっています。

⑩パニック障害・不安障害

　突然理由もなく，動悸やめまい，発汗，窒息感，吐き気，手足の震えといった発作を起こし，そのために生活に支障が出ている状態をパニック障害といいます。このパニック発作は，死んでしまうのではないかと思うほど強くて，自分ではコントロールできないと感じます。そのため，また発作が起きたらどうしようかと不安になり，発作が起きやすい場所や状況を避けるようになります。とくに，電車やエレベーターの中など閉じられた空間では「逃げられない」と感じて，外出ができなくなってしまうことがあります。パニック障害では薬による治療とあわせて，少しずつ苦手なことに慣れていく心理療法が行われます。無理をせず，自分のペースで取り組むことが大切です。周囲もゆっくりと見守りましょう。

　パニック障害は，パニック発作から始まります。はじめはパニック発作だけですが，発作をくりかえすうちに，発作のない時に予期不安や広場恐怖といった症状が現れるようになります。また，うつ症状をともなうこともあります。

発展学習・グループ学習のための議論のテーマ

● 職場のメンタルヘルス対策として，誰が，どんな役割を取ることができますか？　労働者個人のセルフケア，キャリアコンサルタントが取れる役割も含めて具体的に検討してみましょう。

● 1次・2次・3次予防が効果・効率を上げるために，キャリアコンサルタントができることにはどんなことがあるでしょうか？　1対1の相談に限ることなく，ラインや組織への働きかけも含めて自分の意見を述べてみましょう。

● あなたの領域のキャリアコンサルタントが知っておくべきメンタルヘルス情報にはどんなものがあると思いますか？

9　中高年齢期を展望するライフステージ，発達課題に関する理解

エリクソンの心理社会的段階説については既に説明しましたが，こうした各発達段階で「達成しておかなければならない課題」がある，というエリクソンの指摘があります（表2-10）。

このエリクソンの発達段階説に触発されたギンズバーグの発達理論，ハーズバーグの発達課題を踏まえて，スーパーが職業的発達段階の表を整理しました（表2-11）。

表2-10　エリクソンの発達課題

年齢	段階	発達課題
0-1	乳児期	基本的信頼　対　不信
1-3	幼児前期	自立性　対　恥，疑惑
3-6	幼児後期	積極性　対　罪悪感
6-14	児童期	勤勉性　対　劣等感
14-20	青年期	同一性　対　同一性の拡散
20-35	壮年期	親密性　対　孤独
35-65	熟年期	生殖　対　自己吸収
65-	老年期	自己統合　対　絶望

表2-11　**スーパーの職業的発達段階**（再掲：労働政策研究・研修機構 労働大学校（2014）「職業指導の理論と実際」p.32 より作成）

発達段階	時期	職業的発達課題	説明
A　成長段階	児童期青年前期	自分がどういう人間であるかということを知る。職業世界に対する積極的な態度を養い，また働くことの意味について理解を深める。	1つの役割を果たすこと（しばしば尊敬する成人や友人に自分を同一化する結果として）により，また学校や自由時間，その他の活動によって児童は自分は何がうまくやれるのか，何を好むか，他の人と自分はどんな点で違うかということを理解し，このような知識で自己像というものをつくりあげる。
B　探索段階 　1　試みの段階	青年前期青年中期	職業についての希望を形づくっていく。	自分に適切だと思う職業の水準や分野について，おおまかな予想を立てていく。
2　移行の時期	青年後期成人前期	職業についての希望を明らかにしていく。	学校から職場へ，あるいは学校から高等教育機関に移行する。その際おおまかな予想をある1つの選択へと絞っていく。
3　実践試行の時期	成人前期	職業についての希望を実践していく。	暫定的な職業について準備し，またそれを試みることによって，それが生涯にわたる自分の職業となるかどうかを考える。その職業経験はまだ準備的なもので，その経験によって，積極的にその職業を続けるか他の分野に進むかが考えられる。もし他の分野を考えるようになれば，改めてその他の分野が何であるかとかその職業に対する方向づけを行っていかなければならない。
C　確立段階 　1　実践試行の時期	成人前期から30歳ごろまで	職業への方向づけを確定し，その職業に就く。	必要な機能や訓練経験を得て，一定の職業に自分を方向づけ，確立した位置づけを得る。今後起こる職業についての移動は1つの職業内の地位，役割，あるいは雇用場所の変化が主になる。
2　昇進の時期	30歳代から40歳代中期	確立と昇進。	その後経験を積み，輩下を得，また能力を高めることによって，その地位を確かなものにし，また昇進する。
D　維持段階	40歳代中期から退職まで	達成した地位やその有利性を保持する。	若年期が，競争が激しく新奇な発想が豊富なのに比べて，この時期は，現状の地位を保持していくことに，より力が注がれる。
E　下降段階	65歳以上	諸活動の減退と退職	人びとは，やがてくるかまたは実際に当面する退職にあたって，その後の活動や楽しみを見出すことを考え実行していく。

　特に青年期の危機については，小此木（2010）が「モラトリアム」と呼んだり，下村（2009）が「やりたいこと志向」の弊害を述べたり，荒川（2009）が夢追い型進路形成の功罪を述べたり，ホールが「疾風怒濤の時期」，シュプランガーが「第二の誕生」，ホリングワースが「心理的離乳」（以上，長尾・光富，2012）と呼んだりしています。青年期の危機を乗り越えられないと，ニートやフリーターに留まる可能性もありますので，中高年齢期を展望するに当たっても青年期を意識することは重要です。

　また中年期の危機については，ユングが「40歳を人生の正午，それ以降を人生の午後と呼び，自己を見つめ直し，新たな自己への転身を提起した」，レビンソン（Levinson, D. J.）が「50〜55歳が中年期への，60〜65歳が老年期への過渡期とし，精神的危機ととらえる」（國分監修，2008）としています。レビンソンは17歳〜22歳を成人への過渡期，22歳〜28歳を大人の世界へ入る時期，28歳〜33歳を30歳の過渡期，33歳〜40歳を一家をかまえる時期，40〜45歳を人生半ばの過渡期とし，人生半ばの危機（過渡期）を乗り越えると「自分は自分」という自由な感覚を手に入れることができる（青木・神宮編，2012）としています。

　ただし，既出のとおり，シュロスバーグは人生をさまざまな転機の連なりと考えていますし，ホールは変幻自在なキャリア（プロティアン・キャリア）を提唱しています。また，クランボルツはプランド・ハップンスタンス理論で想定外の出来事の最大限の活用を提唱しています。変化が激しい時代の中で，必ずしもエリクソンやスーパーのように誰もが同じように段階的に人生が漸進するというよりも，行きつ戻りつ，時には何もないところに投げ出される（危機）ということもある，と指摘する研究者も少なくありません。

　平木・袰岩編（2001）はエリクソンのライフサイクル論に「女性には必ずしも当てはまらない」「他者との関係性が軽視されている」などの指摘をし，その上で「個人療法家は，家族のライフサイクルという視点からクライエントを理解することが少なく，家族療法家は，家族システム全体しか見ず，メンバー一人一人がそれぞれどのようなライフサイクルの段階にあるのかということを軽視してきた。しかし，個人は最も身近な環境である家族の中で生きており，また，家族は一人一人の個性をもったメンバーから成り立っていて，両者は分

かち難く結びついていて，活発な相互交流を繰り広げているのであり，どちらか一方しか考慮しないとしたら，それは不十分な理解しかもたらさず，クライエントの役に立つ援助にはなりにくいであろう」としています。

　例えば従来のキャリア発達段階理論では，出産・育児，介護等のライフイベントが意識されていませんし，役職定年や定年後再雇用，高齢化や年金の受給額・受給開始年齢の引下げ等による高齢期の再就職等の問題も意識されていません（※女性や中高年の就職支援等については「 **11** 相談者の多様な特性に関する理解」も参考にしてください）。

　近年，人生100年時代を警鐘する『LIFE SHIFT（ライフ・シフト）』（東洋経済新報社）という書籍が評判を呼んでいますが，定年退職後30年以上の人生を考える必要も出てきていますし，そもそも従来のような新卒採用・終身雇用・年功序列が崩れてきています。こうした中で全員一律の職業的発達段階を考えるのには多少の無理が生じてきており，労働者個人個人への深い配慮が求められているのかもしれません。高齢化や年金の受給額・受給開始年齢の引下げ等に伴い，過去の年代層をロールモデルとしたキャリア発達段階説は，特に中高年期には意味をなさなくなりつつあります。近年のナラティブ／社会構成主義アプローチでは，例えば自叙伝の各章に名前を付けるなどのワークが行われていますが，これはいわば「クライエント自身が，自分の発達段階（あるいは人生の段階・危機）を整理する」という方式に他なりません。

　とは言いながら，わが国においては固定的に小学校6年・中学校3年・高校3年という教育段階が存在し，高校・専門学校・短大・大学卒業時にはほぼ一律に就職活動が行われています。こうした時期までに，どういう知識や経験を積むべきか（どういうキャリア教育を行うべきか）という議論は行われており，成人以降はさておき少なくとも若年期には発達段階という考え方が全く意味がないものというのも，また言い過ぎなのではないかと考えています。

　厚生労働省（2018c）は若者向け・女性向け・中高年向けキャリアコンサルティング技法を，厚生労働省（2019a）は治療と職業生活の両立支援，就職氷河期世代の労働者支援のための技法を公開していますので，こうしたものも参考になるでしょう。

発展学習・グループ学習のための議論のテーマ

● あなたの人生の中ではこれまで，いつ頃にどんな段階の変化がありましたか？　その段階ごとに，自分の役割や人間関係，仕事観・人生観はどのように変化しましたか？

● あなたは「子どもとして」「学習者として」「友人として」「新社会人として」「先輩社会人として」「家族人として」どう振る舞ってきましたか？　それはあなたのどんな価値観・人生観を反映していると思いますか？

● 人生の危機にはどんなものがあると思いますか？　それぞれの危機においてキャリアコンサルタントができることは何だと思いますか？

● 中高年齢期を展望した場合，どういう注意が必要だと思いますか？　産業構造の変化や役職定年などの現状を踏まえ，どういう支援が考えられるか，自分の考えをお互いに述べてみましょう。

10　転機に関する理解

　ブリッジズ（Bridges, 2004 倉光・小林訳 2014）は，変化とトランジションは異なるとし，変化とは状況が変わること，トランジションは心理的に変わること，トランジションとは外的な出来事ではなく人生の変化に対処するために必要な内面の再方向付けや自分自身の再定義をすることである，としています。

　そしてブリッジズはトランジションに関するセミナーを開催する中で，

　　法則1：トランジションのはじめのころは，新しいやり方であっても，昔の活動に戻っている

　　法則2：すべてのトランジションは何かの「終わり」から始まる

　　法則3：自分自身の「終わり」のスタイルを理解することは有益だが，誰でも心のどこかでは，人生がそのスタイルに左右されているという考えに抵抗する

　　法則4：まず何かの「終わり」があり，次に「始まり」がある。そして，その

　　　　　間に重要な空白ないし休養期間が入る

という法則を発見していきます。

　ブリッジズはさらに，終わりの時期には離脱・解体・アイデンティティの喪失・覚醒・方向感覚の喪失を体験し，続いてニュートラルゾーン（中立圏）において「本当にしたいこと」（内的な再方向づけ）を整理していくことで，「また新たな何かが始まる」としています。

　またシュロスバーグ（Schlossberg, N.）は転機を乗り越えるためのステップとして①変化を見定める（自分の転機を認識する），②転機を乗り切るためのリソースにはどんなものがあるか，4つのSから考える（situation（状況），self（自分自身），support（支え），strategies（戦略）），③受け止める，を挙げています（廣川，2006）。

　廣川（2006）はブリッジズやシュロスバーグを引用しつつ，失業によって対象喪失に陥った人に対して「危機においては，これまでの自分の方法論では乗り越えることができず，一度オールクリアにして，手探りで新しい方法を身に付ける過程で新しい自分を獲得していくチャンスをはらんでいる」とし，「危機・転機にある人を心理的に援助する人はこのことを十分理解して伴走する気持ちが必要であろう」としています。廣川（2006）では「アイデンティティとは変化し続けるプロセス」だとし，「物語ることで喪失から獲得へ」ということが大切にされ，ナラティブ・アプローチの有用性について触れています。

　また片岡（2016；2019）はブリッジズや廣川を引用しつつ，パソコンインストラクターへの調査から，離職期間の全てがキャリアのブランク（ニュートラルゾーン）というわけではなく「主体的な小さな行動の開始」があるという指摘をしています。

発展学習・グループ学習のための議論のテーマ

- 転機はいつ，どんな時に訪れると思いますか？　転機が起こった時に支えになるのはどういうものだと思いますか？
- あなたの「キャリアの転機」とはどのようなものでしたか？　そこで喪失したもの・見失ったことにはどんなことがありましたか？　その時期にどんな行動をして，次のステップに進むことができましたか？

> ●転機にある労働者に対して，キャリアコンサルタントにできることにはどん
> なことがあると思いますか？　何に注意をする必要があると思いますか？
> 労働者が転機を乗り越えるための支援にはどんなものが考えられますか？

11　相談者の多様な特性に関する理解

（1）女性支援

　岡田・小玉編（2012）は，一般に男女にはライフコースのパターンに違いがあるとし「男性は，基本的には学業を終えた後は高齢期になるまで継続して職業活動を行うというコースをたどっている」「他方，女性の場合は，結婚や出産・育児が理由となって比較的若い年齢で職業活動を中断する者が多い。また，いったん結婚・出産等で離職した後は，しばらく後に職業に復帰する者もいれば，再就業せずに，地域や子どもが通う学校でほぼ無償の役割を通じて社会全体の円滑な運営に貢献する者も存在する。いうなれば，現状では女性は職業とのかかわり方に男性よりも多様性がある」としています。また國分監修（2008）では女性のキャリア開発の現状について①女性就業者の結婚・出産・育児などによる退職と再就職が影響して，年齢階級別労働力率の形がM字カーブを描く，②学校教育を受けた年数が女性労働力率にプラスに影響していない，③女性に占める非正規労働者比率が男性に比べ高い，④男性就業者に比べ中小企業での就労率が高い，⑤女性管理職の比率が低い，ことを指摘しています。

　こうした点について，遠藤（2017）は「『男女雇用機会均等法』制定後，1992年には育児・介護休業法が施行され，法整備とともに女性の社会進出は加速された。しかしながらわが国の女性のライフコースは相変わらず『中断再就職型』である」「以前は三歳神話が浸透し，現代では育休を取得して働き続けるべきと，いずれにせよ一様性が強調されがちだ。女性が葛藤を抱えずに仕事と家庭役割を両立するのはいつの時代も容易ではない」とした上で，そうした時代により変化する「女性のあるべき姿」に翻弄される女性の再就職支援について述べています。一方で，野々垣（2019）は「PTAなどの収入につながら

ない仕事でも女性が取れる役割はある」と前向きに捉えています。

　奥津（2009）は主婦の再就職について，はじめての再就職に際して気を使ったこととして「夫や家族の合意」（21.1％），「子どもの世話が手抜きにならないこと」（20.3％），「学校行事やPTA活動との調整」（15.9％），「家族に家事の負担をかけないこと」（15.2％），「残業しないでよいこと」（13.2％）などを挙げており「はじめての再就職では職住近接の条件を満たす職場がきわめて多く選ばれていた」としています。個々の女性のニーズに合致した支援が求められていると言えるでしょう。

　なお厚生労働省（2018）は出産・育児と仕事の両立に困難を有している女性などを対象としたキャリアコンサルティング技法を公開していますので，ぜひ参考にしてください。

（2）高齢者支援

　雇用対策法の改正により，2007年10月から事業主は労働者の募集及び採用について，年齢に関わりなく均等な機会を与えなければならないこととされ，年齢制限の禁止が義務化されました（ただし，その企業の定年までに限られます）。しかし採用に当たって「若者を希望する」企業は少なくなく，また定年年齢以降は法令違反とならないため，高齢者の雇用は引き続き厳しい状況が続いています。

　岡田・小玉編（2012）は「わが国の高齢者は，欧米諸国と比べて就業している人の割合が高く，また，就業意欲が高いことが指摘されている」とし，「1つとして経済的な要因があげられるが，それ以外に健康のため，生きがい，社会参加の意思やそこから得られる満足度，わが国特有の勤労観などが考えられる」としています。一方でわが国の企業の多くは60歳定年の強制解雇制度であり，ほとんどの企業が継続雇用制度を持つとはいえ，年金制度との絡みもあることから，今後とも高齢者雇用支援については支援・検討すべき事項が少なくないと思われます。

　厚生労働省（2018c）はキャリアチェンジを余儀なく迫られていたり，何らかのキャリア形成上の課題に直面したりしている中高年などを対象としたキャリアコンサルティング技法を公開していますので，ぜひ参考にしてください。

（3）障害者支援

　岡田・小玉編（2012）は「障がいをもつ人々のキャリア発達を考える場合，その前段階として，障がいがあること，あるいは障がいを負ってしまったこと，ということをどのように受け止めていくのかという障がい認知あるいは障がい受容の問題が，しばしば本人およびその受け入れ側にとっても大きな課題として立ちはだかっている」としています。

　さらに岡田・小玉編（2012）は「障がい者の雇用をめぐる今日的な課題は，広汎性発達障害（アスペルガー症候群・高機能自閉症，ADHD（注意欠陥多動性障害）），高次脳機能障害（脳血管障害や交通事故などの脳損傷によるもの），ひきこもり，統合失調症，人格障害，さらにはPTSD（外傷後ストレス障害）やパニック障害，SAD（社会不安障害）といった発達問題から精神障がいに至るさまざまな障がいのために就業困難な人々への就業支援の方法と体制が，未だ未成熟な段階にある点である」としています。

　わが国では障害者雇用率制度や雇用支援（助成）制度，ジョブコーチ（職場適応援助者）制度あるいは障害者に対する職業訓練などが行われていますが，岡田・小玉編（2012）では特に，身体障害者や知的障害者に比して精神障害者の雇用率が低いことを指摘しています。

（4）ニート・ひきこもり等の支援

　ニート・ひきこもり等の支援機関としては，地域若者サポートセンター（以下，サポステ）が知られています。サポステは，働くことについてさまざまな悩みを抱えている15歳〜39歳までの若者が就労に向かえるようにする支援機関です（田澤，2018）。厚生労働省からの委託を受けたNPO法人等が実施しており，北海道から沖縄まで全国に設置されています。田澤（2018）はサポステの利用者の特徴として

- 男性が7割程度
- 25〜29歳の年齢層が多い
- 最終学歴として大学・短期大学を卒業した者が最も多い
- 7〜8割程度に職業経験がある

ことを指摘し，さらに

- 学校でいじめられた（55.0％）
- ひきこもり（49.5％）
- 精神科または心療内科で治療を受けた（49.5％）
- 不登校になった（41.4％）

経験が多いと指摘しています。

サポステでは専門家による1人1人の状況に合わせた相談やコミュニケーション訓練などのプログラム，職場見学・職場体験，保護者向けの支援などが行われています（田澤，2018）。

(5) 不本意に非正規雇用で働く若者や，正社員として在職しているが安易な離職願望などを有している若者など

ニート・ひきこもり等だけでなく，働いてはいるものの離転職が激しく，なかなか定着できない若者の存在も知られています。

厚生労働省（2018）はこうした不本意に非正規雇用で働く若者や，正社員として在職しているが安易な離職願望などを有している若者などに対するキャリアコンサルティング技法を公開していますので，ぜひ参考にしてください。

(6) その他

近年はがんなど特定の疾病，LGBTなどに関する個別支援も行われるようになってきています。熊谷（2017）は乳がん体験者コーディネーターの体験を，砂川（2018）は仕事と治療の両立支援について述べていますし，厚生労働省は2016年に「事業場における治療と職業生活の両立支援のためのガイドライン」を公表しています。また松永（2018）は大学における性的指向・性自認が非典型学生のキャリア形成支援について述べています。こうした分野も今後注目される分野となってくることが考えられます。

実際に，厚生労働省（2019）は，治療と職業生活の両立支援のためのキャリアコンサルティング技法と就職氷河期世代の労働者支援のためのキャリアコンサルティング技法を公開しています。この報告書は，具体的な進め方やワークシート，さらには必要な配慮や実際の相談事例なども掲載され，非常に有意義なものになっています。特に第2編の就職氷河期世代の労働者への支援技法

は，これら世代に限らず高校生・大学生等を含めた若者支援に有用な技法であり，かつキャリアコンサルティングの流れについて網羅的に書かれていますので，一読をお勧めします。

発展学習・グループ学習のための議論のテーマ

● 行政や就職支援機関あるいはキャリアコンサルタントとして，特に支援すべき相談者としては，どんな対象者がいると思いますか？　その対象者に対しては，どんな支援が必要だと考えますか？　個々のキャリアコンサルタントには何ができると思いますか？

● 支援すべき対象者を深く理解するためには，どういった方法があると思いますか？　どこに情報や支援のための資源がありますか？　調べてみましょう。

● 現在もしくは今後，あなたの領域のキャリアコンサルタントが意識すべき「配慮すべき層」にはどんなものがあると思いますか？　具体的にイメージし，必要な配慮について検討してみましょう。

[引用・参考文献]

The American Group Psychotherapy association (2007). *Clinical Practice Guidelines for Group Psychotherapy*. New York: The American Group Psychotherapy association.
　（日本集団精神療法学会（監訳）(2014)．AGPA 集団精神療法実践ガイドライン　創元社）

Amundson, N.E. (2009) ．*ACTIVE ENGAGEMENT edition three the being and doing of career counselling*. Richmond：Ergon Communications.
　（アムンドソン，N. E.（著）高橋 美保（監訳）(2018)．キャリアカウンセリング――積極的関わりによる新たな展開――　誠信書房）

安全衛生マネジメント協会「労働安全衛生法とは」https://www.aemk.or.jp/roudou_anzen.html（2019 年 4 月 9 日）

青木 紀久代・神宮 英夫（編）(2008)．カラー版徹底図解心理学　新星出版社

荒川 葉 (2009)．「夢追い」型進路形成の功罪　東信堂

新目 真紀(2015)．社会構成主義アプローチの実際　渡部 昌平（編著）社会構成主義キャリア・カウンセリングの理論と実践　福村出版

新目 真紀（2016)．ピーヴィーのソシオダイナミック・カウンセリング　独立行政法人　労働政策研究・研修機構（編）新時代のキャリアコンサルティング――キャリア理論・カウンセリング理論の現在と未来――　独立行政法人　労働政策研究・研修機構

有村 久春（編）(2004)．「生徒指導・教育相談」研修　教育開発研究所

東 豊（1993）．セラピスト入門——システムズアプローチへの招待——　日本評論社

Berne, E.（1972）．*What do you say after you say hello? The Psychology of Human Destiny*. NY：Grove Press.
（バーン，E.（著）江花 昭一（監訳）（2018）．エリック・バーン人生脚本のすべて——人の運命の心理学——「こんにちは」の後に，あなたは何と言いますか？——　星和書店）

Bridges, W.（2004）．*Transitions: Making Sense of Life's Changes*. Boston：Da capo Press.
（ブリッジズ，W.（著）倉光 修・小林 哲郎（訳）（2014）．トランジション——人生の転機を活かすために——　パンローリング）

Burnett, B. & Evans, D. (2016)．*The Designing Your Life Workbook: A Framework for Building a Life You Can Thrive* In. Clarkson Potter, MA
（バーネット，B.，エヴァンス，D（著）千葉 敏生（訳）（2017）．LIFE DESIGN スタンフォード式最高の人生設計　早川書房）

Butterworth, G., & Harris, M. (1994)．*Principles of Developmental Psychology*. London：Routledge.
（ジョージ・バターワース，マーガレット・ハリス（著），村井 潤一（監訳）（1997）．発達心理学の基本を学ぶ——人間発達の生物学的・文化的基盤——　ミネルヴァ書房）

キャリアコンサルティング協議会（2012）．大学等におけるキャリア教育実践講習テキスト https://www.mhlw.go.jp/file/06-Seisakujouhou-11800000-Shokugyounouryokukaihatsukyoku/0000173665.pdf（2019 年 2 月 22 日）

Carkhuff, R.R.（1987）．*The art of HELPING VI*. MA：HRD Press.
（カーカフ, R. R.（著）國分 康隆（監修）（1992）．ヘルピングの心理学　講談社現代新書）

Carkhuff, R.R.（1987）．*THE STUDENT WORKBOOK for The Art of HELPING*. MA：HRD Press.
（カーカフ，R. R.（著）國分 康隆（監修）日本産業カウンセラー協会（訳）（1993）．ヘルピング・ワークブック　日本産業カウンセラー協会）

Cochran, L.（1997）．*Career Colunseling: A Narrative Approach*. London：SAGE Publications.
（コクラン，L.（著）宮城 まり子・松野 義夫（訳）（2016）．ナラティブ・キャリアカウンセリング——「語り」が未来を創る——　生産性出版）

第一生命経済研究所（編）宮木 由貴子・的場 康子・水野 映子・北村 安樹子（著）（2017）．「人生 100 年時代」のライフデザイン——団塊ジュニア世代から読み解く日本の未来——　東洋経済新報社

De Jong, P., & Berg, I. S.（2012）．*Interviewing for Solutions 4th Edition*．Belmont, CA：Brooks/Cole.
（ディヤング，P.（著）桐田 弘江・住谷 祐子・玉真 慎子（訳）（2015）．解決のための面接技法——ソリューション・フォーカストアプローチの手引き——　金剛出版）

e-Gov（イーガブ）法令検索 https://www.mhlw.go.jp/file/06-Seisakujouhou-12600000-Seisakutoukatsukan/0000205538.pdf（2019 年 2 月 21 日）

Ellis, A.（1999）．*How to Make Yourself Happy and Remarkably Less Disturbable*. Bristol：Impact Pub.
（エリス，A.（著）齊藤 勇（訳）（2018）．現実は厳しい でも幸せにはなれる　文響社）

遠藤 雅子（2017）．生き方が語られる「場」を経てアクションを起こすまで——女性の再就職支援の現場から——　日本キャリア教育学会第 37 回大会自主シンポジウム「生き方

が語られる「場」あるいは「きっかけ」──我々は当事者の語りを聞けているか──

Friedmann, E. A., & Havighurst, R. J.（1954）．*The meaning of work and retirement*. Chicago, IL: The University of Chicago Press.（岡田 昌毅・小玉 正博（編）（2012）．生涯発達の中のカウンセリングⅢ──個人と組織が成長するカウンセリング──　サイエンス社）

福原 眞知子・アレン，E. I.・メアリ，B. I.（2004）．マイクロカウンセリングの理論と実践　風間書房

福原 眞知子（監修）（2007）．マイクロカウンセリング技法──事例場面から学ぶ──　風間書房

Gysbers, N. C., Heppner, M. J., & Johnston, J. A.（1998）．*CAREER COUNSELING Process, Issues, and Techniques*. MA：Allyn & Bacon.
（ガイスバーズ，N. C.，ヘップナー，M. J.，ジョンソン，J. A.（著）日本ドレーク・ビーム・モリン株式会社ライフキャリア研究所（訳）（2002）．ライフキャリアカウンセリング──カウンセラーのための理論と技術──　生産性出版）

Hansen, S.S.（1997）．*Integrative Life Planning: Critical Tasks for Career Development and Changing Life Patterns*. San Francisco：Jossy-Bass.
（ハンセン S. S.（著）平木 典子・今野 能志・平 和俊・横山 哲夫（監訳）（2013）．キャリア開発と統合的ライフ・プランニング──不確実な今を生きる6つの重要課題──　福村出版）

平木 典子・袰岩 秀章（編）（2001）．カウンセリングの技法──臨床の知を身につける──　北樹出版

廣川 進（2006）．失業のキャリアカウンセリング──再就職支援の現場から──　金剛出版

Holland, J. L.（1997）．*Making Vocational Choices*. Florida：Psychological Assessment Resources.
（ホランド J. L.（著）渡辺 三枝子・松本 純平・道谷 里英（共訳）（2013）．ホランドの職業選択理論──パーソナリティと働く環境──　一般社団法人　雇用問題研究会）

Hoyt, K. B.（2005）．*Career Education : History and Future*. Washington, D.C.：Natl Career Development Assn.
（ホイト，K. B.（著）仙﨑 武・藤田 晃之・三村 隆男・下村 英雄（訳）（2005）．キャリア教育──歴史と未来──　社団法人　雇用問題研究会）

伊丹 敬之・加護野 忠男（2001）．ゼミナール経営学入門第3版　日本経済新聞出版社

伊丹 敬之・加護野 忠男（2003）．ゼミナール経営学入門　日本経済新聞出版社

角山 剛（2011）．キーワード心理学シリーズ12　産業・組織　新曜社

片岡 亜紀子（2016）．キャリアブレイクを経験した女性の変容──パソコンインストラクターを対象とした実証研究──　産業カウンセリング研究, 18（1），pp.9-24

片岡 亜紀子（2019）．キャリアブレイクを振り返る　渡部 昌平（編）LIFE CAREER ──人生100年時代の私らしい働き方──　金子書房

川崎友嗣（1994）．米国におけるキャリア発達研究の動向　日本労働研究雑誌，409，52-61.

菊池 武剋（2013）．A life-span, life-space approach to career development. をめぐって
（全米キャリア発達学会（著）仙﨑 武・下村 英雄（編訳）（2013）．D・E・スーパーの生涯と理論──キャリアガイダンス・カウンセリングの世界的泰斗のすべて──　図書文化社）

木村 周（2018）．キャリアコンサルティング——理論と実際 5 訂版——　一般社団法人　雇用問題研究会

國分 康隆（監修）（2008）．カウンセリング心理学事典　誠信書房

國分 康隆（2013）．ガイダンス・カウンセリングにおける D・E・スーパーの意義（全米キャリア発達学会（著）仙﨑 武・下村 英雄（編訳）（2013）．D・E・スーパーの生涯と理論——キャリアガイダンス・カウンセリングの世界的泰斗のすべて——　図書文化社）

厚生労働省（2011）．労働者の職業生活設計に即した自発的な職業能力の開発及び向上を促進するために事業節が講ずる措置に関する指針　https://www.mhlw.go.jp/web/t_doc?dataId=76aa2723&dataType=0&pageNo=1（2019 年 3 月 1 日）

厚生労働省（2016）．事業場における治療と職業生活の両立支援のためのガイドライン　https://www.mhlw.go.jp/file/06-Seisakujouhou-11200000-Roudoukijunkyoku/0000198758.pdf（2019 年 3 月 5 日）

厚生労働省（2018a）．知って役立つ労働法　働くときに必要な基礎知識　平成 30 年 4 月更新版　https://www.mhlw.go.jp/file/06-Seisakujouhou-12600000-Seisakutoukatsukan/0000205538.pdf（2019 年 2 月 21 日）

厚生労働省（2018b）．平成 29 年労働安全衛生調査（実態調査）　https://www.mhlw.go.jp/toukei/list/h29-46-50b.html（2019 年 2 月 22 日）

厚生労働省（2018c）．平成 29 年度 労働者等のキャリア形成における課題に応じたキャリアコンサルティング技法の開発に関する調査・研究事業　https://www.mhlw.go.jp/stf/seisakunitsuite/bunya/koyou_roudou/jinzaikaihatsu/career_consulting_gihou.html（2019 年 4 月 8 日）

厚生労働省（2018d）．平成 30 年版　労働経済の分析——働き方の多様化に応じた人材育成の在り方について——　https://www.mhlw.go.jp/wp/hakusyo/roudou/18/18-1.html（2019 年 3 月 4 日）

厚生労働省（2019a）．平成 30 年度 労働者等のキャリア形成における課題に応じたキャリアコンサルティング技法の開発に関する調査・研究事業　https://www.mhlw.go.jp/stf/seisakunitsuite/bunya/koyou_roudou/jinzaikaihatsu/career_consulting_gihou_00004.html（2019 年 4 月 8 日）

厚生労働省（2019b）．平成 30 年度 労働者等のキャリア形成における課題に応じたキャリアコンサルティング技法の開発に関する調査・研究事業　報告書　https://www.mhlw.go.jp/content/000492676.pdf（2019 年 4 月 1 日）

厚生労働省　職業能力評価基準ポータルサイト：https://www.shokugyounouryoku.jp/outline.html#（2019 年 2 月 12 日）

厚生労働省　職業安定業務統計 https://www.mhlw.go.jp/toukei/list/114-1.html　（2019 年 2 月 21 日）

厚生労働省　知ることからはじめよう　みんなのメンタルヘルス　https://www.mhlw.go.jp/kokoro/speciality/data.html（2019 年 2 月 22 日）

厚生労働省　平成 29 年度雇用均等等基本調査（確報）　https://www.mhlw.go.jp/toukei/list/71-29r.html（2019 年 3 月 1 日）

厚生労働省　労災補償　https://www.mhlw.go.jp/stf/seisakunitsuite/bunya/koyou_roudou/roudoukijun/

rousai/index.html（2019 年 3 月 4 日）

厚生労働省　労働者派遣事業・職業紹介事業　https://www.mhlw.go.jp/stf/seisakunitsuite/bunya/koyou_roudou/koyou/haken-shoukai/index.html（2019 年 3 月 4 日）

厚生労働省　役職別管理職に占める女性割合の推移　https://webcache.googleusercontent.com/search?q=cache:uUCoK2aj8aoJ:https://www.mhlw.go.jp/wp/hakusyo/kousei/17-2/kousei-data/siryou/xls/sh0700-01-b2.xls+&cd=2&hl=ja&ct=clnk&gl=jp（2019 年 3 月 5 日）

厚生労働省　セルフ・キャリアドック導入支援サイト　http://selfcareerdock.mhlw.go.jp/about/（2019 年 4 月 8 日）

厚生労働省　キャリアコンサルティング・キャリアコンサルタント＞その他（活用制度・関連計画・調査報告・関連法令等）https://www.mhlw.go.jp/stf/seisakunitsuite/bunya/koyou_roudou/jinzaikaihatsu/sonota.html（2019 年 4 月 8 日）

厚生労働省　労働政策全般　https://www.mhlw.go.jp/stf/seisakunitsuite/bunya/koyou_roudou/roudouzenpan/index.html（2019 年 4 月 8 日）

厚生労働省　青少年の雇用の促進等に関する法律（若者雇用促進法）について　https://www.mhlw.go.jp/stf/seisakunitsuite/bunya/0000097679.html（2019 年 4 月 9 日）

久保田 達也・池見 陽（1991）．体験過程の評定と単発面接における諸変数の研究　人間性心理学研究 , 9, 53-66.

久保田 恵実・池見 陽（2017）．体験過程様式の推定に関する研究―― EXP チェックリスト II ver.1.1 作成の試み―― 関西大学臨床心理学専門職大学院紀要 , 7, 57-66.

熊谷 葉子（2017）．私らしくはたらく。私らしく笑う。――乳がん患者・体験者の就労支援―― 日本キャリア教育学会第 39 回研究大会自主シンポジウム「生き方が語られる「場」あるいは「きっかけ」――我々は当事者の語りを聞けているか――」

松永 美佐寿（2018）．性的指向・性自認が非典型型学生のキャリア形成支援　日本産業カウンセリング学会第 23 回大会ラウンドテーブル・ディスカッション

文部科学省（2010）．生徒指導提要　http://www.mext.go.jp/a_menu/shotou/seitoshidou/1404008.htm（2019 年 3 月 11 日）

文部省（編）（1988）．我が国の文教施策――生涯学習の新しい展開――

宗方 比佐子・渡辺 直登（編）（2002）．キャリア発達の心理学――仕事・組織・生涯発達―― 川島書店

長尾 博・光富 隆（2012）．パースペクティブ青年心理学　金子書房

中村 恵（2018）．新しい潮流　渡辺 三枝子（編著）大庭 さよ・岡田 昌毅・河田 美智子・黒川 雅之・田中 勝男・中村 恵・堀越 弘・道谷 里英（著）新版キャリアの心理学　キャリア支援への発達的アプローチ　第 2 版　pp.217-228

National Career Development Association（1994）. *The Career Development Quarterly*, *43*(1).（全米キャリア発達学会（著）仙﨑 武・下村 英雄（編訳）（2013）．D・E・スーパーの生涯と理論――キャリアガイダンス・カウンセリングの世界的泰斗のすべて―― 図書文化）

日本キャリア教育学会（編）（2008）．キャリア教育概説　東洋館出版社

一般財団法人　日本心理研修センター（監修）（2018）．公認心理師現任者講習テキスト 2018 年版　金剛出版

日本うつ病学会　気分障害の治療ガイドライン作成委員会（2016）．日本鬱病学会治療ガイドライン　Ⅱ．うつ病（DSM-5）／大うつ病性障害　2016　http://www.secretariat.ne.jp/jsmd/mood_disorder/img/160731.pdf（2019 年 2 月 22 日）

野条 美貴（2017）．キャリアストーリー・インタビューをグループで用いた語りの形成効果　日本産業カウンセリング学会第 22 回大会発表論文集，28-29.

野条 美貴（2019）．グループで未来を考える・支え合う　渡部 昌平（編）LIFE CAREER ──人生 100 年時代の私らしい働き方──　金子書房

野々垣 みどり（2019）．環境に働きかける　渡部 昌平（編）LIFE CAREER ──人生 100 年時代の私らしい働き方──　金子書房

小此木 啓吾（2010）．モラトリアム人間の時代　中央公論新社

奥津 眞里（2009）．主婦の再就職と働き方の選択──結婚・育児等によるリタイアと職業復帰──　日本労働研究雑誌 , 586, 68-77.

Peterson, C.（2006）．*A Primer in Positive Psychology*. Oxford：Oxford University Press.
（ピーターソン , C.（著），宇野 カオリ（翻訳）（2012）．ポジティブ心理学入門──「よい生き方」を科学的に考える方法──　春秋社）

Pryor, R. G. L., & Bright, J. E. H.（2014）．The Chaos Theory of Careers(CTC): Ten years on and only just begun, *Australian Journal of Career Development*, 23(1), pp.4-12

労働政策研究・研修機構（編）（2016）．新時代のキャリアコンサルティング──キャリア理論・カウンセリング理論の現在と未来──　独立行政法人　労働政策研究・研修機構

労働政策研究・研修機構　労働大学校（2014）．職業指導の理論と実際

坂柳 恒夫（1990）．進路指導におけるキャリア発達の理論　愛知教育大学研究報告 , 39（教育科学編）, 141-155

佐藤 宏平（2007）．社会構成主義に基づく心理療法　若島 孔文（編）社会構成主義のプラグマティズム　金子書房

Savickas, M. L.（2011）．*Career Counseling*. Washington, D.C.：Natl Career Development Assn.
（サビカス，M. L.（著）日本キャリア開発センター（監訳）乙須 敏紀（訳）（2015）．サビカス　キャリア・カウンセリング理論　福村出版）

Shein, E.H., & Maanen, J.V.（2013）．*CAREER ANCHORS The Changing Nature of Work and Careers; Self-Assessment*. New Jersey：John Wiley & Sons.
（シャイン, E. H., マーネン, J. V.（著）木村 琢磨（監訳）尾川 丈一・清水 幸登（訳）（2014）．キャリア・マネジメント──変わり続ける仕事とキャリア セルフ・アセスメント──　白桃書房）

下村 英雄（2009）．キャリア教育の心理学──大人は，子どもと若者に何を伝えたいのか──　東海教育研究所

下村 英雄（2015）．コンストラクション系のキャリア理論の根底に流れる問題意識と思想　渡部 昌平（編）社会構成主義キャリア・カウンセリングの理論と実践　福村出版

下山 晴彦（2001a）．世界の臨床心理学の歴史と展開　下山 晴彦・丹野 義彦（編）講座　臨床心理学 1　臨床心理学とは何か　東京大学出版会

下山 晴彦（2001b）．日本の臨床心理学の歴史と展開　下山 晴彦・丹野 義彦（編）講座　臨床心理学 1　臨床心理学とは何か　東京大学出版会

Smith, E.E., Nolen-Hoeksema, S., Fredrickson, B.L., & Loftus, G.R. (2003). *ATKINSON & HILGARD'S INTRODUCTION TO PSYCHOLOGY 14th Edition.* Belmont, CA: Wedsworth publishing.

（スミス，E．E．，ノーレン・ホークセマ，S．，フレデリックソン，B．L．，ロフタス，G．R．（著）内田一成（監訳）（2010）．第14版　ヒルガードの心理学　おうふう）

砂川 未夏（2018）．仕事と治療の両立における組織内キャリア形成支援の可能性　日本産業カウンセリング学会第23回大会ラウンドテーブル・ディスカッション

Super, D. E.（1980）．A Life Span, Life-Space Approach to Career Development. *Journal of Vocational Behavior*, 16, 282-298

Super, D. E.（1990）．A life span, life-space approach to career development. In D. Brown, & L. Brooks (Eds.), *Career choice and development* (2nd ed.). San Francisco: Jossey–Bass p.212

Super, D.E., Savickas, M.L. & Super, C.M.（1996）．The Life-span, Life-space Approach to Careers, in D. Brown & L. Brooks (Eds) *Career Choice and Development*,3rd edn. San Francisco: Jossey-Bass.

高橋 浩（2019）．セルフ・キャリアドック入門――キャリアコンサルティングで個と組織を元気にする方法――　金子書房

滝 充（編）（2004）．ピア・サポートではじめる学校づくり　中学校編　金子書房

田澤 実（2018）．若者支援――不登校・ひきこもり・退学者等の具体的な支援――　渡部 昌平（編）実践「教育相談」個人と集団を伸ばす最強のクラス作り　川島書店

渡部 昌平（2015）．質的キャリア・アセスメントとその応用　渡部 昌平（編）社会構成主義キャリア・カウンセリングの理論と実践――ナラティブ，質的アセスメントの活用――　福村出版

渡部 昌平（2016）．はじめてのナラティブ／社会構成主義キャリア・カウンセリング　川島書店

渡部 昌平（編）高橋 浩・廣川 進・松本 桂樹・大原 良夫・新目 真紀（著）（2017）．実践家のためのナラティブ／社会構成主義キャリア・カウンセリング　福村出版

渡部 昌平（編著）高橋 浩・新目 真紀・三好 真・松尾 智晶（著）（2018a）．グループ・キャリア・カウンセリング　金子書房

渡部 昌平（編）柴田 健・田澤 実（共著）（2018b）．実践　教育相談　個人と集団を伸ばす最強のクラス作り　川島書店

渡辺 三枝子（2002）．新版カウンセリング心理学――カウンセラーの専門性と責任性――　ナカニシヤ出版

渡辺 三枝子（編）（2018）．新版キャリアの心理学第2版――キャリア支援への発達的アプローチ――　ナカニシヤ出版

渡辺 三枝子・ハー，E. L.（2001）．キャリアカウンセリング入門――人と仕事の橋渡し――　ナカニシヤ出版

Yalom, I. D.（1995）．*The Theory and Practice of Group Psychotherapy 4th edition*, NY：Basic Books.

（ヤーロム，I. D.（著）中久喜 雅文・川室 優（監訳）（2012）．ヤーロム　グループサイコセラピー――理論と実践――　西村書店）

第**3**章

キャリアコンサルティングを行うために必要な技能

1　基本的な技能

(1)　カウンセリングの技能

　ここではカウンセリング理論編とは敢えて違う観点（カウンセラー側の観点）から，カウンセリングの技能について考えていきたいと思います。

　クライエントとの関係性を作るには，クライエントを「受容」することが重要です。平木・袰岩（2001, pp.44-46）は受容にも多様な技法があるとして，

①holding（ホールディング）

　　精神分析学クライン派のウィニコット（Winnicott, D.K.）が比喩的に用いた言葉で，泣き苦しむ赤ん坊を抱き抱えて「よしよし」するかのように，カウンセラーがクライエントの苦しみの深さを理解する，クライエントが抱える困惑を共にする，混乱したクライエントと共にあるといったことを表現している。受容としては最も融合的な水準のもので「全体を包み込むように受け入れる」という定義が適当であろう。

②contain（コンテイン）

　　やはり精神分析学クライン派のビオン（Bion, A.）が比喩的に用いた概念で，クライエントが自分の中に保持し切れない感情や葛藤などを受け止め，それがクライエント自身を傷つけないようカウンセラー内部に保持すると同時に，安全な形でクライエントにフィードバックしていく複雑な過程を表す。簡単には，クライエントをしっかりと受け止め，受け止めた内容をクライエントが受け取れるように返す作業といえよう。

③配慮，尊重（regard, respect）

　　クライエントの自主性に配慮し，クライエントを人間として尊重することであるが，自分に自信がない人などに対して初めから自主性が確立されているこ

とを前提にしているかのように接することは，相手を脅かすことにもなる。配慮や尊重が十分な受容体験になるためには，受容されてもたじろがない「自己」が，ある程度確立している必要がある。また慇懃さや丁重な態度が必ず配慮になるわけではなく，配慮の本質とは，人間とはどのような場合にも人権があり尊重されるべき存在で，それを欠く時人間は人間でなくなるという認識と決意である。

④joining（ジョイニング）

　ミニューチン（Minuchin, S.）らの家族療法構造派の技法で，受容，共感，解釈等の機能を併せもつ。受容技法としての部分を特に取り上げるのは，joining の中核に受容があるとともに，joining が技法としてだけでなく基本的態度として考えられているからでもある。クライエント（家族）を尊重し，そのスタイルを受け入れ，それを支持しながらそこに溶け込んでいき，クライエントや家族のパターンを相手自身と同じように体験し，それを模倣することを通して治療システムあるいは治療同盟，治療構造を形成していく。構造が形成される頃には治療目標がかなり達成されていることが多い。安易な同一化と異なるのは，関心を寄せる主体（カウンセラー自身）が安定し損なわれていないことである。

⑤再保証

　大丈夫だということをクライエントに伝える技法である。何かの事柄についてのみ大丈夫だというだけではなく，クライエントの存在や存続自体を支え，クライエントの自己信頼，自己受容を回復・発達させる。クライエントを依存的にするという批判があるが，holding と同様，クライエントが不安が高くパニックを起こしやすかったり，自尊心が著しく傷ついているような場合等に，特に必要とされる。そこで派生する依存はきちんと引き受けていかなければならない。

などの各種形態の「受容」を紹介しています。

　また高橋（2015）はアンダーソンとグーリシャン（Anderson, H. & Goolishian, H., 1992）を引用して「無知の姿勢」の重要性を指摘します。「クライエントのことはクライエントが一番分かっている」という認識から「あなたについて教えてください」という謙虚な態度・姿勢が必要だとするのです。例

えば皆さんも保護者や担任，部活動の顧問などから「お前のことは俺が一番わかっているんだ」と言われたらどうでしょう。初めて会ったキャリアコンサルタントから「あなたのことはよくわかります」と言われたら，すぐに信頼できるでしょうか。「私はあなたのことをよく知らない」「あなたのことをもっと知りたい」という姿勢や態度を持つことが重要なのです。

　またカウンセリング（キャリアコンサルティング）の最初には「相談の目的・ゴール」をクライエントと共有することが重要ですが，平木・袰岩（2001, pp.52-53）はこれを対決の1つと捉えています。「初期過程における面接の目標は治療同盟の形成である（中略）が，そこではクライエントとの間に関係性を作るのと同時に，クライエントと治療目標を確認することが重要な課題となる。そのプロセスにおいては，課題となるクライエント自身の弱さや葛藤が明確化されるだけでなく，それと向き合うつらさや問題解決に伴う痛みの存在が明らかになっていく」からです。「それをいたわりつつも，それらの課題にどう取り組むか考えることや，実際に取り組むことを促すことが，初期の対決を形成する」のです。平木・袰岩（2001）ではこの他，防衛との対決，自己吟味の促し，他者への感情の明確化，課題や自己の概観（review），将来への展望などの対決について解説しています。単なる傾聴だけでなく，傾聴と対話（あるいは対決や促し）の両輪が必要であることを意識することが重要です。

　平木・袰岩（2001）ではこの後，解釈技法（クライエントの心的現実が持つ意味を，カウンセラーがクライエントに伝えること）について解説し，①情報の収集（クライエントの認知というよりも気持ち・反応・感覚のようなものの把握），②情報の再構成（気持ち・反応・感覚の意味や葛藤の把握），③情報のフィードバックというプロセスについて説明しています。

　キャリアコンサルタントがよって立つ理論や技法によっても異なるとは思いますが，近年のカウンセリング（キャリアコンサルティング）ではロジャーズの三要件（無条件の肯定的配慮，共感的態度，純粋性）を踏まえた「クライエントの発達（成長）や主体性を前提としたカウンセリング」が重視されており，こうした平木・袰岩（2001）のような面接過程の技法を細かく解説したものは参考になるものと思います。

※なおこの章以下のカウンセリングの基本的スキルを学ぶ（あるいは実施できるようになる）ためには，当然に1対1のロールプレイ経験が重要であり，カウンセラー役・クライエント役双方を実施することが重要です。筆者は，中でも特にクライエント経験が重要だと思っています。クライエント役として「ああ，この相談では受容されているな」「自己理解が進んだな」「カウンセラーの姿勢や態度に納得できないな」と感じるような「カウンセラーを外から見た視点」が，自分がカウンセラー役になった時によい影響を与えるからです。各団体の養成講座や研修では必ずロールプレイがあると思いますが，正直な気持ちで何度かクライエント役を（もちろんカウンセラー役も）やることが，（初心者だけでなく）自らの勉強になると感じています。

発展学習・グループ学習のための議論のテーマ

- この章で理解したことについて，整理してみましょう。メンバー間で感想を共有してみてください。
- キャリアコンサルタントとしてクライエントを「受容できている」と自信を持つためにはどうすればよいと思いますか？　クライエントのどんな反応があれば，「クライエントは受容されていると感じている」と理解することができますか？
- 自分の趣味等に関する雑談で構わないので，1対1のロールプレイを行い，相手に「ちゃんと受容できていたか」聞いてみましょう。「どうするとより受容しているように感じるか」アドバイスをもらってみましょう。

（2）グループアプローチの技能

　渡辺・ハー（2001）はキャリアカウンセラーの活動形態として「1対1で行われる個別カウンセリングと，1人のカウンセラーが5，6人の相談者（クライエント）を集団として行なうグループカウンセリングとが代表的である」としています。

　渡辺・ハー（2001）では，グループカウンセリングとグループガイダンスやサイコエデュケーショナルなグループワークを区別し，「グループカウンセリングを定義すると，メンバー一人ひとりが解決すべき自分の問題や目標への洞

察を深め，その解決に向かって意思決定し，行動化するという目的を持つ。その意味で，個別カウンセリングの構成と基本的には同じである。グループカウンセリングにはグループとしての目標はない。あくまでの個々のメンバーがもっている目標を達成することが目標である。そのためにグループダイナミクスを活用するのである。したがって，カウンセラーはリーダーとしてグループよりも個々のメンバーを大切にする。また，グループメンバー間の相互作用は重要であるが，相互作用しやすい人間関係を作ることが目標ではないことをしっかりと認識しておかなければならないといわれている。（中略）グループカウンセリングでは，個々人の態度や考え方，感情や欲求，行動に焦点を当てながら，メンバー一人ひとりのキャリア発達を含む心理的発達を促進強化することを究極的目的とする」と述べています。

　グループの治療効果についてはすでに前の章で述べていますが，渡辺・ハー（2001）では個別カウンセリングと違った有効性と効率性として「グループは個人の自虐的あるいは非現実的考えや行動に気づいたり除去したりするのを容易にする」「カウンセラーが一度に複数のクライエントと接することができる」ことなどを挙げています。

　また渡辺・ハー（2001）はグループカウンセリングの他にグループダイナミクスを効果的に活用しているものとして，グループ指導，グループガイダンス，グループセラピィを挙げています。またグループガイダンスの形態として，サイコエデュケーショナル・グループワーク（構成されたグループにより，ソーシャルスキル・求職者スキル・意思決定スキルなど特定のスキルを教育訓練するもの），計画的プログラムとしてのグループワーク（キャリア教育，ストレスマネージメント，問題解決，不安軽減，自己責任の取り方，自己尊重感の高揚などを目的とした諸プログラム）を紹介しています。サイコエデュケーショナル・グループでは，モデリング（直接あるいは視聴覚教材），ロールプレイング（モデル行動を実際にやってみる），パフォーマンス・フィードバック（積極的なフィードバック，承認を与える），訓練の応用（現実への橋渡し）が用いられると紹介していますし，計画的プログラムとしてのグループワークとしては高齢失業者を対象とした「ジョブクラブ」などが紹介されています。

　平木・袰岩（2001）ではカウンセラーの訓練としてのグループ体験について

述べていますが，なぜグループが訓練によいのかの説明として，①グループには抱え環境（holding environment）機能がある：複数のメンバーとトレーナーから構成されているため，特定の誰かが抱え環境として機能しなければならないということがなく，グループ全体として個々のメンバーを抱えることが比較的容易にできる，②グループの中で自分自身を見つめ，さらに他者と向き合うということによって，人間としての共通性と多様性あるいは個別性を体験できる，③メンバーが複数いることによって，いつも自分が話し手である必要がなく，時には黙ってその場にいることができるという点を挙げています。

　ところで渡辺・ハー（2001）では「グループとしての効果と効率をあげるためにはカウンセラーにグループダイナミックスを生かせるコンピテンシイと観察能力，メンバーを選ぶ力が一層求められる」としています。「グループ場面から恩恵を受けられるクライエントとそうでないクライエントがいることは事実である。（中略）余りに理屈っぽい人とか，批判的態度の強い人はグループには向かないといわれている。また，解決すべき問題や課題が共通しているメンバーで構成されることの方が効果的であるので，カウンセラーはメンバーを選びグループを構成する責任がある。さらに，カウンセリングの目標を達成するためには，グループプロセスだけでは不十分な場合が多く，個別カウンセリングを組み合わせることがより効果的であるといわれている」としています。

　グループアプローチ・スキルの詳細については，第5章もぜひ参考にしてください。

発展学習・グループ学習のための議論のテーマ

- この項で理解したことについて，整理してみましょう。メンバー間で感想を共有してみてください。
- これまでの経験で，集団の圧力があってよかったこと・残念だったことを挙げてみましょう（トラウマになっていることは思い出す必要はありません）。よいグループ体験をするためにはリーダー（ファシリテーター）は何をすべきだと思いますか？
- どんな機関や場所でグループスキルを身につけることができますか？　実際に調べてみましょう。

(3) キャリアシートの作成指導および活用の技能

①キャリアシート（職務経歴書）とは？

　厚生労働省は2001年に「キャリアコンサルティング技法等に関する調査研究報告書」を発表し，労働者のキャリア形成支援のためのキャリアコンサルティング・マニュアルを公開しています。同報告書では「キャリアコンサルティングを実施するに当たっては，従業員が，相談の過程で自らを振り返り，今後のキャリア選択の方向性やその実現を図るための手段・方法を整理するためのフォーム（キャリアシート）を活用することが効果的」とされ，キャリアコンサルティングの際にキャリアシートを使うことが推奨されています。

　そもそも従来から各種キャリア形成支援機関（就職支援機関，企業，学校等）においては，従業員や求職者が，相談の過程で自らを振り返り，今後のキャリア選択の方向性やその実現を図るための手段・方法（キャリアパスの明確化，職業能力開発，新たな仕事へのアプローチ等）を整理するためのさまざまのシートを作成して活用していたことから，厚生労働省でも報告書に合わせて独自のキャリアシート様式を作成し，版権フリーで公開しています（https://www.mhlw.go.jp/houdou/0105/h0517-3a.html）。これが後のジョブ・カードにつながります（https://jobcard.mhlw.go.jp/）。

　同報告書によると，キャリアシートの趣旨・目的は，「従業員の自己理解，経歴等を記載するとともに，職業興味や職業能力等に係る各種のテスト結果について情報を集約するもの」であり，(1)情報の保存，相談担当者との面談における情報の活用はもとより，(2)従業員自身が，キャリアシートを記述する中で，自らを見つめ直すことを目的としています。ですから（ジョブ・カードも同様ですが）従業員なり求職者なり学生なりのクライエントが「自分でも見られる」状態にしておくことが重要です。

　なおキャリアシートに書き込む内容としては，厚生労働省版では(1)本人の属性に係る部分（氏名，性別，生年月日・年齢，現住所，最終学歴，勤務先），(2)自己理解に係る部分（キャリア志向性・自己認識，職務歴・その他特記すべき事項，代表的職務，学習歴・その他特記すべき事項，資格・免許，著作権・特許，職業能力のまとめ），(3)意思決定に係る部分（今後の目標），(4)その他（その他（自由記述））の項目が挙げられています。

　キャリアシートの記入に関しては，従業員本人が行うとされ，キャリアシートの記入には，(1)相談の際，本人が相談担当者の助言を得ながら記入する方法と(2)相談後において，本人が一人で記入する方法が考えられる，としています。

　またキャリアシートの保存については，人事異動や転職等の後においても本人が保存し，必要に応じて追記しながら活用することが想定されています。また，キャリアシートに記入された情報の原資料（例えば，テスト結果等）についてもキャリアシートに添付して保存しておく必要があるとしています。また企業であれば，キャリアコンサルティング結果の雇用管理への活用やその後における相談の円滑な実施のため，従業員本人の了解を得た上で，企業においてもキャリアシートの写し（一部又は全部）を保存することも考えられる，としています。

　なお厚生労働省職業安定局はハローワークインターネットサービスやジョブカード制度総合サイトなどで職務経歴書の書き方を公開しており，こうしたサイトもキャリアシート作成の参考になるでしょう（https://www.hellowork.go.jp/member/career_doc01.html あるいは https://jobcard.mhlw.go.jp/column/employed/cv-resume.html または https://jsite.mhlw.go.jp/aichi-hellowork/var/rev0/0128/7884/syokumukeirekisyo.pdf など）。

②若年者の自己PR・志望動機を考える

　実際に学生や若者にキャリアシートや履歴書を書かせようとしても，「自己PR が書けない」「志望動機が言えない」ことも少なくありません。

　「甲子園に行った」とか「県大会に進んだ」「年間3億円の商品を売り上げた」などの目に見える成果があれば誰でも自己PR にできますが，若いうちはなかなか自分を自慢するような自己PR は言えないものです。思いついた自己PR が希望する業種や職種とは関係ないもの（部活動やアルバイトなど）であることも少なくありません。また就活マニュアル本やマニュアルサイトでは，部活動での役職とかアルバイトでの工夫などが例示で書いてあることも多く，「部活動で副キャプテン／会計／パートリーダーだった」「コンビニバイトでお客様に喜ばれて嬉しかった」のようなマニュアル的な自己PR を書いてくる若者も少なくありません。また同様に志望動機についても，企業のパンフレット

やサイトに出ている「その企業の売り・長所」をほめるだけの志望動機を書い
てくる若者が少なくありません。これを本人らしくユニークな，かつ業種や職
種に合った自己PRや志望動機にしていかないといけません。

　そのためには，特に自己PRや志望動機が言えない若者に対しては，これま
で生きてきて「好きだったこと」「楽しかったこと」「頑張ったこと」「時間を
かけたこと」などを積極的に質問して聴取していきます。もちろん得意なこ
ととか自慢できること，自信を持っていることなど「自己PRにすぐにつなが
りそうなこと」も聴取しますが，それだけでなく「まだ自信は持てていないが，
継続していること」や「当たり前にやっていること」，「失敗から学んだこと」
なども聴取していきます。そこにクライエントらしさが隠れている（本人が気
づかない長所がある）可能性があるからです。「周囲の人からよく言われるこ
と」「過去にほめられた具体的なエピソード」を聴取するのもよいでしょう。

　厚生労働省（2001）では，キャリア指向性の明確化のためのVPI興味検査や
キャリア・アンカー探し，職業経験の棚卸し，職業能力の確認（資格，知識や
経験，スキルや技能など），個人を取り巻く家庭的・地域的条件の把握などを
挙げていますが，職業経験のない若者では特にこれだけでキャリア指向が明確
になるとは限りません。ナラティブ／社会構成主義アプローチを用いて，部活
動や委員会・趣味・地域活動・余暇活動・人間関係・尊敬する人・人生観など
「これまでの選択」の意味や影響を考えていくことも重要となってくると考え
ています。

③在職者（企業内）のキャリアコンサルティングと，学生・再就職支援キャリ
　アコンサルティングの違い

　学生や，特に若い方の再就職支援のキャリアコンサルティングの場合，まだ
職業経験が少ないことから本人の興味・関心の明確化を中心にキャリアコンサ
ルティングを進めていくことになるでしょう。中高年になると安易な業種・転
換は困難になるかもしれませんし，そもそも企業内キャリアコンサルティング
であれば「他社への転職」はタブー視（話題に出てこない）かもしれません。
企業内キャリアコンサルティングでは，「今の会社（仕事）でどうやってうま
くやっていくか」ということが主たるテーマになるかもしれません。この場合
は今の会社（仕事）の好きなところや嫌いなところを明確にしつつ，内外の資

源を用いてどうやって乗り切っていくか，どう将来につなげるか，を相談することになるでしょう。

　いずれにせよ，クライエントの知識や経験，スキルを棚卸しする意味でも，企業内キャリアコンサルティングであってもジョブ・カードをはじめとするキャリアシートの活用は有効です。いまどんな知識や経験，スキルを持っていて，これからどんな知識や経験，スキルを持っているといいのか。会社は何を提供してくれて，自分では何を取りに行くのか。そうしたことについて期日や優先順位を決める支援をしていく必要があります。

発展学習・グループ学習のための議論のテーマ

- 実際に自分のキャリアシートを書いてみましょう。メンバーでも友人でも構わないので，見てもらって感想を聞きましょう。

- 業種や職種に合った自己PRとはどんなものだと思いますか？　具体的な業種・職種を思い浮かべながら，考えてみましょう。

- キャリアシートを書くに当たって必要なことは何だと思いますか？　あなたは何を大切にしてキャリアシートを完成させたいと思いますか？　企業ではキャリアシートのどんなところをどんな理由で見ていると思いますか？

- キャリアコンサルタントはキャリアシート作成に当たって，クライエントにどんな支援ができると思いますか？　何に注意すべきだと思いますか？

---

(4)　相談過程全体の進行の管理に関する技能

　國分監修（2008）は「対策を計画するとは，次の三つを設定することである。すなわち，①目標を立てる，②目標達成に有効な方法を選ぶ，③その方法が奏功する条件を設置する，ことである」としています。國分監修（2008）は，「たとえば，個別面接を継続すべきクライエントにグループ・エンカウンターに参加する計画を立てても，心的外傷を与えるだけである。（中略）すなわち，『どのような人に（どのようなグループに），どのような時に，どのようなインターベンション（※筆者注：介入）をするか』が，カウンセリング実践の原理である。この原理を実践するときの問題は，『どのような人に』『どのような時に』『どのような方法で』，と立案するときの手がかりになるフレーム（枠組

み）をもつことである。このフレームを開発・発見するのが，カウンセリング心理学の仕事のひとつである」とし，①パーソナリティかスキルかの問題，②自我の成熟度，③重症か軽症か，④個体内か個体間か，という 4 つのフレームを紹介しています。

またアムンドソン（Amundson, 2009 高橋監訳 2018）は，リトゥック（Dr. Magda Ritook）を引用しカウンセリングのコンピテンシーとして，①（明確な）目的，②問題解決，③コミュニケーションスキル，④理論的知識，⑤実践的知識，⑥組織への適応能力，⑦人間関係，⑧自信の 8 つを挙げます。

厚生労働省（2001）は，企業内でよりよいキャリアコンサルティングを行うための留意点として，①相談の目的が従業員のよりよい適応と成長，個人の発達を援助すること，すなわち「育てるための相談」であるため，従業員本人の成長する能力を信頼し，本人が主体的に行うキャリア形成を援助者が側面的に支援する過程であること，②職業・職務の選択，今後のキャリア形成の方向の決定，手段の決定など具体的な目標決定を重視すること，③相談やキャリア選択のプロセスがシステマティックに進められる必要があること，相談が自己理解，仕事理解，啓発的経験，キャリア選択にかかる意思決定，方策の実行，職務への適応というステップのどの時点にあるのかを労働者と確認しながら進めること，④キャリアコンサルティングが本人の主体性を重視した育てるための相談（第 1 点目の留意点）であることから，企業内だけでなく他の社会的な資源を活用することが効果的であること，⑤従業員が安心して積極的に相談できるような環境整備が重要であること，キャリアコンサルティングの結果がどのように利用されるのかについて明確なルールを決めておくこと，などを挙げています。

また相談担当者には①従業員との間での心理的な関係（ラポール）の確立，②従業員の期待についての認識，③従業員の感情についての認識，④従業員自身がキャリアコンサルティングの過程に責任を持つようにさせること，⑤相談の過程を不必要に延ばすことなく終結すること，⑥相談の成果を評価すること，⑦ プライバシーの保持が求められています（厚生労働省，2001）。また渡辺（2002）では①カウンセリング関係づくり，②問題の把握，③ターゲットの決定，④方策の実行，⑤カウンセリング成果の評価，⑥カウンセリングの終結，

⑦ケースの終了とカウンセラーの自己評価，⑧カウンセリング関係の再確立とコミットメント，⑨他の機関への紹介となっています。

またキャリアコンサルタント倫理綱領（キャリアコンサルティング協議会，2016）によって，キャリアコンサルタントは「自己の専門性の範囲を自覚し，専門性の範囲を超える業務の依頼を引き受けてはならない」「明らかに自己の能力を超える業務の依頼を引き受けてはならない」とされていることには，十分注意を払う必要があるでしょう。

発展学習・グループ学習のための議論のテーマ

- 相談過程全体をマネジメントするに当たって，どんな点に注意すべきだと思いますか？　あなたはこれまでどんな点に注意してきましたか？
- あなたはこれまで，どのような人にどのようなインターベンションをしてきましたか？　成功事例・非成功事例をイメージし，「次はどうするか」考えてみましょう。
- 相談過程全体のマネジメント力を向上させるためには，どんな方法があると思いますか？　具体的に挙げてみてください。

2　相談過程において必要な技能

(1) 相談場面の設定

カーカフ（Carkhuff, 1987）を援用すれば，キャリアコンサルタントはまず「物理的環境の設定」をしなければなりません。具体的には，「どこで相談を受けるのか」「どういう申し込み方法とするのか」「時間・金額設定はどうするのか」「インテークはどうするのか」などの事前の決定です。また厚生労働省（2001）は，企業内キャリアコンサルティングにおいては，「従業員には企業側に知られたくない事情（例えば，昇進などに影響する個人的状況，職場の中での不満等）があるかもしれない」ので「キャリアコンサルティングを円滑に実施するためには，キャリアコンサルティングの結果がどのように利用されるのかについて明確なルールを決めておくこと，必要に応じて企業側から一歩距離

を置いた外部の専門家の活用も検討することなどの配慮が必要」であり，「キャリアコンサルティングの実施時期も企業内の人事異動スケジュールなども考慮に入れて決める必要」があるとしています。

クライエントが実際に来訪してからは，「心理的な親和関係（ラポール）の形成」を目指す必要があります。キャリアコンサルタントは，受容的な態度（挨拶，笑顔，アイコンタクト等）を取ります。渡辺（2002）は「カウンセリングと同時に最初にカウンセラーが焦点をあてることは『関係づくり』である。カウンセラーとクライエントの関係はカウンセリングの基礎であり，不可欠の条件である。それは両者がかおを合わせた時から始まる。カウンセリング関係は，プロセスの進展にとっても重要な要素であるので全プロセスを通して，カウンセラーはこれに十分な注意を払わなければならないが，特に，最初の2，3分の雰囲気でその後のカウンセリングの成功を決めると言われるくらいこの時点が重要である」としています。渡辺（2002）が関係づくりで必要としているのは「カウンセラーのクライエントに対する態度」であり，ロジャーズの三要件（渡辺（2002）は受容・理解的態度・誠実な態度−自己一致としています）あるいは①言語的コミュニケーションの技能，②傾聴する力（開かれた質問・閉ざされた質問，励まし・言いかえ・要約，感情の反映），③沈黙の取り扱い方，④観察する力，⑤カウンセリングを構成する力だとしています。厚生労働省（2001）ではラポールの形成のために「相談は静かで，友好的な雰囲気の中で『暖かい信頼に満ちた関係』を作り維持することが大切です。このためには，言語的技法（受容，繰り返し，言い換え，明確化，支持，質問）や非言語的技法（視線，表情，ジェスチャー，声の質・量，席の取り方，言葉遣い，服装・身だしなみ）などの基本的技法や受容，共感的理解，自己一致などの基本的態度を身につけることが求められます」としています。

続いて，問題がキャリアコンサルタントとクライエントの中で共有されるようになってきたら「どの問題を今回のキャリアコンサルティングで扱うか」「それはキャリアコンサルティングで扱えるのか」「いつまでに，どういうゴールを目指すか」ということを決定していく必要が出てきます。その際，クライエントがキャリアコンサルティングに対する理解が薄いようであれば，「キャリアコンサルティングは何を目指すものなのか」「クライエントにはどんなメ

リットがあるのか」を説明する必要もあるかもしれません。

　キャリアコンサルティングで扱えないような問題の場合，あるいは当該キャリアコンサルタントの能力では手に負えないような場合は，他の専門家にリファーする必要も生じてきます。

　このように相談場面について，細かく具体的にステップ・バイ・ステップで行動目標を立てていくことで，慌てずにキャリアコンサルティングを進めることができるようになります。

発展学習・グループ学習のための議論のテーマ

● 相談場面の設定にはどんなことがありますか？　あなたはこれまでどんな点に注意して相談場面を設定してきましたか？

● あなたはこれまで，どのようにしてクライエントと心理的な親和関係を形成してきましたか？　成功事例・非成功事例をイメージし，「次はどうするか」考えてみましょう。

● 心理的な親和関係形成能力を向上させるためには，どんな方法があると思いますか？　具体的に挙げてみてください。

● あなたはこれまで相談の終結をどう判断してきましたか？　グループでシェアしてみましょう。

(2) 自己理解の支援

①自己理解の必要性

　「今回のキャリアコンサルティングで何を目指すか」が決まり，それが自分のキャリアコンサルティング能力で扱えるという見通しが立ったところで，クライエントの自己理解についての共通理解を深めていきます。

　「あなたはどんな人ですか」「これまでどんなことをしてきましたか」と直接的に聞いても良いでしょうし，持参してもらった履歴書や職務経歴書などから振り返るという方法もあるでしょう。しかし「自分とは」（図3-1〜3-4）のような文章穴埋めを書かせてみると，学生など若い人に限らず，多くの人が「男性である」とか「課長である」「身長170センチである」などの客観的な事実しか書けないことも少なくありません。

　キャリアコンサルティングの場合，就職支援では「自分の強み（自己PR）の明確化」あるいは「就職先の方向性の明確化」の相談が多いでしょうし，企業内相談では「今後どう働いていくか，キャリアアップしていくか，人間関係をうまくやっていくか」という現在・未来に向けた相談が多いかもしれません。その場合でも「一般的にこの進路・資格が有利だ」という一般論あるいは客観論ではなく，クライエント自身の「自分はどうしたいのか」という自己理解あるいは主観論が中心になければなりません。

　キャリアコンサルティングを進めるためには，「自分は何に興味があって，何が好きなのか」「自分にはどんな能力や適性があるのか」「自分はどんな時にどんな感情になるのか」「どんな場面ではどう考えるのか」「どんな相手や場面に対して『頑張りたい』と思うのか」という感情面・思考面あるいは「自分にとって大切なもの・ことは何か」「社会がどうなって欲しいか」という意味レベル（仕事観・人生観レベル）で自己理解を進める必要があるのです。

　そのためには職業適性検査や職業興味検査を受けてみることも良いでしょうし，「これまで何が好きだったか，楽しかったか」「何を頑張ったか」「どんな選択をしてきたか」「どんなことに価値を置いているか」というような質問をしていくことでも良いでしょう。またそこで興味・関心や適性・能力，仕事観や人生観が分かったら，それらを踏まえて「これからをどうしていきたいか」「将来どうなりたいか」「そのためにまず第一歩として何から始めるか」を具体的に決めていく必要があります。

　厚生労働省（2001）では，企業内キャリアコンサルティングにおける自己理解の意義と原則として「将来のキャリア，あるいは進むべき職業・職務を合理的に選択し，それを実践していくためには，その個人が職業・職務の内容や企業内のキャリア・ルートを知り，それを遂行していく主体である『自分自身』について，理解することが第一歩です。相談担当者は，従業員が適切な自己理解ができるように助言・援助しなければなりません。従業員が自分自身を理解するための諸活動が『自己理解』であり，そのために，相談担当者が従業員を支援するための諸活動が『自己理解のためのガイダンス』です」とし，自己理解の特徴として(1)分析と統合を行う，(2)労働者自身を描写する言葉や表現は客観的でなければならない，(3)自己の個性のみでなく，自己と環境の関係につい

図3-1 わたし振り返りシート (その1)

わたしは誰？「わたし振り返りシート」

年　月　日
分　類

1　わたしは＿＿＿＿＿＿＿＿＿＿＿＿＿＿＿＿＿です。（　　　　）
2　わたしは＿＿＿＿＿＿＿＿＿＿＿＿＿＿＿＿＿です。（　　　　）
3　わたしは＿＿＿＿＿＿＿＿＿＿＿＿＿＿＿＿＿です。（　　　　）
4　わたしは＿＿＿＿＿＿＿＿＿＿＿＿＿＿＿＿＿です。（　　　　）
5　わたしは＿＿＿＿＿＿＿＿＿＿＿＿＿＿＿＿＿です。（　　　　）
6　わたしは＿＿＿＿＿＿＿＿＿＿＿＿＿＿＿＿＿です。（　　　　）
7　わたしは＿＿＿＿＿＿＿＿＿＿＿＿＿＿＿＿＿です。（　　　　）
8　わたしは＿＿＿＿＿＿＿＿＿＿＿＿＿＿＿＿＿です。（　　　　）
9　わたしは＿＿＿＿＿＿＿＿＿＿＿＿＿＿＿＿＿です。（　　　　）
10　わたしは＿＿＿＿＿＿＿＿＿＿＿＿＿＿＿＿です。（　　　　）
11　わたしは＿＿＿＿＿＿＿＿＿＿＿＿＿＿＿＿です。（　　　　）
12　わたしは＿＿＿＿＿＿＿＿＿＿＿＿＿＿＿＿です。（　　　　）
13　わたしは＿＿＿＿＿＿＿＿＿＿＿＿＿＿＿＿です。（　　　　）
14　わたしは＿＿＿＿＿＿＿＿＿＿＿＿＿＿＿＿です。（　　　　）
15　わたしは＿＿＿＿＿＿＿＿＿＿＿＿＿＿＿＿です。（　　　　）
16　わたしは＿＿＿＿＿＿＿＿＿＿＿＿＿＿＿＿です。（　　　　）
17　わたしは＿＿＿＿＿＿＿＿＿＿＿＿＿＿＿＿です。（　　　　）
18　わたしは＿＿＿＿＿＿＿＿＿＿＿＿＿＿＿＿です。（　　　　）
19　わたしは＿＿＿＿＿＿＿＿＿＿＿＿＿＿＿＿です。（　　　　）
20　わたしは＿＿＿＿＿＿＿＿＿＿＿＿＿＿＿＿です。（　　　　）

分類	例示	文章の数
A．属性	名前，性別，血液型，年齢，出身	
B．身体の特徴	身長，体型，髪型・色	
C．性格	積極的，気が小さい，温厚	
D．信念	ポリシー，モットー，思い	
E．好み，関心	好きなもの，嫌いなもの	
F．将来，希望	将来の希望，願望，要望	
G．役割	学生，子ども，長幼の順列，所属	
H．対人関係	人付き合い，友人とのこと	
I．所有	持っているもの	

図3-2 わたし振り返りシート（その2）

わたしの特徴は？「わたし振り返りシート2」

1 わたしは＿＿＿＿＿＿＿＿＿＿＿＿＿＿＿＿＿＿＿＿＿ができる・得意です。
2 わたしは＿＿＿＿＿＿＿＿＿＿＿＿＿＿＿＿＿＿＿＿＿ができる・得意です。
3 わたしは＿＿＿＿＿＿＿＿＿＿＿＿＿＿＿＿＿＿＿＿＿ができる・得意です。
4 わたしは＿＿＿＿＿＿＿＿＿＿＿＿＿＿＿＿＿＿＿＿＿ができる・得意です。
5 わたしは＿＿＿＿＿＿＿＿＿＿＿＿＿＿＿＿＿＿＿＿＿ができる・得意です。
6 わたしは＿＿＿＿＿＿＿＿＿＿＿＿＿＿＿＿＿＿＿＿＿ができる・得意です。
7 わたしは＿＿＿＿＿＿＿＿＿＿＿＿＿＿＿＿＿＿＿＿＿ができる・得意です。
8 わたしは＿＿＿＿＿＿＿＿＿＿＿＿＿＿＿＿＿＿＿＿＿ができる・得意です。
9 わたしは＿＿＿＿＿＿＿＿＿＿＿＿＿＿＿＿＿＿＿＿＿ができる・得意です。
10 わたしは＿＿＿＿＿＿＿＿＿＿＿＿＿＿＿＿＿＿＿＿＿ができる・得意です。

1 わたしは＿＿＿＿＿＿＿＿＿＿＿＿＿＿＿＿＿＿ができない・苦手です。
　条件：ただし,
2 わたしは＿＿＿＿＿＿＿＿＿＿＿＿＿＿＿＿＿＿ができない・苦手です。
　条件：ただし,
3 わたしは＿＿＿＿＿＿＿＿＿＿＿＿＿＿＿＿＿＿ができない・苦手です。
　条件：ただし,
4 わたしは＿＿＿＿＿＿＿＿＿＿＿＿＿＿＿＿＿＿ができない・苦手です。
　条件：ただし,
5 わたしは＿＿＿＿＿＿＿＿＿＿＿＿＿＿＿＿＿＿ができない・苦手です。
　条件：ただし,
6 わたしは＿＿＿＿＿＿＿＿＿＿＿＿＿＿＿＿＿＿ができない・苦手です。
　条件：ただし,
7 わたしは＿＿＿＿＿＿＿＿＿＿＿＿＿＿＿＿＿＿ができない・苦手です。
　条件：ただし,
8 わたしは＿＿＿＿＿＿＿＿＿＿＿＿＿＿＿＿＿＿ができない・苦手です。
　条件：ただし,
9 わたしは＿＿＿＿＿＿＿＿＿＿＿＿＿＿＿＿＿＿ができない・苦手です。
　条件：ただし,
10 わたしは＿＿＿＿＿＿＿＿＿＿＿＿＿＿＿＿＿＿ができない・苦手です。
　条件：ただし,

図3-3　わたし振り返りシート（相手は何を知りたい？）

相手はわたしの何を知りたい？

年　月　日

分　類

1　わたしは＿＿＿＿＿＿＿＿＿＿＿＿＿＿＿＿＿です。（　　　）
2　わたしは＿＿＿＿＿＿＿＿＿＿＿＿＿＿＿＿＿です。（　　　）
3　わたしは＿＿＿＿＿＿＿＿＿＿＿＿＿＿＿＿＿です。（　　　）
4　わたしは＿＿＿＿＿＿＿＿＿＿＿＿＿＿＿＿＿です。（　　　）
5　わたしは＿＿＿＿＿＿＿＿＿＿＿＿＿＿＿＿＿です。（　　　）
6　わたしは＿＿＿＿＿＿＿＿＿＿＿＿＿＿＿＿＿です。（　　　）
7　わたしは＿＿＿＿＿＿＿＿＿＿＿＿＿＿＿＿＿です。（　　　）
8　わたしは＿＿＿＿＿＿＿＿＿＿＿＿＿＿＿＿＿です。（　　　）
9　わたしは＿＿＿＿＿＿＿＿＿＿＿＿＿＿＿＿＿です。（　　　）
10　わたしは＿＿＿＿＿＿＿＿＿＿＿＿＿＿＿＿です。（　　　）
11　わたしは＿＿＿＿＿＿＿＿＿＿＿＿＿＿＿＿です。（　　　）
12　わたしは＿＿＿＿＿＿＿＿＿＿＿＿＿＿＿＿です。（　　　）
13　わたしは＿＿＿＿＿＿＿＿＿＿＿＿＿＿＿＿です。（　　　）
14　わたしは＿＿＿＿＿＿＿＿＿＿＿＿＿＿＿＿です。（　　　）
15　わたしは＿＿＿＿＿＿＿＿＿＿＿＿＿＿＿＿です。（　　　）
16　わたしは＿＿＿＿＿＿＿＿＿＿＿＿＿＿＿＿です。（　　　）
17　わたしは＿＿＿＿＿＿＿＿＿＿＿＿＿＿＿＿です。（　　　）
18　わたしは＿＿＿＿＿＿＿＿＿＿＿＿＿＿＿＿です。（　　　）
19　わたしは＿＿＿＿＿＿＿＿＿＿＿＿＿＿＿＿です。（　　　）
20　わたしは＿＿＿＿＿＿＿＿＿＿＿＿＿＿＿＿です。（　　　）

分類	例示	文章の数
A．属性	名前，性別，血液型，年齢，出身	
B．身体の特徴	身長，体型，髪型・色	
C．性格	積極的，気が小さい，温厚	
D．信念	ポリシー，モットー，思い	
E．好み，関心	好きなもの，嫌いなもの	
F．将来，希望	将来の希望，願望，要望	
G．役割	学生，子ども，長幼の順列，所属	
H．対人関係	人付き合い，友人とのこと	
I．所有	持っているもの	

図3-4 わたし振り返りシート（相手に自分の何を伝えたい？）

わたしは相手に自分の何を伝えたい？伝えたくない？

年　月　日
分　類

1　わたしは＿＿＿＿＿＿＿＿＿＿＿＿＿＿＿＿です。（　　　）
2　わたしは＿＿＿＿＿＿＿＿＿＿＿＿＿＿＿＿です。（　　　）
3　わたしは＿＿＿＿＿＿＿＿＿＿＿＿＿＿＿＿です。（　　　）
4　わたしは＿＿＿＿＿＿＿＿＿＿＿＿＿＿＿＿です。（　　　）
5　わたしは＿＿＿＿＿＿＿＿＿＿＿＿＿＿＿＿です。（　　　）
6　わたしは＿＿＿＿＿＿＿＿＿＿＿＿＿＿＿＿です。（　　　）
7　わたしは＿＿＿＿＿＿＿＿＿＿＿＿＿＿＿＿です。（　　　）
8　わたしは＿＿＿＿＿＿＿＿＿＿＿＿＿＿＿＿です。（　　　）
9　わたしは＿＿＿＿＿＿＿＿＿＿＿＿＿＿＿＿です。（　　　）
10　わたしは＿＿＿＿＿＿＿＿＿＿＿＿＿＿＿＿です。（　　　）
11　わたしは＿＿＿＿＿＿＿＿＿＿＿＿＿＿＿＿です。（　　　）
12　わたしは＿＿＿＿＿＿＿＿＿＿＿＿＿＿＿＿です。（　　　）
13　わたしは＿＿＿＿＿＿＿＿＿＿＿＿＿＿＿＿です。（　　　）
14　わたしは＿＿＿＿＿＿＿＿＿＿＿＿＿＿＿＿です。（　　　）
15　わたしは＿＿＿＿＿＿＿＿＿＿＿＿＿＿＿＿です。（　　　）
16　わたしは＿＿＿＿＿＿＿＿＿＿＿＿＿＿＿＿です。（　　　）
17　わたしは＿＿＿＿＿＿＿＿＿＿＿＿＿＿＿＿です。（　　　）
18　わたしは＿＿＿＿＿＿＿＿＿＿＿＿＿＿＿＿です。（　　　）
19　わたしは＿＿＿＿＿＿＿＿＿＿＿＿＿＿＿＿です。（　　　）
20　わたしは＿＿＿＿＿＿＿＿＿＿＿＿＿＿＿＿です。（　　　）

分類	例示	文章の数
A．属性	名前，性別，血液型，年齢，出身	
B．身体の特徴	身長，体型，髪型・色	
C．性格	積極的，気が小さい，温厚	
D．信念	ポリシー，モットー，思い	
E．好み，関心	好きなもの，嫌いなもの	
F．将来，希望	将来の希望，願望，要望	
G．役割	学生，子ども，長幼の順列，所属	
H．対人関係	人付き合い，友人とのこと	
I．所有	持っているもの	

ても自己理解に含まれる，(4)包括的，継続的に行う，としています。

　また同書では，自己理解の実際として「自己理解への第一歩は，現在の自分を描かせてみることです。現在の自分を描く最もよい方法は，労働者の自己紹介文を書かせてみることでしょう。将来の夢，生き方・信念，長所・短所，適性・能力，学校で学んだこと，過去の経験，趣味，家族や友人などの労働者自身に対する見方など，要するに現在の自分を表現します。その場合，どこをアピールしたいのか十分に表現させます。その場合，肯定的な部分をチェックさせます。人間は誰でも長所と短所を持っています。それが個性的だということです。個性的な人生を送るために，自分の肯定的な面を探させてみましょう。積極的か，人から頼りにされているか，失敗を恐れないか，など労働者自身の自己イメージについて，自身でチェックしたり，他人に観察・評価してもらったりするように勧めるのもよいでしょう。その前提としては，①肯定的な面で，必要なときに自分をどれだけ主張できるかは，個性的な人生を送る上で欠かすことができないこと，②一方，誰にでも否定的な面はあるが欠点や弱さも含めてそれが『その人らしさ』であり，個性であること，③それらの否定的な面がどこから来たのか，その原因を知って自分自身の見方や考え方を持っていればよいこと，などを理解させることが重要です」とし，キャリアに関する自己理解の項目として①キャリア指向性（職業興味，価値観），②過去の経験（職務歴，学習歴，資格・免許等），③職業能力等（職業・職務能力（知識・技能，適性），態度・行動パターン），④個人を取り巻く諸条件（家庭的・地域的条件）等を挙げ，キャリアシートの活用を推奨しています。

②自己理解の具体的な方法（アセスメント・スキル）

　自己理解とは，具体的には興味・適性・能力あるいは人生観・仕事観等を明確化したり，職業や職業に関する経験を棚卸ししたりして，企業・業種・職種を選んだり，これからの生き方を考えていく第一歩になります。木村（2018）では「自分の個性を吟味する」として①能力・適性，②興味・パーソナリティ，③価値観，④過去の経験などを挙げています。

　このため，特に自己理解が進んでいないクライエントに対しては，VPI職業興味検査や職業レディネス・テスト（VRT）などを用いた職業興味などの確認，厚生労働省編一般職業適性検査（GATB）を用いた職業適性などの確認，

谷田部ギルフォード性格検査やMBTIなどを用いた性格特性の確認，ストレングスファインダーなどを用いた長所の把握など各種テストを活用した自己理解を進める方法もあります。また履歴書や職務経歴書，ジョブ・カードを用いた過去の経験の振り返りという方法もあり得るでしょう。

VPI職業興味検査は，アメリカで開発されたホランドによるVPIの日本版であり，6つの興味領域（現実的，研究的，芸術的，社会的，企業的，慣習的）に対する興味の程度と5つの傾向尺度（自己統制，男性―女性，地位志向，稀有反応，黙従反応）がプロフィールで表示されます。対象者は短大生，大学生以上で，所要時間は採点時間を含めて15分〜20分程度，特徴は160個の職業名に対する興味の有無を回答するところにあります。

職業レディネス・テストは，ホランド理論に基づく6つの興味領域（現実的，研究的，芸術的，社会的，企業的，慣習的）に対する興味の程度と自信度がプロフィールで表示されるほか，基礎的志向性（対情報，対人，対物）も測定できるようになっています。VPIと異なり中学生・高校生が対象であり，場合によっては大学生でも可とされています。所要時間は実施のみで40分〜45分（採点も含めると1時間），各回答者の自己ペースで実施させる紙筆検査であり，若年者に対し，自己理解を深めさせ，職業選択に対する考え方を学習させる教材としても有効とされています。

厚生労働省編一般職業適性検査（GATB）は，9つの適性能（知的能力，言語能力，数理能力，書記的知覚，空間判断力，形態知覚，運動共応，指先の器用さ，手腕の器用さ）を測定するもので，対象は中学生〜成人（45歳程度），所要時間は紙筆検査が45〜50分，器具検査が12〜15分となっています。特徴としては制限時間内にできるだけ早く正確に回答する最大能力検査であり，個別でも集団でも実施可能で，適性のうち能力に関する特徴を把握可能となっています。

他にも，利用者自身がコンピュータを使いながら，職業選択に役立つ適性評価，適性に合致した職業リストの参照，職業情報の検索，キャリアプランニングなどを実施できる総合的なキャリアガイダンスシステム（Computer Assisted Careers Guidance System）である「キャリア・インサイト（統合版）」があります。キャリア・インサイトは，適性理解，職業の検索，適性と

職業の照合，キャリア・プランニングなどキャリア・ガイダンスに必要な基本的なステップを利用者が一人で経験できるような内容で構成されており，ECコースは18歳〜34歳程度の若年者向け，MCコースは35歳〜60歳代程度の職業経験のある方向けとなっています。

　一方，近年，欧米で盛んな技法として質的キャリア・アセスメント（渡部，2015）が日本にも導入されるようになってきました（下村，2015）。質的キャリア・アセスメントを用いるメリットとしては，クライエントの感情や意味（仕事観・人生観）を引き出しやすいという点と，クライエントが積極的・能動的に参加しやすいという点，そしてコストがあまりかからない点などが挙げられます。

　サビカス（Savickas, 2011）は，①尊敬する人（ロールモデル），②よく見た雑誌やテレビ番組，③好きなストーリー（本や映画），④モットー，⑤初期記憶などの質問を用いており，これにより「自分が活躍したい場面や物語，自分が自分をどう把握しているか」などの理解をクライエントの言葉に沿って進めていきますが，もちろんこれ以外の質問や図示の技法もあります。

　我が国でこれまでよく用いられてきた質的キャリア・アセスメントとしてはライフラインと職業カードソートがあり，労働政策研究・研修機構がOHBYカード，VRTカードを開発しています。OHBYカードは職業カードソート技法を行うために開発されたカード式職業情報ツールで，430職種の職業情報を写真・イラスト・チャート・動画などで紹介する「職業ハンドブックOHBY」の内容を48枚の必要最小限のカードにまとめたものです。このカードを使って作業を行う中で，自分の興味や関心を知り，同時に，知っておくべき必要最小限の職業情報も得ることができます。VRTカードは「職業レディネス・テスト」の職業興味と職務遂行の自信度に関する項目を1枚ずつのカードに印刷した，親しみやすく，扱いやすいキャリアガイダンスツールです。54枚のカードに書かれている仕事内容への興味や，その仕事を行うことについての自信を判断していくことで，興味の方向や自信の程度が簡単にわかります。

　また渡部（2015）はコストがかからない簡易版の職業カードソートほかいくつかの質的キャリア・アセスメントを紹介していますが，近年では多種多様なカードやゲーム的要素のあるもの（例えば松尾（2018）や三好（2018）など）

も紹介されていますので，各キャリアコンサルタントは自らの活動領域に合っ
たアセスメントを用いるとよいでしょう。

発展学習・グループ学習のための議論のテーマ

- これまでクライエントの自己理解支援で困ったことはありませんでしたか？困ったことがある場合，次はどうすればよいと思いますか？　次はどうすればよいかわからない場合，あなたの周囲にはどんな助け（資源）がありますか？
- クライエントの知識や経験，適性，能力，興味や価値観を知るためには，どんな方法がありますか？　あなたはこれまでどんな方法を取ってきましたか？　他の方法を知るためにはどんな方法がありますか？
- あなた自身も「さらなる自己理解」を進めてみましょう。どういう方法で自己理解を進めますか？
- キャリアコンサルタントがクライエントの自己理解を支援する能力を向上させるためには，どんな方法があると思いますか？　具体的に挙げてみてください。
- この項を読んで「やってみたい自己理解」を実際にやってみましょう。やってみた感想について，整理してみましょう。
- いくつかの質的キャリア・アセスメントを用いて1対1のロールプレイを行い，クライエント役の人の人生観・仕事観を掘り起こしてみましょう。クライエント役の人はやってみての感想を，カウンセラー役の人に伝えてみましょう。1セッションが終わったら，交代して同様に実施してみましょう。
- キャリア分野で必要な「自己理解」とはどのようなものだと思いますか？また，これまでの経験も踏まえて，自己理解を支援する方法・注意点について議論してみましょう。

(3) 仕事の理解の支援 (インターネット利用を含めて)

①仕事理解の必要性

　一般に再就職支援の場合は前職と同業種・同職種を志望する場合も多く，その場合はキャリアコンサルタントが当該業種・職種をあまり知らなくても苦労しない場合も少なくないかもしれません。一方で新卒の場合や，異業種・他職種への転換を余儀なくされる場合は，クライエントの職業能力（資格，知識や経験，スキルや技能など）や興味・適性だけでなく，職業観・人生観をよく掘り起こす必要が出てくるかもしれません。

　近年盛んとなっているナラティブ／社会構成主義アプローチでは，例えば尊敬していた人（ロールモデル），好きな雑誌やテレビ，好きな物語（本や映画），モットーなどからその人の興味や関心，人間観などを把握する手法を取ります。自分の長所を挙げさせるという手法もよく取られます。ロールモデルが出てこない場合は，キャリア教育の項で述べたように企業や仕事，職業人に関する書籍を読ませたりインタビューをさせたりする（あるいは企業見学や職場体験に参加させる）などの方法もあるでしょう。グループ活動でロールモデルについてお互いに語らせる方法もあるかもしれません。

　社会人に「いい仕事」を考えさせるに当たっては，渡邉（2016；2019）が直属の上司ではなく斜め上の「メンター」を持つ効果を，中藤（2019）が自分史をつくり人生を振り返る効果を述べています。

　厚生労働省（2001）は，仕事理解の意義と原則として「人は知らないことについて興味を持つことはできません。キャリアコンサルティングにおいて重要なことは，できるだけ多くの情報を個人に提供し，個人はそれを的確に理解し，吟味してキャリア形成や進路選択に活用することです」とし，提供する情報の内容として①仕事の責任と内容，②作業環境と条件，③従事者の資格・要件，④社会的，心理的要因，⑤入職のための必要条件，⑥その他の特別な必要条件，⑦入職の方法，⑧賃金その他の手当，⑨昇進の可能性，⑩雇用の見通し，⑪経験や探索の機会，⑫関連職業，⑬教育，訓練の資源，⑭追加情報の資源，さらには職業を取り巻く環境に関するもの（産業・経済の状況，労働市場・求人求職状況，求人条件・労働条件，就職方法・援助助成制度など）や職場定着に関するもの（能力開発，福利厚生，社会保険など）等を挙げています。

　また情報源としては①印刷物・出版物情報，②視聴覚情報，③コンピュータ支援システムによる情報，④実際に従事している方への面接，実習等による情報，⑤職業情報ネットワーク（機関及び人的ネットワーク）による情報，⑥インターネット上のホームページによる情報を挙げています。

　企業側が「どういう職務で何をして欲しいのか」「将来どうなって欲しいのか」を明確にし，それを従業員に伝える努力や工夫も欠かせないでしょう。例えば厚生労働省では，パート社員により一層能力を発揮してもらうために，パートタイム労働者を雇用する事業主向けの「職務分析実施マニュアル」（https://www.mhlw.go.jp/bunya/koyoukintou/pamphlet/dl/parttime140731.pdf）を公開しています。業務内容と責任の程度あるいは現在・将来の期待が分かるからこそ，「私はここまでやればいい」「ここまでやらないといけない」ということが明確になります。

　また社会人になるに当たっては，礼儀・マナー，服装，コミュニケーション能力などの知識やスキルも必要となります。藤井（2018：2019）は学生らが必ずしも本気で取り組まないビジネスマナーについて，「企業に内面を見てもらうためには，外面のビジネスマナーが重要であることを理解することが必要」と指摘しています。コミュニケーションが未熟な若者に対しては，コミュニケーションや面接練習などもしていく必要があるでしょう。

　キャリアコンサルタントは，クライエントの仕事理解あるいは情報や知識やスキルの過不足に応じて，情報提供を含めた必要な支援を行っていく必要があります。

②仕事理解の実際

　仕事・職業に関する理解とは，何も個別企業の理解，業種・職種・職務や資格などの理解に留まるものではありません。礼儀・マナーのようなものもあるでしょうし，仕事のやり方・進め方，人間関係，コミュニケーションのようなものもあるでしょう。またライフキャリア形成の支援を考えたとき，給与を得る「職業」だけでなく，地域活動やPTA，お稽古ごと，ボランティア活動等の職業以外の活動等に関する理解も必要となってきます。

1）学校教育機関における仕事・職業理解の支援

　教育機関では，進路指導室や図書館に高校・大学・企業などの案内だけでなく『13歳のハローワーク』や『新13歳のハローワーク』，『13歳の進路』（以上，幻冬舎），『小さくても大きな日本の会社力』（同友館），『日本でいちばん大切にしたい会社』（あさ出版）などの書籍を配置している学校も少なくないようです。また近年では『日本の給料＆職業大図鑑』（宝島社）などの書籍も出版されています。

　また大学等では会社四季報のほか，近年では「業界地図」などの冊子も数多く置くようになっています。就職活動を行う企業のパンフレットやHPを見るのはもちろんのこと，リクナビやマイナビなどの就活支援サイトも活用されています。大学キャリア支援センター独自の個別企業ファイル（卒業生が個別の就職活動で得た情報をファイル化したもの）があるところも多いようです。

　小学校では街探検や商店街探訪などと称して地域のお店や商店街について調べたり，中学高校では職場体験（インターンシップ）として1〜5日程度の職場体験を行ったりする学校は少なくありません。また学校に企業人を呼んで講演してもらう「校内ハローワーク」などの試みも多いようです。こうした企業訪問や職場体験をクラスで発表・報告することで，他のクラスメイトが行った（聞いた）職場についても学ぶことができます。保護者などの大人に仕事についてインタビューして作文に書くなどの作業を行うこともできます。大学ではジョブシャドウイング（半日〜1日程度，特定の労働者のやっていることを追いかける）やインターンシップのほか，企業見学や社会人講演，業界・企業説明会，OBOG訪問なども行われていますし，マナー講座やコミュニケーション研修，リクルートスーツ着こなし講座・メイクレッスンなどが行われている場合もあります。面接練習やグループディスカッション研修なども行われています。

　また前項のように質的キャリア・アセスメントを用いて仕事について理解する方法もあります。「小さい頃憧れた仕事」に関する質問でも構いませんし，「ないと困る商品やサービス」「あるとうれしい商品やサービス」「うれしかった商品やサービス」に関する質問でも良いかもしれません。

2）大人も使える仕事・職業理解の支援

　大学生同様に会社四季報や業界地図などのほか，ハローワークなどで職業紹介の際に使われる「厚生労働省編職業分類」（厚生労働省：大分類としてはＡ　管理的職業からＫ　運搬・清掃・包装等の職業まで11分類，大分類のほか中分類・小分類・細分類の４段階），「職業レファレンスブック」（独立行政法人　労働政策研究・研修機構），国勢調査などに用いられる日本標準職業分類（総務省：大分類としてはＡ　管理的職業従事者からＬ　分類不能の職業まで12分類，大分類のほか中分類・小分類の３段階）などの書籍があります。産業を知るという意味では，総務省の「日本標準産業分類」（各事業所においておこなれる経済活動の区分：大分類としてはＡ－農業，林業からＴ－分類不能の産業）まで20分類で，大分類のほか中分類・小分類・細分類の４段階）もあります。企業を知る，企業の求人募集情報を知るという意味では，ハローワークや民間紹介事業者における求人検索あるいはハローワークインターネットサービス等のネットサービスの活用もあり得ます。ハローワークインターネットサービス（https://www.hellowork.go.jp/）は，ハローワークに求職登録していない人でも利用できますが，事業主が情報提供を求職登録者に限定している場合もあり，求職登録していない場合は全てが見られる訳ではありません。

　また企業見学や企業訪問，OBOG訪問，キャリア支援会社との面談などもあり得るでしょう。公共職業安定所の紹介によるトライアル雇用（３ヶ月のお試し雇用）や公共職業訓練の受講などもあります。企業内においてはOJTやOff-JT，ジョブ・ローテーション，メンター制度なども行われています。

　労働市場全体を把握するという意味では，厚生労働省の雇用動向調査，労働経済動向調査，労働力調査・就業構造基本調査などを活用する場面もあるかもしれません。

　また起業については中小企業庁や独立行政法人中小企業基盤整備機構や民間のインキュベーション機関，NPO設立については内閣府や民間支援機関の情報を活用する方法があります。

　さらには学校教育と同様にマナー講座やコミュニケーション研修，あるいはセクシャルハラスメント・パワーハラスメント研修なども考えられるかもしれません。

3）注意点

　自己理解の項と重複しますが，「単に個別企業の理解，業種・職種を理解すればよい」というものではありません。その企業や業種・職種が自分に合っているかどうか，どんな知識や経験，資格が必要となるのか，仕事上ではどんな責任や人間関係を好むのか，将来の見通しはどうなのかといったことも，職業選択を決定する上で重要な情報になってきます。後で「想像と違った」ということにならないよう，事前に十分に調べておくことも重要です。自己理解の段階でクライエントの興味・関心，適性・能力，仕事観・人生観を明確にした上で「自己理解に合った企業（業種・職種）」を選んでいく必要があるのです。キャリアコンサルタント自らが仕事理解を深めるとともに，「どこにその情報があるのか」クライエントと一緒に探す姿勢や態度が重要です。またなるべく最新で具体的な職業・キャリア情報を提供することが重要になってきます。そのためにもキャリアコンサルタント自身が日々，仕事・職業に関する理解を更新していくことが重要となります。

発展学習・グループ学習のための議論のテーマ

- ●「仕事理解」のためにはどんな情報がありますか？　その情報はどこにありますか？
- ●キャリアコンサルタントは仕事理解を支援するに当たって，どんなことができると思いますか？　仕事理解を支援するに当たって，どんな点に注意すべきだと思いますか？　あなたはこれまでどんな点に注意してきましたか？
- ●あなたはこれまで，どのような人に対してどのような仕事理解の支援をしてきましたか？　成功事例・非成功事例をイメージし，「次はどうするか」考えてみましょう。
- ●あなたが実践する領域では，どの程度まで「仕事・職業理解」を進める必要があると思いますか？　クライエントの多くはどんな課題を持っていると思いますか？　自分の言葉で整理してみましょう。
- ●これまでの経験も踏まえて，仕事・職業理解を支援する方法・注意点について議論してみましょう。
- ●今後，仕事・職業理解支援のスキルを獲得・向上するために具体的に何をす

るか，話し合ってみましょう。

（4）自己啓発の支援

①学校段階での啓発的経験

　直接的な啓発的経験としては，学校教育機関においては職業講話，職場・企業見学，職場体験（インターンシップ），ジョブシャドウイングなどがあるでしょう。厚生労働省（2001）でも「啓発的経験としては，インターンシップ等をあげることができます。インターンシップについては，『学生が，在学中に自らの専攻，将来のキャリアに関連した就業体験を行うこと』（閣議決定：「経済構造の変革と想像のための行動計画」及び文部省：「教育改革プログラム」より）とされています。現状においてインターンシップに関する制度的な整備は整っていませんが，将来的には一般的な選択肢の一つになるでしょう。また，学生に限らず一般の社会人においても，その業界・企業等の実状を知ることや，体験することを目的として，派遣会社等を通じて実際の企業内で試行的に働くケースも出てきています」とされています。

　また間接的には働く大人（OBOG）へのインタビューや仕事・企業に関する書籍の読書，社会人インタビューのネット検索などがあり得るかもしれません。お店屋さんごっこや街探検（商店街探訪），社会科見学，理科の実験，販売実習，工業高校の機械実習や農業高校の農業実習なども啓発体験となるでしょう。実は国語・数学・英語・理科・社会などの教科教育でも啓発的体験になりますし，美術や音楽，技術・家庭も啓発的体験になり得ます。統計が実際の商売に使われていること，文章表現が実際の広告に使われていることを理解すれば，学校教育全体が将来の仕事につながっていることが理解できるでしょう。

　その他博物館・美術館・動物園・水族館などの体験あるいは科学教室や科学コンテストなどへの参加も広い意味での啓発体験でしょうし，学校訪問（オープンキャンパス）も進学先を決定する上では重要な啓発的経験になるでしょう。

　アルバイトやボランティアの経験あるいは学園祭や合唱コンクールなど「皆で協力した体験」はたまた「大人と話した経験」なども啓発的経験になり得ます。

　学校期のキャリア形成を支援するキャリアコンサルタントは，こうした機会

や資源を通じて，学校期のうちに具体的な仕事観・人生観を持てるように支援をしていくことが重要です。そうした機会や資源の経験を「言葉にする（本人にとっての意味・意義を明らかにする）」支援をしていくことが重要です。

②社会に出てからの啓発的経験

　スクール受講や資格取得などだけでなく先輩や同僚と話すこと，OJT やOff-JT で研修を受けること，ビジネス書（専門書）やビジネス雑誌（専門雑誌），新聞等を読むことも啓発的体験になり得ます。企業・工場見学も参考になるかもしれません。もちろん公共職業安定所等ではトライアル雇用や公共職業訓練という制度もあります。

　前項の「メンター」を持つ（渡邉，2016；2019）ことも，啓発的体験になるかもしれません。また家島（2006；2017）はマンガの登場人物から生き方を学んだ人々の語りを取り上げていますが，これは児童・生徒に限らず大人でも考えられるかもしれません。もちろんナラティブ／社会構成主義アプローチにあるように，マンガに限らず，本や雑誌，テレビ，映画などからも啓発的体験ができる可能性はあります。

　企業内のキャリアコンサルタントあるいは労働者を対象とするキャリアコンサルタントは，こうした「自分以外の社会人との過去・現在・未来のやりとり」「書籍や雑誌等を通じた間接的な情報収集」「資格取得を目指した，具体的な知識・スキルの習得」を組み合わせて，クライエントがより適応できるように支援することも大切であると考えています。

③まとめ

　いずれにせよ，単に「何かを経験する（させる）」「知識やスキルをつける」のではなく，自分にとっての「働く意味・意義」を理解（言語化）して「働く意味・意義を高めるような経験・知識・スキルを積む（積ませる）」必要があります。このため啓発的経験の前には「なぜこの経験をするのか，この知識やスキルを獲得してどうするか」，後には「経験（獲得）してみてどう思ったのか」「この経験をどう活かすか」をきちんと言語化してフォローしておく（キャリアコンサルタントが支援する）必要があります。

発展学習・グループ学習のための議論のテーマ

- 領域ごとの啓発的経験には，どんなものがあると思いますか？　あなたはこれまで，いつどんな啓発的経験（読書など間接経験を含む）をしましたか？　その啓発的経験は，今のあなたの仕事観・人生観にどう影響していますか？
- キャリアコンサルタントは，どのような啓発的経験を提供あるいは支援できると思いますか？　啓発的経験の効果を最大化するためには，どんなことができると思いますか？
- これからキャリアコンサルタントのあなたが啓発的経験をするとしたら，いつどんなことができますか？　具体的に挙げてみてください。

（5）意思決定の支援

　意思決定を行うには，自己理解を踏まえた興味・関心，適性・能力，仕事観・人生観の理解があり，仕事や職業に関する情報や理解があり，それらを踏まえた意思決定である必要があります。

　一方で，自己理解，仕事理解を進めても「具体的に決められない」若者も少なくありません。「なぜ今決めなければいけないか」「ではいつ決めるか」ということをクライエントと共有し，決めることに関するモチベーションを高めていく必要がありますし，大枠を決めたらステップ・バイ・ステップの具体的かつ小さい行動目標に落とし込んでいく（キャリア・プランを作成する）必要があります。

　ジェラットの意思決定理論に従えば，意思決定の前段階でまず「決定すべき事項」を明確化し，決定すべき事項に関する情報収集をした上で，意思決定は①予期システム：選択可能な行動とその結果の予想を行う。自分の客観的な評価と選択肢がマッチするかを予測する，②価値（評価）システム：予測される結果がどれくらい自分にとって望ましいかを評価する。「自分の価値観にあっているか」「自分の興味・関心にあっているか」などを評価する，③基準（決定）システム：可能な選択肢を目的や目標に照らし合わせて評価し，決定基準に合っているものを選択する，という3段階（労働政策研究・研修機構編，2016）となっていますので，キャリアコンサルタントとしてはクライエントと

ともに決定すべき事項（例えば業種・職種・企業あるいは進学先，資格など）に関する情報収集を十分にした上で，「自分にできるのか」「自分に望ましい結果をもたらすか」を確認し，いつから（あるいはいつまでに）何に取り組むかを具体的に決めていく必要があるでしょう。

　厚生労働省（2001）では，企業内キャリアコンサルティングでは中・長期的目標に基づく短期的な目標の設定が必要とし，「自己理解，仕事理解が終わった段階では，従業員の仕事に関する基本的な考え方，過去に行ってきた仕事（職業・職務），できること・強み・弱み等について整理され，併せて，今後希望する仕事の内容やそれを取り巻く環境などについても理解ができているはずです。その上で従業員が，自分に最もふさわしい今後のキャリアを選択することとなります。意思決定においては，中・長期的な目標・展望をもった上で短期的（1年〜3年）目標・プランを策定することが重要となります。その際，現在の自分が人生の中でどのようなステージ（段階）にいるのか等について，よく理解していることが必要です」とし，「従業員自身がまず3つ程度の選択肢をあげ，従業員の個性に照らしてどれがよいか比較検討・評価させ総合的に一つに絞り，これを実現するための具体的計画を作成します」とした上で，①選択肢の作成（3つ程度），②選択肢の吟味，③意思決定，④キャリア計画書の作成の順番で進めると良いとしています。また意思決定の際の留意点として①本人にとって何が最も重要であるか，これだけは譲れないというものは何であるかを従業員自身が理解すること，②現実には従業員を取り巻く諸条件がある中で，現時点でのベストの選択をすること，③一回の選択で職業人生のすべての選択をする訳ではないことを認識すべきことを挙げ，「意思決定のステップから自己理解や仕事理解へ戻ることも必要となるかも」しれないとしています。なお従業員のライフステージ段階ごとの支援については，①従業員のライフステージにおける段階，すなわち30歳くらいまでのキャリア定着期，40歳くらいまでのキャリア形成期，55歳くらいまでのキャリア維持・拡大期，その後の後期キャリア期（能力再開発，第2の人生準備）のうちどの時点に現在あるのかを理解し，②従業員のおかれたライフステージの中での具体的な課題，即ち結婚，家族，昇進，異動，住宅，定年などのライフサイクルに関連する課題はいかなるものかを整理し，③それらを踏まえて，今後，どの時期までにど

の程度のキャリアを身につけておきたいのかの意思決定を行うためにさまざまな支援を行うことが必要としています。その中には当然，資格取得や研修受講などの職業能力開発に関する計画（キャリア・プラン）も入ってくることになります。

発展学習・グループ学習のための議論のテーマ

● 意思決定の支援にはどんなものがありますか？　あなたはこれまでどんな意思決定をしてきましたか？　その際に助けになったことや人は，どのようなものですか？

● あなたはこれまで，どのような人のどのような意思決定を支援してきましたか？　成功事例・非成功事例をイメージし，「次はどうするか」考えてみましょう。

● キャリアコンサルタントは，どのような意思決定に，どのように関わることができると思いますか？　注意点はどのようなものだと思いますか？

---

(6) 方策の実行の支援

　意思決定が終わり，「自分の進む先（仕事や職業あるいは進路はたまた資格の取得など）」が決まったとしても，クライエントが直ちに行動に移るとは限りません。「自信がない」「不安だ」という気持ちが，積極的な行動を阻害することも少なくありません。このため「自分の進む先」のクライエントにとっての意味や意義を明確化しつつ，「なぜ実行しなければいけないのか」「いつまでに実行するか」期限を決めて実行を促すなどの必要が出てくる場合があります。

　渡部（2017a；2019）は消極性を生む学生の不安を採り上げ，「不安を受け入れ，一歩を踏み出す」重要性を指摘していますし，加賀谷（2017；2019）は大学1年生全員に面談を行うことで早期にキャリア形成意識を促せると指摘しています。また野条（2017；2019）は学生をグループ化してお互いの将来について語らせる取組を行っていますし，安達・土井（2017）は学生にレジリエンス（逆境や困難から立ち直る力）を意識させる取組を，遠藤（2019）は構成的エンカウンターグループを用いて学生の自己肯定感を上げる取組を行っています。

　このように，個人の弱さを認め励ましたり（渡部，2017a；2019 や加賀谷，

2017；2019，安達・土井，2017），集団の力を活用したり（野条，2017；2019や遠藤，2019）する方法も考えられるのです。

　厚生労働省（2001）では企業内キャリアコンサルティングにおける方策の実行支援として「選択したキャリアを達成させるために，その目標に向かって能力開発を行ったり，あるいは，選択した仕事（事業所・部署）へ応募することになります。なお，人事労務管理上の最近の傾向として，ポストについての公募制等を取り入れる企業も見られるようになってきていますが，これは，社内の人材のモチベーションを向上させ，キャリア形成を行うことによって個人の有する職業能力を最大限に発揮してもらう企業目的が反映されたものといえます」とし，能力開発支援の留意点として①従業員を温かく見守り，途中での能力開発の進行状況を聴くこと，②従業員の上司への説明等，能力開発を続けやすい環境づくりのための助言や具申を行うこと，③能力開発プランの実行中における悩みや問題等に対する相談を受けること，④その他，能力開発に関する有用な情報の提供を行うことを挙げています。人事管理の項でも記しましたが，従業員のニーズを把握・反応する，制度として設計することも重要となってきます。

発展学習・グループ学習のための議論のテーマ

● キャリアコンサルタントが実施する方策の実行の支援にはどんなものがあると思いますか？　あなたがこれまで周囲の人に「方策の実行の支援」をしてもらったことには，どんなことがありますか？　どんな人のどんな支援が助けになりましたか？

● あなたはこれまで，どのような人にどのような方策の実行の支援をしてきましたか？　成功事例・非成功事例をイメージし，「次はどうするか」考えてみましょう。

● 方策の実行の支援能力を向上させるためには，どんな方法があると思いますか？　具体的に挙げてみてください。

（7）新たな仕事への適応の支援
　進路決定後のフォローアップも，クライエントの成長を支援するためには重

要な要素です。キャリアコンサルタントの活動領域にもよりますが，特に心配なクライエントに対しては丁寧にフォローアップを行う必要も出てくるでしょうし，指導レベルのキャリアコンサルタントとしてはそうした支援を一般のキャリアコンサルタントに指導できる能力が求められます。

　オーストラリアやニュージーランドで盛んなナラティブ・セラピーでは，定義的祝祭（165ページ）と称して，セラピストがクライエントやクライエントの周囲にいる人に対して「あなたはもう大丈夫ですよ」あるいは「この人はもう大丈夫です」というような手紙や証明書を発行するようなこともしているようです。こうすることでクライエントは自信を持ち，クライエントの周囲の人もクライエントとうまくやっていくことに自信を持つことができるかもしれません。あるいはことあるごとに手紙や証明書を見返すことで，勇気を持つことができるかもしれません（環境への働きかけについては 164ページを参照）。

　フォローアップのために相談室への再訪を勧めないまでも，メールや電話，手紙などでもフォローアップができるかもしれません。

　企業がメンタル不全等で休業する労働者に対して休職・復職支援プログラムを行うように（休業開始および休業中のケア，職場復帰支援プランの作成，職場復帰後のフォローなど：第 2 章参照），新たな環境にクライエントが馴染むまでは心身の緊張が予想されるところ，クライエントに「何かあればいつでも相談に来て」と言うだけでなく，立場によってはキャリアコンサルタント側の働きかけが重要になってくるかもしれません。

　厚生労働省（2001）では，企業内キャリアコンサルティングの留意点として，「従業員としては，新しい職場への移動を伴う場合においては，まず，新しい職場環境に適応していくために，人間関係を大切にした真摯な勤務態度が望まれます。また，人事労務管理上としては，従業員を温かい目で，長期的な視点に立って見守っていくこと等，『育てる環境づくり』が重要となりますし，併せて，新たな仕事に適応して頑張っている人を表彰するなど，社内のキャリアコンサルティングを活用して，自らのキャリアアップを常に図っていくような『土壌づくり』を行うことも重要な役割となります」としています。こうした「育てる環境づくり」「土壌づくり」にキャリアコンサルタントが積極的に関与していくことが重要です。

発展学習・グループ学習のための議論のテーマ

● キャリアコンサルタントが新たな仕事への適応においてできることには，どんなことがあると思いますか？　新たな仕事への適応を支援するに当たって，どんな点に注意すべきだと思いますか？　あなたはこれまでどんな点に注意してきましたか？

● あなたはこれまで，どうやって新たな環境に適応してきましたか？　あるいはあなたがいる環境に新たに入ってきた構成員に対して，どのように接してきましたか？　成功事例・非成功事例をイメージし，「次はどうするか」考えてみましょう。

● 新たな仕事への適応を支援する能力を向上させるためには，どんな方法があると思いますか？　具体的に挙げてみてください。

(8) 相談過程の総括

　渡辺（2002）では「終結に際して，カウンセラーはクライエントにカウンセリング・プロセスを振り返り，2人で話したこと，実行したことなどを要約することによって，双方で経験したことを確認しあい，さらにクライエントが自分の変化や成長，獲得したことを認識できるようにする。また，クライエントに感想を話してもらうことによって，クライエントの自己理解を促進したり，カウンセラーのデータとすることができる」としています。

　またカウンセリングが終結したら，カウンセラーは記録をまとめながら，「将来のクライエントのためおよび自分のカウンセリングを改善するために自分のとった方針，クライエントとの関係のつくり方，問題の把握，援助行動や自己表現の効果，終結の仕方などをチェックする」（渡辺，2002）ことで自己評価を行うべしとしています。厚生労働省（2001）では「相談に対する評価は，相談担当者自身の自己評価，同僚やスーパーバイザー（上級者）による評価及び従業員自身による評価の3種類があります。その方法として，一般的には観察，面接記録の検討，ビデオ・テープによるものなどがあります」としています。

　アムンドソン（Amundson, 2009 高橋監訳 2018）でも同様に，終結に際し

ては「カウンセリングプロセスを要約する」「喪失と不確実な感情を認める」「行動計画を発展させる」「自己の方向づけ」「終結の儀式」について解説します。

　同書に指摘されている留意点①相談の目的が従業員のよりよい適応と成長，個人の発達を援助すること，すなわち「育てるための相談」であるため，従業員本人の成長する能力を信頼し，本人が主体的に行うキャリア形成を援助者が側面的に支援する過程であること，②職業・職務の選択，今後のキャリア形成の方向の決定，手段の決定など具体的な目標決定を重視すること，③相談やキャリア選択のプロセスがシステマティックに進められる必要があること，自己理解，仕事理解，啓発的経験，キャリア選択にかかる意思決定，方策の実行，職務への適応というステップのどの時点にあるのかを労働者と確認しながら進めること，④キャリアコンサルティングが本人の主体性を重視した育てるための相談（第1点目の留意点）であることから，企業内だけでなく他の社会的な資源を活用することが効果的であること，⑤従業員が安心して積極的に相談できるような環境整備が重要であること，キャリアコンサルティングの結果がどのように利用されるのかについて明確なルールを決めておくこと，が達成されたかどうかで相談全体の評価を判断する方法もあるでしょう。

　相談過程あるいは終結が納得いくものでなかった場合は，厚生労働省（2001）も指摘するように，スーパービジョン（169ページ）や先輩・同僚からのアドバイスやコンサルテーションを受けるという方法もあり得ます。資格取得後の研修受講や自主学習も含め，キャリアコンサルタントは継続的に専門能力の維持・育成に努めていく必要があります。

発展学習・グループ学習のための議論のテーマ

● 相談過程を総括することによって，何が得られると思いますか？　何を得るために相談過程を総括すると思いますか？

● 相談過程を総括する方法としては，具体的にどんなものがあると思いますか？　あなたはこれまでどのように相談過程を総括してきましたか？　総括を踏まえて，自分のキャリアコンサルタントについて振り返ってきましたか？

● 相談過程を総括する能力を向上させるためには，どんな方法があると思いますか。具体的に挙げてみてください。

コラム　キャリアコンサルティング過程を促進するテクニックの Tips について

　カウンセリングに関する知識や経験が少ないキャリアコンサルタントの場合，ロジャーズの言うクライエントの人格変容の3要件（自己一致・共感的理解・無条件の肯定的配慮）は非常に分かりにくいかもしれません。

　その代わりに，第2章でも解説したカーカフのかかわり技法，アイビィのマイクロカウンセリングを用いることで，実際にクライエントと人間関係・信頼関係を作るための個々のテクニックに慣れることができるかもしれません。実際に医療・福祉技術者養成機関やキャリアコンサルティング研修機関の一部でも，カーカフやアイビィを用いた教育・ロールプレイが行われているようです。

　また渡部（2016）は相談内容を紙に書いてクライエントに渡すということをしており，クライエントからも好評で「カウンセラーも忘れるのだから，クライエントも相談内容を忘れる」としていますが，サビカス（Savickas, 2011）でも同様にクライエントに了解を取って後でメモをクライエントに渡すという記述があります。またジェンドリンの体験過程尺度を意識したカウンセリングを行うことも効果的かもしれません。

　キャリアコンサルティング（カウンセリング）の終結に関しては，渡辺（2002）ではクライエントに感想を言ってもらったり自己分析したりすることで自己評価を行うとしていますが，クライエントが正直に「悪い感想」を言うことはあまりありません。筆者はスケーリング技法を使って「相談の前と後では，○○（例：不安）は10段階でどれくらいからどれくらいに変わったか」「その変化はどういう要素によるものか」と具体的に言葉で聞くようにしています。言語化することで，クライエントのセルフカウンセリング能力が上がると考えているからです。

[引用・参考文献]

安達 夏織・土井 晶子（2017）．レジリエンスに気づく・活かす　日本産業カウンセリング学会第22回大会発表論文集，42-43.

Amundson, N.E.（2009）．*ACTIVE ENGAGEMENT edition three the being and doing of career counselling*. Richmond：Ergon Communications.

　（アムンドソン，N. E.（著）高橋 美保（監訳）（2018）．キャリアカウンセリング——積

極的関わりによる新たな展開——　誠信書房）

特定非営利活動法人　キャリアコンサルティング協議会（2016）．キャリアコンサルタント倫理綱領　https://www.cahttps://www.career-cc.org/files/rinrikoryo.pdfreer-cc.org/files/rinrikoryo.pdf（2019 年 3 月 1 日）

Carkhuff, R.R.（1987）．*The art of HELPING VI.* MA：HRD Press.
（カーカフ，R. R.（著）國分 康隆（監修）（1992）．ヘルピングの心理学　講談社現代新書）

遠藤 雅子（2017）．生き方が語られる「場」を経てアクションをおこすまで——女性の再就職支援の現場から——　日本キャリア教育学会第 37 回大会自主シンポジウム

遠藤 雅子（2019）．自己肯定感を高める——エンカウンターグループ——　渡部 昌平（編）LIFE CAREER ——人生 100 年時代の私らしい働き方——　金子書房

藤井 由香里（2018）．ビジネスマナーから自律を学ぶための取り組み　日本産業カウンセリング学会第 23 回大会ラウンドテーブル「人生 100 年時代に若者がライフ・キャリアを考えるために」発表資料

藤井 由香里（2019）．ビジネスマナーから自律を学ぶ　渡部 昌平（編）LIFE CAREER ——人生 100 年時代の私らしい働き方——　金子書房

ハローワークインターネットサービス　https://www.hellowork.go.jp/（2019 年 3 月 1 日）

平木 典子・袰岩 秀章（編）（2001）．カウンセリングの技法——臨床の知を身につける——北樹出版

家島 明彦（2006）．理想・生き方に影響を与えた人物モデル　京都大学大学院教育学研究科紀要，*52*，280-293.

家島 明彦（2017）．マンガ・アニメから生き方を学んだ人々の語りが示すもの——社会的学習理論と社会的構成主義の再検討と実践への応用——　日本キャリア教育学会第 37 回大会自主シンポジウム

加賀谷 晴美（2017）．1 年生の全員面談を職員チームで実行中——2014 年からの "もちアップ" プログラムについて——　日本産業カウンセリング学会第 22 回大会発表論文集，30-33.

加賀谷 晴美（2019）．若者を支える——全員と面談する——　渡部 昌平（編）LIFE CAREER ——人生 100 年時代の私らしい働き方——　金子書房

木村 周（2018）．キャリアコンサルティング——理論と実際 5 訂版——　一般社団法人　雇用問題研究会

國分 康隆（監修）（2008）．カウンセリング心理学事典　誠信書房

厚生労働省（2001）．キャリアコンサルティング技法等に関する調査研究報告書　https://www.mhlw.go.jp/houdou/0105/h0517-3.html#top（2019 年 2 月 25 日）

厚生労働省編職業分類（2011）．https://www.hellowork.go.jp/info/mhlw_job_dictionary.html（2019 年 2 月 12 日）

松尾 智晶（2018）．グループ・キャリア・カウンセリング体験の授業実践事例　渡部 昌平（編）グループ・キャリア・カウンセリング　金子書房

三好 真（2018）．米国でのキャリア意思決定グループについて　渡部 昌平（編）グループ・キャリア・カウンセリング　金子書房

Morgan, A.（2000）．*What is narrative therapy? An easy-to-read introduction.* Adelaide：Dulwich

Centre Press.

（モーガン，A.（著）小森康永・上田牧子（訳）（2003）．ナラティヴ・セラピーって何？ 金剛出版）

中藤 美智子（2019）．自分史をつくる　渡部 昌平（編）LIFE CAREER ──人生100年時代の私らしい働き方──　金子書房

野条 美貴（2017）．キャリアストーリー・インタビューをグループで用いた語りの形成効果 日本産業カウンセリング学会第22回大会発表論文集, 28-29.

野条 美貴（2019）．グループで未来を考える・支え合う　渡部 昌平（編）LIFE CAREER ──人生100年時代の私らしい働き方──　金子書房

独立行政法人　労働政策研究・研修機構編（2004）．職業レファレンスブック

独立行政法人　労働政策研究・研修機構編（2011）．第4回改訂　厚生労働省編職業分類 職業分類表　改訂の経緯とその内容　https://www.jil.go.jp/institute/seika/shokugyo/bunrui/documents/shokugyo04.pdf（2019年3月1日）

労働政策研究・研修機構（編）（2016）．新時代のキャリアコンサルティング──キャリア理論・カウンセリング理論の現在と未来──　独立行政法人　労働政策研究・研修機構

独立行政法人　労働政策研究・研修機構「職業適性検査・職業興味検査」https://www.jil.go.jp/institute/seika/tools/index.html（2019年3月5日）

Savickas, M. L.（2011）．*Career Counseling*. Washington, D.C.：Natl Career Development Assn.

（サビカス, M. L.（著）日本キャリア開発センター（監訳）（2015）．サビカス　キャリア・カウンセリング理論　福村出版）

下村 英雄（2015）．コンストラクション系のキャリア理論の根底に流れる問題意識と思想 渡部昌平（編）社会構成主義キャリア・カウンセリングの理論と実践──ナラティブ、質的アセスメントの活用──　福村出版

総務省ＨＰ統計基準・統計分類 http://www.soumu.go.jp/toukei_toukatsu/index/seido/shokgyou/kou_h21.htm（2019年3月1日）

高橋 浩（2015）．キャリア・カウンセリングにおけるナラティブ・アプローチ　渡部 昌平（編）社会構成主義キャリア・カウンセリングの理論と実践　福村出版

渡部 昌平（2015）．質的キャリア・アセスメントとその応用　渡部昌平（編）社会構成主義キャリア・カウンセリングの理論と実践　福村出版

渡部 昌平（2016）．はじめてのナラティブ／社会構成主義キャリア・カウンセリング　川島書店

渡部 昌平（2017）．不安が強い学生に対するナラティブ・キャリア・カウンセリング　日本産業カウンセリング学会第22回大会発表論文集, 34-35.

渡部 昌平（2019）．不安を受け入れる・一歩を踏み出す　渡部昌平（編）LIFE CAREER ──人生100年時代の私らしい働き方──　金子書房

渡部 昌平・渡部 論・小池 孝範（2015）．キャリア形成における自己理解・仕事理解・啓発的経験の構造および啓発的経験の理解内容による効果の違いに関する探索的研究　教育カウンセリング研究, 6(1), 35-40.

渡辺 三枝子（2002）．新版カウンセリング心理学──カウンセラーの専門性と責任性──　ナカニシヤ出版

渡辺 三枝子・ハー, E.L.（2001）．キャリアカウンセリング入門——人と仕事の橋渡し——　ナカニシヤ出版

渡邉 祐子（2016）．女性の職業キャリア中期におけるインフォーマル・メンターに関する研究　産業カウンセリング研究, *18*(1), 25-36.

渡邉 祐子（2019）．メンターを持つ　渡部 昌平（編）LIFE CAREER ——人生 100 年時代の私らしい働き方——　金子書房

White, M.（2007）．*Maps of Narrative Practice by Michel White*. NY：W.W. Norton & Co.　（ホワイト, M.（著）小森 康永・奥野 光（訳）（2009）．ナラティヴ実践地図　金剛出版）

第4章

キャリアコンサルタントの倫理と行動

1　キャリア形成およびキャリアコンサルティングに関する教育ならびに普及活動

　キャリアコンサルタントは，主として自分が所属する組織（就職支援機関・企業・大学等）においてその実践を行うことになると思いますが，個人や組織のみならず社会一般に対しても周知・啓発活動をしていく必要があります。自ら相談に来るクライエントだけでなく，所属する組織全体へ「キャリアコンサルティングの効果・効用」を伝えていくということもあるでしょうし，所属する組織を超えて社会全般に「キャリアコンサルティングの効果・効用」を伝えていく場合もあるかもしれません。資格団体や学会等で自らの実践を述べたり，好事例等について情報・意見交換をする場合もあるでしょう。

　また1対1のキャリアコンサルティングだけでなく，集団（グループ）を相手にした教育研修プログラム（グループ・キャリア・カウンセリング）や人事評価・移動システムの構築あるいは職場の人間関係に関するワークショップやメンタルヘルスに関するワークショップ，退職後の準備のワークショップなどを依頼される場合もあるかもしれません。企業や大学等ではむしろそうしたグループ対応へのニーズのほうが強いでしょう。そうした能力は独学で身につける場合もあるでしょうが，団体の研修を受けたり，指導者からアドバイスやコンサルテーションを受けたりする必要があるかもしれません。

　渡辺・ハー（2001）はキャリアコンサルタントの活動領域として，個別あるいはグループカウンセリングのほか，コンサルテーション，プログラム開発・運営，調査・研究，測定・評価・診断を挙げています。キャリアコンサルタントがキャリアコンサルティングの実践ができるのはもちろんですが，組織の査定（アセスメント），測定・評価，改善提案までできることで，そのプレゼン

スを上げることができます。他の専門家との協働作業によって，「よりよいキャリアコンサルティング」やコンサルテーション，プログラム開発・運営等ができるかもしれません。そのためには他の専門家との人間関係形成も重要になってきます。ジョブ・カードやストレスチェック制度など新しく導入される制度を知ることも重要になってくることでしょう。

所属団体や地域の勉強会等を通じて，日々知識や経験，スキルをブラッシュアップしていくことは重要です。

> ### 発展学習・グループ学習のための議論のテーマ
>
> ● キャリアコンサルタントが行う，キャリアコンサルティングに関する教育・普及活動としてはどんなものがあると思いますか？ あなたはこれからいつ誰に対して何をしますか？ 何ができますか？
> ● キャリアコンサルティングに関する教育・普及活動を効果的なものにするためには，どういった能力があるとよいと思いますか？
> ● あなたは現在，他の専門家とのつながりがありますか？ いつどんな時にどのような専門家と連携することができますか？ 連携のためには何が必要ですか？

2 環境への働きかけの認識および実践

相談室で1対1の相談を行って問題や症状が解決したクライエントが，元の環境に戻ると問題や症状が元に戻ってしまうことは少なくありません。

従来のカウンセリングでは，カウンセラーの業務はあくまで相談室でクライエントとの1対1の対応に限定されるものでしたが，渡辺（2002）では「生徒の学校適応を促進する」カウンセリングの例として，生徒とのカウンセリングだけでなく教員や学校等への働きかけも重要であることを指摘しています。オーストラリアやニュージーランドで盛んなナラティブ・セラピーでは，セラピストが治療的文書として「認定証」「ハンドブック」「人間関係をつくるための紹介状」などのクライエントに渡す文書を活用していることを伝えています

（Morgan, A., 2000 小森・上田訳 2003）。翻訳された単語がいま一つな感じがしますが，ホワイト（White, M., 2007 小森・奥野訳 2009）は「定義的祝祭」という言葉で，クライエント周辺の人を巻き込む技法（カウンセラーがクライエントあるいは周辺の人向けに発行する証明書のようなもの）について触れています。

　野々垣（2019）は，環境を変えるあるいは周辺の人を巻き込む技法として，PTA の活動の中で仕事をしていない女性に役割を提供することで，女性本人も PTA も両方の活動が活性化することを伝えています。

　こうした「クライエント本人と環境，双方への働きかけ」は，スクールカウンセラーが児童・生徒とクラス担任（あるいは学級・学校全体）に働きかける場合があるように，キャリアコンサルティングでも従業員本人と上司あるいは職場全体に働きかけることで効果的・効率的に解決する場合も出てくるでしょう。

　渡辺編（2005）は，組織内に生きる個人と個人の生きる環境としての組織について理解し，その相互依存関係に焦点を当て，個人と組織の双方に働きかけ活性化を目指す「オーガニゼーショナル・カウンセリング」を提案しています。その中では経営戦略と人材育成，適応支援の統合と合わせ，「経営層へキャリア支援の必要性を提言する」「傾聴研修を行う」などの組織的対応の必要性が述べられています。こうした分野で活躍するキャリアコンサルタントは，制度やプログラム設計，研修等にも関わっていく必要があると考えています（セルフ・キャリアドック制度を含む企業のキャリア形成支援については第2章「4　企業におけるキャリア形成支援の知識」も参考にしてください）。

　なお環境へ働きかける際には，キャリアコンサルタント倫理綱領（キャリアコンサルティング協議会，2016）の守秘義務（第5条）や説明責任（第7条），任務の範囲（第8条），相談者の自己決定権の尊重（第9条），相談者との関係（第10条），組織との関係（第11条）などにも十分注意する必要があります。

> **発展学習・グループ学習のための議論のテーマ**
> ●キャリアコンサルタントが行う環境への働きかけとしてはどんなものがあると思いますか？　いつ誰に対して何ができると思いますか？

> - 環境への働きかけを効果的なものにするためには，どういった能力があるとよいと思いますか？　環境への働きかけ能力を向上させるためには，どんな方法があると思いますか？　具体的に挙げてみてください。
> - あなたはこれまで，どうやってクライエントの環境に働きかけてきましたか？　あるいはどうやってあなた自身がいる環境に働きかけてきましたか？成功事例・非成功事例をイメージし，「次はどうするか」考えてみましょう。

3　ネットワークの認識および実践

（1）ネットワークの重要性の認識および形成

①ネットワークの重要性

　キャリアコンサルタントは主としてキャリア理論・カウンセリング理論に基づいてキャリアコンサルティングを行っていく専門家ですが，クライエントの中にはキャリアコンサルティングのレベルを超えた課題を内包したクライエントもいるかもしれません。例えば病気やケガあるいは障害（医学的・身体的問題），借金や貧困（経済的問題），離婚や相続あるいは犯罪の加害者・被害者（法律的問題）など，いろいろな問題が考えられます。また内部資源の限界や個人情報保護の観点から，企業が外部のキャリアコンサルティング機関にキャリアコンサルティングを委託する場合もあるでしょう。

　日本心理研修センター監修（2018）は，「要支援者の生きにくさとしての問題は，狭義の心理学的枠組みのみで十分できるものではない。多くの場合，問題の要因は多次元にわたって輻輳して生じている」として，「生物−心理−社会モデル（Bio-Psycho-Social model）に則ったアプローチが求められる」あるいは「関係分野との連携や協働が必要になる」としています。

　日常生活に適応的にクライエントがキャリア形成を行っていけるようにする（キャリア形成に集中できるように配慮する）のと同時に，キャリアコンサルタントが自分自身を守るためにも，各キャリアコンサルタントの活動領域に合わせて，医療・福祉・教育・法律などの専門家・関係者とのネットワークを形成しておくことが重要です。

　キャリアコンサルタント倫理綱領（キャリアコンサルティング協議会，2016）が「キャリアコンサルタントは，より質の高いキャリアコンサルティングの実現に向け，他の専門家とのネットワークの構築に努めなければならない」（第 4 条第 1 項），「キャリアコンサルタントは，必要に応じて他の分野・領域の専門家の協力を求めるなど，相談者の利益のために，最大の努力をしなければならない」（第 4 条第 3 項）としていることにも注意が必要です。

②ネットワークの形成

　キャリアコンサルタントは業務としてキャリアコンサルティングを行う専門家ですが，例えば病名を診断したり薬を投与したりすることはできません。

　例えば企業内であれば，クライエントに関係するであろう上司，部下，総務・人事担当，産業医，家族などと連携する必要が出てくるかもしれません。学校内であれば，担当教職員，校医，保健室，学生相談室，保護者などとの連携があり得るかもしれません。さらには所属組織を超えて行政や病院，警察，児童福祉施設，矯正施設，弁護士等との連携が必要な場合も出てくるでしょう。

　このように，自分がキャリアコンサルティング業務を行うに当たって，クライエント（あるいは自分の業務）と関係する関係者がどこにいて，どんな人で，どんなことができる人なのか，何曜日の何時だと連絡がつくのか，ということを常に意識しておく必要があります。相手組織の電話番号や相手の氏名・役職などを知るだけでなく，できればその専門性や人間性も理解し，日頃から信頼できる人間関係を作っておく必要があります。

　アムンドソン（Amundson, 2009 高橋監訳 2018）は「ネットワークについて考える際には，『網で魚を獲る』という比喩は考えを発展させるのに役立つ」として，

　　①目的にあったネットワークを，どうやって作ることができるでしょうか。漁には，多くの違った種類の網があります。

　　②あなたはひとつの網，あるいは異なるタイプの複数の網を持っていますか。

　　③あなたの網はどのくらいの広さでしょうか。網の「端」，たとえば中心的ではないけれど助けてくれるかもしれない人まで使っているでしょうか。

　　④生まれつきネットワーク構築が得意な人がいます。こうした人々をコネクターと呼びますが，あなたは，自分の網のコネクターを特定することができる

でしょうか。

⑤あなたは網を持つためにマスターすべきスキルがあるでしょうか。たとえば，誘いの電話，イベントへの参加などです。どのようにして自分にふさわしい網を作るためのスキルを習得することができるでしょうか。

⑥ネットワークは文化的文脈によって変化するでしょうか。食べ物や娯楽はネットワークに役立つでしょうか。

などの質問を紹介しています。

（2）専門機関への紹介および専門家への照会

①専門機関への紹介（リファー）

クライエントから依頼されなくとも，自分自身の力では解決しないことが予想される場合は他の専門機関あるいは専門家の力を借りることが必要になります。ただクライエントから依頼されたリファーでない場合は，クライエントに対して「なぜリファーするのか」「なぜ自分の相談ではなく，専門機関に行ったほうがいいのか」を納得してもらうように説明する必要があります。クライエント自身が自主的にリファーされた機関に行くようになることが必要です。またリファーした専門機関に対しては，クライエントの了解を得た上でクライエントに関する必要十分な情報を提供する必要があります。

医学的・身体的問題であれば病院や保健室，経済的問題であれば行政機関や金融機関あるいはファイナンシャルプランナー，法律的問題であれば行政や弁護士あるいは司法書士など，自分の活動領域に合わせてどこにどんな機関（資源）があるか事前に確認し，普段からそうした機関とやりとりをしておくとよいのではないでしょうか。

②異なる分野の専門家への照会（コンサルテーション）の実施

①では専門機関への紹介を解説しましたが，逆に「クライエントとの相談は継続するが，キャリアコンサルティング以外の専門知識を外部の専門家に確認する」ということもあり得るでしょう。例えば「こういう労働条件は法令違反ではないのか」ということを弁護士や行政関係者に聞くこともあるかもしれませんし，「こういう体調・症状が出ているが，このままで大丈夫か」ということを医師や看護師，保健師に聞くこともあるでしょう。前項(1)①とも被ります

が，自分の活動領域に合わせて必要な専門家とのネットワークを用意しておくことが大切です。自分のネットワークにいてくれる医師や看護師，保健師から「専門の医師」を紹介してもらったり，弁護士や行政関係者から「労働法の専門家」を紹介してもらったりする場合も出てくるかもしれません。キャリアコンサルタントは「どこにどんな資源・知識があるのか」について，日々更新しないまでも逐次状況に応じて情報を更新していく必要があります。

発展学習・グループ学習のための議論のテーマ

- あなたが持つネットワークはどのようなものですか？　さらに効果的・効率的にするためにはどんなことが考えられますか？
- ネットワークを効果的・効率的なものにするためには，どういった能力があるとよいと思いますか？　ネットワーク形成能力を向上させるためには，どんな方法があると思いますか？　具体的に挙げてみてください。
- あなたはこれまで，どうやってネットワークを形成してきましたか？　あるいはどうやってクライエントの周囲にあるネットワークの構築を支援してきましたか？　成功事例・非成功事例をイメージし，「次はどうするか」考えてみましょう。

4　自己研鑽およびキャリアコンサルティングに関する指導を受ける必要性の認識

(1) 自己研鑽

キャリアコンサルタントはその能力・スキルの維持・向上のため，自己研鑽・スーパービジョンを行うことが望ましいとされています。このためキャリアコンサルタント資格は5年ごとの資格更新が定められています。キャリアコンサルタント国家資格の更新のためには，

A．キャリアコンサルティングを適正に実施するために必要な知識の維持を図るための講習を8時間以上

B．キャリアコンサルティングを適正に実施するために必要な技能の維持を図

るための講習を 30 時間以上
を更新期間 5 年のうちに受ける必要があります（ただし技能検定キャリアコンサルティング職種 1 級を所持している場合は，Ｂの講習を免除されます）。更新講習の目的は，試験合格時に確認した知識・技能を継続的な学習によりブラッシュアップし，各自のキャリアコンサルタントとしての資質を保証することによって，キャリアコンサルタントの活用を促進していくことを企図しているものです。厚生労働大臣が指定する知識講習・技能講習については，厚生労働省のホームページで確認することができます。

　また厚生労働省は 2019 年 1 月，「キャリアコンサルタントの継続的な学びの促進に関する報告書」を公表しました。1 つにはキャリアコンサルタントやこれを組織する団体などに今後求められる対応として，

- 実務経験の確保について，キャリアコンサルタントを組織する団体などが，インターンシップ方式による実務経験機会を提供する仕組みなどを検討すべきであること
- 継続的学びの推進について，キャリアコンサルタントは自分自身の課題の把握とその解決，継続的な自己啓発・能動的学習などを，行っていくことが必要であること

が提言されています。
　また 2 つめとして資格取得後の継続学習において特に必要な事項として，

- あるべきキャリアコンサルタント像について示すとともに，資格取得後の継続学習において重点的に学ぶ必要がある項目（個別面談スキル，倫理，法令・制度，ツールの活用方法，多職種連携に関する知識，組織への働きかけ手法，クライアントの特性理解，制度上位置付けられた役割の理解など）。
- 標準的学習モデルについて，各キャリアコンサルタントが自らの力量を客観的に診断できる機会の設定が必要であることから，スーパービジョンや事例検討会，研修会・経験交流会への参加の機会を組織的に整備する必要があること

が提言されています（「あるべきキャリアコンサルタント像」については，「**5** キャリアコンサルタントとしての倫理と姿勢」の項でご確認ください）。

　もちろんキャリアコンサルタント国家資格には更新制度があり，資格を更新するためにも継続的な学びは必要ですが，「資格を更新するため」という後ろ向きな理由ではなく，クライエントとキャリアコンサルタント自身の両方を守るためにも，最新の理論や制度，法律等について日々学んでいく必要があると感じています。キャリアコンサルタント倫理綱領（キャリアコンサルティング協議会，2016）にも自己研鑽規定（「キャリアコンサルタントは，キャリアコンサルティングに関する知識・技能を深める，上位者からの指導を受けるなど，常に資質向上に向けて絶えざる自己研鑽に努めなければならない」「キャリアコンサルタントは，組織を取り巻く社会，経済，環境の動向や，教育，生活の場にも常に関心をはらい，専門家としての専門性の維持向上に努めなければならない」「キャリアコンサルタントは，より質の高いキャリアコンサルティングの実現に向け，他の専門家とのネットワークの構築に努めなければならない」）があることに注意が必要です。

　多くの方は自分の所属団体でのみ研修・講習を受けておられるようですが，団体の枠を超えて「自分が学びたい内容」「学ぶべき内容」を選んでいただければ，と思っています。

発展学習・グループ学習のための議論のテーマ

● 自己研鑽やスーパービジョンはなぜ必要だと思いますか？　自己研鑽やスーパービジョンを行うことで，何が得られると思いますか？

● あなたがはこれまでどのような自己研鑽・スーパービジョンを受けてきましたか？　思い出せる限り書き出してみましょう。自己研鑽・スーパービジョンで現在まで残っている「資産」はどのようなものですか？　「資産」を最大化するためには，どんな方法がありますか？

● あなたはこれからどんな自己研鑽・スーパービジョンを，なぜ，いつ，誰の下で行いたいですか？　具体的に計画を立ててみましょう。

(2) スーパービジョン

　國分監修（2008）はスーパービジョンについて，「スーパービジョンとは監督という意味であり，そこには『注意深く見守る』という意味も含まれてい

る」あるいは「スーパービジョンは，カウンセラーや教師，ソーシャルワーカーなどの援助職にある者に，『その援助方法や技法に関する自己盲点を気づかせる』ことを目的とした指導法である」とし，個別スーパービジョンとグループ・スーパービジョンを紹介しています。

同書では，個別スーパービジョンは「スーパーバイジー（※筆者注：スーパービジョンを受ける側の人）がたずさわっている事例をもとに，個別にその事例についてスーパーバイザー（※筆者注：スーパーバイジーを指導する側の者）が指導することである。その指導内容は，リレーションづくり，アセスメント，ストラテジー，インターベンションの具体的なスキルについてである。スーパーバイザーは，クライエントに対するのと同じ姿勢で，スーパーバイジーに考えさせるような問いかけをしていき，スーパーバイジーの自己盲点に気づかせるような質問をする」としています。個別スーパービジョンの意義や目的としては「スーパービジョンによって，スーパーバイジーが自己のたずさわっている事例について，いまだ気づいていなかった自分の問題点に気づくと同時に，より自分を生かしてクライエントとのかかわりに貢献するような新しい見方や，計画的で適切なインターベンションのあり方を学べる。その結果，スーパーバイジーがより上手な対応ができる能力を高めることはできる」としています。

またスーパービジョンの具体的な方法としては「スーパーバイザーがクライエントに接するような受容的な態度で，（相手についてどう思いましたか）（どういうねらいで〜という質問をしたのですか）あるいは（相手の一番訴えたかったことは何だと思いますか）（相手に論理療法で対応されましたが，誰にでもあのような方法を用いておられるのですか）というように，相手に考えさせるような問いかけをすることで，スーパーバイジーはそれに答えながら自己のカウンセリングを振り返り，自己のカウンセリングスキルの癖や偏り，今まで気づかなかった対応方法（自己盲点）に気づくことができる」としています。さらに同書では「初心者の場合は，学派の異なる複数のスーパーバイザーにスーパービジョンしてもらうほうが，多角的に自分のスキルを考察することができる」としています。

グループ・スーパービジョンについては，「社会福祉関係でその実践が多

い」とし，「社会福祉実践では，『スーパーバイジー（中略）が複数いる場面で行うスーパービジョンである』と定義されているように，一人のスーパーバイザーが数人のスーパーバイジーを相手に，一度にスーパービジョンする形式である」「グループの参加者が互いにスーパービジョンしあう，ピア・グループで行う形式のものもある」「教育カウンセリングの分野では，ピア・グループのシェアリングを用いた『シェアリング方式グループ・スーパービジョン』を開発している」としています。

　國分監修（2008）では，シェアリング方式グループ・スーパービジョンの方法として「10〜15人のグループで行う。スーパーバイザー 1 人，スーパーバイジー 1 人，あとはピア・グループ参加者となる」「まず，バイジーは自分がスーパービジョンを受ける事例を 15 分で語る。その後，参加者から自己開示を伴うシェアリングの方式で，バイジーに質問したり，アドバイス・情報提供する（20〜30分）。その後，スーパーバイザーによりスーパービジョンが行われる。このとき，参加者は黙って見ているのがこの方式の特徴である。このとき，スーパーバイザーは先ほどのメンバーのシェアリングを引用・活用することで，参加者のモチベーションが高められる。ここでは，一方的にバイザーと話すというよりは，バイジーとの自己開示と質問技法を主とした対話を通して，バイジー自身に気づかせていく方法をとる。この後，ポスト・シェアリングとして，参加者は『今のスーパービジョンを見ていて，感じたこと，気づいたこと，バイジーの良かったところ』を語る。すなわち『育てるスーパービジョン』である。バイジーは参加者から温かい言葉をもらうことによって，元気（自己肯定感）とエネルギー（意欲）をもらう。このポスト・シェアリングでは，バイザーに対する所感も語られる。自分のスーパービジョンがどのように受け止められているのか，参加者の声を直接聞くことでバイザー自身の振り返りに役立っている」と紹介しています。

　なお國分監修（2008）では，キャリアコンサルティングのスーパービジョンについて「相談室のなかで起きたことへのスーパービジョンだけでは，キャリアコンサルティングの発達にさほど貢献できない」とし，「なぜならば，これからのキャリアコンサルタントは，組織への提言活動や教育・研修，グループ・アプローチ，体験学習，ファシリテーションなど複合的に行うことが期待

されており，ミクロ視点で探求しても役に立たず，マクロ視点だけでは手詰まりとなるからである」としています。厚生労働省（2019）でも「スーパーバイザー養成のための標準的カリキュラムモデルや，適性・能力判定基準等を整理して示す必要がある」とし，「面接技術だけでなく，組織の活性化等多様な領域に関する知識や専門性」も必要としています。また厚生労働省（2019）では「スーパーバイザーは，特定の理論や学派等にとらわれず一定の質を備えた指導を行うことができなければならない。国家試験の合格により知識・技能の水準について客観的に判定される技能士とは異なり，スーパーバイザーは，指導者としての学習及び経験を積み重ねる中で総合的に能力評価されていくべきものである」としたうえで「面接技術だけでなく，組織の活性化等多様な領域に関する知識や専門性」の必要性も指摘しています。

　「特定の理論や学派等にとらわれず一定の質を備えた指導」を行うに当たっては，クーパーとマクレオッド（Cooper & McLeod, 2011 末武・清水監訳 2015, pp.191-193）の多元的アプローチが参考になるかもしれません。同書では「多元的な観点」でのスーパービジョンとして

- スーパーバイザーは，スーパービジョンを提供する唯一の正しい方法というものはないという前提からスタートするべきである。つまり，それぞれのスーパーバイジーは，それぞれのときに，それぞれ違ったことを必要としているようだ，ということである。
- スーパービジョンは，協働的な努力としてとらえられる。スーパーバイザーは，自分自身の観点を尊重し表現する一方で，スーパーバイジーの観点を尊重し，信頼し，その価値を認めようとする。
- スーパーバイジーが自分の強みを明確化し育むように援助するという点が強調される。その強みとは，例えば，スーパーバイジーが最も熟達していると感じている臨床実践の領域である。
- スーパーバイザーは，スーパービジョンの関係において，「フィードバックの文化」を促進するように努める。その中で，スーパーバイジーとスーパーバイザーは，自分が何をしたいと思い，何をしたくないと思うのか，といったことについて相手に対して正直であると感じることができる。
- スーパーバイジーは，特にスーパービジョン関係の開始時に，このスーパー

ビジョンにとって，2 人の最終的な目標は何かを見定め，そしてそのことを
その後の活動の方向を示す定点として活用するように促進される。セラピー
の関係とは対照的に，スーパービジョン関係ではさまざまな可能性の範囲は
相対的に限られてはいるが（なぜならスーパービジョン関係には，よい臨床
実践を確たるものにするという明確な外的要請があるからである），それでも
なおスーパーバイジーは，特定の個別的な目標をめぐってスーパーバイザー
に提案を行い，スーパーバイザーと議論し話し合うことができるのである。

- スーパーバイザーは，自分のスーパービジョン実践の限界について留意して
  いるべきであり，ある特定のスーパーバイジーを支援できないと感じた場合
  には，他のスーパーバイザーにためらうことなくリファーすべきである。
- スーパーバイジーがその目標に到達するのを援助するためには，セラピーの
  活動にとっての特定の課題や焦点（中略）について，スーパーバイザーとス
  ーパーバイジーがよく話し合って合意することが役立つであろう。こうした
  ことが行われるのは，スーパービジョン関係が進行していく開始時や，各セ
  ッションの開始時であろう。（中略）スーパーバイジーが焦点をあてようとす
  る内容には数多くの事柄がある（中略）。例えばセラピーの限界設定の問題，
  終結の困難，クライアントのセラピーに対する動機づけの欠如，クライアン
  トの取り組みに影響を及ぼすスーパーバイジーの個人的な問題，あるいはス
  ーパーバイジーの達成感や満足感などである。
- スーパーバイザーとスーパーバイジーは，スーパーバイジーが最も役立つだ
  ろうと思う具体的な方法について話し合い，合意することが有益であること
  に留意すべきである。例えば，クライアントとのやり取りをロールプレイす
  ることが役立つと感じるスーパーバイジーもいれば，セラピーセッションの
  録音を聞き返すことが特に役立つと感じるスーパーバイジーもいる。
- 以上から導かれることとして，広範囲のスーパービジョンの方法および技法
  に熟達しているときに多元的なスーパーバイザーは最も援助的であるようだ，
  と言える。

　　　（Cooper & McLead, 2011　末武・清水監訳 2015，pp.191-193 より転載）
とし，目標（スーパービジョン関係の開始時に問いかけられることが最も多
い），課題（スーパービジョンの各セッションの開始時に問いかけられるもの），

方法（開始時，および進行に応じて検討される）を明確にする質問例を具体的に挙げています。しかし多元的なスーパービジョンはきわめて多様性があり，「広範囲のスーパービジョンの方法および技法に熟達」していることが求められることから，実はかなり高度かつ熟練したスキルを必要とするものとなります。

> **発展学習・グループ学習のための議論のテーマ**
>
> ● スーパービジョンにはどういう効果があると思いますか？　スーパービジョンを受けるメリットとは何だと思いますか？
>
> ● あなたはこれまでスーパービジョンを受けたことがありますか？　受けたとしたら，何がよくて，何がよくなかったですか？　受けていないとしたら，なぜ受けていませんか？　どんなスーパービジョンなら受けたいと思いますか？
>
> ● スーパービジョンを効果的・効率的なものにするためには，スーパーバイジーはどういう知識や態度，姿勢があるとよいと思いますか？　そうした知識や態度，姿勢を得るためにはどうすればよいと思いますか？
>
> ● スーパービジョンはどこで受けられますか？　あなたが受けることのできる（あるいは受けたい）スーパービジョンについて，調べてみましょう。

5　キャリアコンサルタントとしての倫理と姿勢

（1）活動範囲・限界の理解

　キャリアコンサルタントの主な活動の場として，厚生労働省（2011）「平成22年度『キャリアコンサルティング研究会』報告書」では公的就職支援機関（ハローワーク等）25.9％（4年前の調査比4.4％減），企業内（人事労務部門等）21.3％（同2.9％減），大学等のキャリアセンター等15.9％（同2.1％増），民間就職支援機関15.4％（同2.2％減），民間教育訓練機関7.1％（項目新設），地域（NPO，ボランティア団体等）6.4％（同0.4％減），中学高校1.6％（同0.4％減），その他6.4％（同1.1％増）とされており，4年前の調査と比べ「活動の場の広がり」（公的就職支援機関・業内が活動の中心だったものが，大学や民間教育訓練機関にも広がってきている）や「専門的な職業・職務として評価され，

定着する可能性」などが挙げられ，継続的な能力向上・自己研鑽，養成機関等による学習機会の提供等の重要性が指摘されました。

　同書では，①企業におけるキャリアコンサルティングの普及として，相談担当者としてキャリアコンサルタントを活用している企業は全回答企業の1割（9.9％，相談担当者はいるがキャリアコンサルタントがいない企業が56.9％）程度しかないとし，中でも従業員1,000人超の大企業に多い（24.7％，従業員1,000人以下4.3％）と指摘しています。また②教育機関（大学等）におけるキャリアコンサルティングの普及として，相談担当者としてキャリアコンサルタントを活用している大学等は5割超（53.9％，相談担当者はいるがキャリアコンサルタントはいない大学等が43.3％），③人材関連ビジネス企業におけるキャリアコンサルティングの普及として，キャリアコンサルタントを活用している人材関連ビジネス企業は4割（40.4％，相談担当者はいるがキャリアコンサルタントはいない企業が51.6％）であることを指摘しています。

　また調査結果から得られた知見・課題として，

- 教育機関や人材関連ビジネス企業におけるキャリアコンサルタントの活用はかなり進展。一方，企業での活用は大企業に偏り
- キャリアコンサルタントを活用しているところでは，活用の効果を相当程度評価
- 個別の相談・支援以外に，キャリア形成の理解や支援のための研修の担い手としての期待も
- 求められる能力は，各領域・場面ごとに異なる

として，「各領域・場面でのニーズ，期待される役割，活用促進に当たっての具体的課題の明確化が必要」としました。例えば大学等においては相談・支援スキルのほか，役割に応じグループ・ファシリテーションスキル，課題分析やキャリア形成・就職支援プログラムの提言力等も必要とされたのです。

　このように，キャリアコンサルタントには1対1の個別相談・支援のスキルのほか，活動領域ごとのニーズに合わせたスキルや提言力を持ち，そうした知識や経験を常に維持・向上することが求められているのです。もちろんこれらに加えて，相談担当者として個人情報の保護や倫理規程の厳守なども必要となってきます。

　なおこうした任務の範囲・限界の理解は，キャリアコンサルタント倫理綱領（キャリアコンサルティング協議会，2016）でも定められていますので，注意が必要です。

（2）守秘義務の遵守

　キャリアコンサルティングが労働者等の個人的な情報あるいは秘密情報を扱う可能性があるからには，クライエント等の権利を守るためにも，守秘義務を遵守する必要があります。

　例えばキャリアコンサルタント倫理綱領（キャリアコンサルティング協議会，2016）では，品位の保持，信頼の保持・醸成などのほか，第5条で守秘義務として

　　第5条　キャリアコンサルタントは，キャリアコンサルティングを通じて，職務上知り得た事実，資料，情報について守秘義務を負う。但し，身体・生命の危険が察知される場合，又は法律に定めのある場合等は，この限りではない。

　　　2　キャリアコンサルタントは，キャリアコンサルティングの事例や研究の公表に際して，プライバシー保護に最大限留意し，相談者や関係者が特定されるなどの不利益が生じることがないように適切な措置をとらなければならない。

と定めています。

（3）倫理規程の厳守

　キャリアコンサルタントは守秘義務の遵守のほか，人間尊重・個の尊厳，品位の保持・法律や公序良俗に反する行為をしない，公正な態度による信頼の保持・醸成，自己研鑽を積む，誇示・誹謗・中傷の禁止等の基本姿勢・態度を持つことが求められています（キャリアコンサルティング協議会，2016）。

　また職務遂行上の行動規範として，説明責任（目的，範囲，守秘義務その他必要な事項についての十分な説明），任務の範囲の自覚，相談者の自己決定権の尊重，相談者との間にハラスメントが起こらないようにする配慮・多重関係の回避，相談者の了解を得た上での組織への働きかけ等が定められています。

　実践の前にいま一度，業務の上で守るべきことを整理しておくことが肝要です。

(4) キャリアコンサルタントとしての姿勢

　キャリアコンサルティングは個人の人生に関わる重要な役割，責任を担います。そのため，キャリア形成支援者としての自身のあるべき姿を明確にし，クライエントに対しても「自分に何ができるのか，何を提供できるのか」を明確に示す姿勢が求められます。

　またクライエントに対しては，自己理解を深め，能力開発を行うことの必要性を理解してもらう必要があります。

　厚生労働省（2019）では，あるべきキャリアコンサルタント像として「自らの助言・指導等がクライエントに大きな影響を及ぼしうるということを常に心に留め，また，一つの面談が極めて個別性の高いものであることを自覚して，面談に臨む必要がある」として「常に自らの課題に気づくことに努め，主体的に自らのキャリアコンサルタントとしての能力・態度等の課題解決に取り組むべく学びを継続していかなければならない」，「自らの専門家としての姿と向き合い，自らの自己理解にも努めなければならない。キャリアコンサルタントは，キャリアコンサルティングで何ができ，どのような対応を行ったかという活動レベルでの個々の対応方法のみに目を向けがちであるが，その活動の基にある理論的根拠やキャリア形成・能力開発における意味づけなどを説明し，支援できる力が必要である」等としています。さらに資格取得後の継続学習において特に必要な事項を次のように挙げています。

　①個別面談スキル

　　個別面談を適切に実施するスキルが，キャリアコンサルタントとしてのコアスキルであることは論をまたない。しかしながら，メンタルヘルスなどにかかわる心理的な面談とは異なり，キャリア形成に向けて自らのモチベーションを開発し行動を実践できるような気づきや支援を行う個別面談スキルを学習し獲得していくことも重要である。現行の養成講習カリキュラムでは，この新たな領域における面談全体をマネジメントできるようになるには不十分であり，あらゆる領域で十分に活躍できる力量が身につくものとは言いがたい。したがっ

て，後述のスーパービジョンを受けること等により，長期にわたりかつ継続的な学習が求められる。

②倫理

　多くのキャリアコンサルタントが，倫理への理解や，これを行動に反映する姿勢の不足により，近年広がりをみせるキャリアコンサルティングのさまざまな現場において直面する課題に，必ずしも適切に対応できているとはいえない。キャリアコンサルタントが現場において，十全に活躍するための前提として，倫理に関する確実な理解と内在化，それを各場面に適切に当てはめて考え，行動できる力を身に付けることが必要である。そのためにも，スーパービジョンを受けること等による継続的な学習が求められる。

③法令・制度

　雇用・労働，社会保険，教育等の諸分野の法令・制度や，職業訓練・助成金等のキャリア形成支援施策に係る正しい理解は，クライエントに適切な助言を与える上での前提であり，常に最新の正確な情報を把握しておく必要がある。

④ツールの活用方法

　クライアントの自己理解の支援等のためのツールが数多く開発・提供されているが，キャリアコンサルティングの質向上のためにはこれらツールに習熟し，その理論的背景も踏まえて活用することが重要な課題となる。また，各キャリアコンサルタントが，キャリアステージや個々人の能力発揮レベルなどを踏まえて，キャリア形成の用途に応じたキャリアシートを作成（ジョブ・カードの編集を含む）する技術も身に付けていくべきである。

⑤多職種連携に関する知識

　キャリアコンサルティグを適切に実施するためは，必要に応じて他分野・領域の専門家及び関係者と協力していかなければならず，自身が活動する地域においてどのような専門家が協力を得られるか等についての知識を得ることも必要である。

⑥組織への働きかけ手法

　今後のキャリアコンサルタント活動が大きく期待される企業領域においては，人事など企業の関係部門との連携・協働が必要不可欠である。企業内キャリアコンサルティングを効果的なものとするためにも，組織への働きかけへの取り

組みを重視し，その際に求められる倫理を踏まえた上での，面談から得られた課題に係る報告の作成等適正な活動を維持するための知識・技能を身に付けておく必要がある。

⑦クライアントの特性理解

　発達障害・精神障害といった対応困難層，がん患者やLGBT等の支援に当たって配慮を要する層については，支援制度に関する知識を習得するほか，個々のクライアントが抱える課題を正しく理解し，個別の状況に応じた対処を行うことが必要となる。またダイバーシティ推進の観点からも，多様な特性を理解した上で，キャリアコンサルティングに臨む必要がある。

⑧制度上位置づけられた役割の理解

　キャリアコンサルタントは，以下のとおり，諸制度の適正な運営のために一定の役割を担っていることを理解し，その役割を十全に果たすべく必要な知識習得及び最新の情報収集に努めなければならない。

- 専門実践教育訓練給付指定講座受講希望者に対するキャリアコンサルティング（雇用保険法施行規則第101条の2の12第1項第1号）を適切に行うための，社会人のリカレント教育及び学び直しに関する知識（意欲の喚起，適切な学び選択及び方法に関するものを含む）。
- 労働者が自ら職業能力の開発及び向上に関する目標を定めることを容易にするために，業務の遂行に必要な技能及びこれに関する知識（職業能力開発促進法第10条の3第1項第1号）。
- 職業能力開発推進者の業務（職業能力開発促進法第12条）を適切に行うための，職業訓練や企業におけるキャリア支援施策やその運営・調整等に関する知識。
- ジョブ・カード（職業能力開発促進法第15条の4に規定する職務経歴等記録書）を用いた効果的なキャリアコンサルティングを行うための知識・技能。
- 公共職業訓練受講者に対する職業能力の開発及び向上に関する目標の設定に係る相談（職業能力開発促進法第23条第4項）を適切に行うための，公共職業訓練等に関する知識。
- 学生・生徒に対する職業選択についての関心と理解を深めるための相談

（職業安定法第26条第3項）を適切に行うための，労働市場やキャリア教育等に関する知識。

　また厚生労働省（2016）では，「労働者自ら，またこれに関わる機関，ひいては社会全体として，的確な職業生活設計と，これを踏まえたキャリア形成を支援し促す必然性（中略）等に鑑みるなら，その中核的役割を担うものとして国家資格に位置づけられるキャリアコンサルタントと，キャリアコンサルタントが担うキャリアコンサルティングに対する期待は今後高まり・広がりを示すものと考えられ，キャリアコンサルタント国家資格制度に対しても，また，個々のキャリアコンサルタントやこれを志す者に対しても，要求水準は一層高まるものとの『覚悟』が必要である」とし，「キャリアコンサルタントが，改正職業能力開発法に規定された役割・位置づけを踏まえ，キャリア形成支援を求める労働者個人にきめ細かく寄り添い，働きかけ，キャリア形成に結びつく具体の意思決定や行動を促すとともに，キャリア支援に関連する幅広い専門家・機関との有機的なネットワークを構築の上，企業，学校，需給調整機関をはじめ，キャリア形成に関わる機関が直面する組織課題にダイナミックにその解決に関与すること，また，こうした役割発揮により，キャリアコンサルタント制度及び個々のキャリアコンサルタントに対する社会的信頼が高まり，そのことにより，キャリアコンサルティングの需要の拡大や効果発揮にも結びつくといった『好循環』がもたらされること，さらに，今後見込まれる社会環境の変化や，キャリアに関わる新たな課題発生にも機動的，的確に対応できるキャリアコンサルタント制度・個々人両面の『地力』と『柔軟性』を備えること」が必要だ，としています。

発展学習・グループ学習のための議論のテーマ

● あなたはキャリアコンサルタントの活動範囲としてどんな範囲が考えられると思いますか？　その活動領域ではどんなニーズがあると思いますか？　またどんな義務があると思いますか？　自由に議論してみましょう。

● キャリアコンサルタントの専門性の範囲とはどこまでであり，専門性の範囲を超える業務とは具体的にどんなものであり，自分の能力を超える業務とはどんなものだと思いますか？　自分の能力を超える業務については，どうし

ていきますか？

● キャリアコンサルタント倫理綱領は日頃から読み返していますか？　あなたは守秘義務・倫理規程の遵守について，どんなことに気を付けていますか？グループでシェアしてみましょう。

● キャリア形成支援者として，あなたはどういう姿勢でありたいと思いますか？　何を大切にし，何を注意したいと思いますか？

[引用・参考文献]

Amundson, N.E.（2009）. *ACTIVE ENGAGEMENT edition three the being and doing of career counselling*. Richmond：Ergon Communications.
　（アムンドソン，N. E.（著）高橋 美保（監訳）（2018）. キャリアカウンセリング——積極的関わりによる新たな展開——　誠信書房）
特定非営利活動法人キャリアコンサルティング協議会（2016）. キャリアコンサルタント倫理綱領　https://www.career-cc.org/files/rinrikoryo.pdf（2019 年 2 月 6 日）
Cooper, M. & McLeod, J.（2011）. *Pluralistic Counselling and Psychotherapy*.　London: SAGE Publications.
　（クーパー，M.，マクレオッド，J.（著）末武 康弘・清水 幹夫（監訳）（2015）. 心理臨床への多元的アプローチ——効果的なセラピーの目標・課題・方法——　岩崎学術出版社）
國分康孝（監修）（2008）. カウンセリング心理学事典　誠信書房
厚生労働省（2011）. 平成 22 年度「キャリアコンサルティング」研究会報告書　https://www.mhlw.go.jp/stf/houdou/2r98520000016ueo-img/2r98520000016w8q.pdf（2019 年 3 月 1 日）
厚生労働省（2016）. 平成 27 年度「キャリアコンサルティング」研究会報告書　https://www.mhlw.go.jp/file/04-Houdouhappyou-11805001-Shokugyounouryokukaihatsukyoku-Carrierkeiseishienshitsu/0000120771.pdf（2019 年 2 月 25 日）
厚生労働省（2019）. キャリアコンサルタントの継続的な学びの促進に関する報告書　https://www.mhlw.go.jp/stf/shingi2/0000199011_00001.html（2019 年 2 月 25 日）
Morgan, A.（2000）. *What is narrative therapy? An easy-to-read introduction*. Adelaide：Dulwich Centre Press.
　（モーガン，A.（著）小森 康永・上田 牧子（訳）（2003）. ナラティヴ・セラピーって何？　金剛出版）
一般財団法人　日本心理研修センター（監修）（2018）. 公認心理師現任者講習テキスト 2019 年版　金剛出版
野々垣 みどり（2019）. 環境に働きかける　渡部 昌平（編）LIFE CAREER ——人生 100 年時代の私らしい働き方——　金子書房
渡辺 三枝子（2002）. 新版カウンセリング心理学——カウンセラーの専門性と責任性——　ナカニシヤ出版

渡辺 三枝子（編著）（2005）．オーガニゼーショナル・カウンセリング序説──組織と個人の
　　ためのカウンセラーをめざして──　ナカニシヤ出版

渡辺 三枝子・ハー，E. L.（2001）．キャリア・カウンセリング入門──人と仕事の橋渡し
　　──　ナカニシヤ出版

White, M.（2007）．*Maps of Narrative Practice by Michel White.* NY：W.W. Norton & Co.
　　（ホワイト，M.（著）小森 康永・奥野 光（訳）（2009）．ナラティヴ実践地図　金剛出版）

第2部

指導者に向けて

第**5**章

グループアプローチ

　グループアプローチには 1 対 1 のキャリアコンサルティングにはない効果が
あります。グループサイコセラピーの研究を踏まえれば，グループによる治療
要因にはいくつかのものが指摘されています（表5-1）。グループ・ダイナミク
スやグループ・スキル（人間関係形成スキル）あるいはカウンセリング・スキ
ルを学ぶに当たっては，グループでしか学べないものがあると考えています。

表5-1　グループによる治療要因（Yalom & Leszes, 2005）
（AGPA，2007 日本集団精神療法学会監訳 2014 より転載）

治療要因	定義
普遍性	他のメンバーも自分と同様の感情，考え，問題を持っていると認識すること
愛他主義	他のメンバーを援助することを通じて自己概念を高めること
希望をもたらすこと	他のメンバーの成功によって，自身の改善を楽観視できると認識すること
情報の伝達	セラピストやメンバーによって提供される教示や助言
原家族経験のやり直し	危機的な家族力動を，グループメンバーとの間で再体験して修正すること
ソーシャルスキルの発達	グループが，適応的で効果的なコミュニケーションを育む環境をメンバーに提供すること
模倣行動	他のメンバーの自己探求，ワーキングスルー，人格成長を観察することを通して，自身の知識や技能を伸ばすこと
凝集性	信頼感，所属感，一体感を体験すること
実存的要因	人生上の決断に対する責任を受け入れること
カタルシス	現在，過去の経験についての強い感情を解放すること
対人学習－インプット	他のメンバーからのフィードバックを通して，自分の対人的インパクトに関する個人的な洞察を得ること
対人学習－アウトプット	自分たちがより適応的な方法でやりとりできるような環境を，メンバー自身で作り出すこと
自己理解	自分の行動や情動的反応の奥にある心理的動機についての洞察を得ること

AGPA（2007 日本集団精神療法学会監訳 2014）は，これら治療要因の中でも「凝集性を最も重視しなければならない」とし，「凝集性こそがグループの治療関係を最も的確に特徴づけている」「凝集性はグループの治療関係の意味を明確にするものである」としています。

AGPA（2007 日本集団精神療法学会監訳 2014）では凝集性を上げるための介入として，個人内・グループ内・対人関係（メンバーとメンバー，メンバーとグループ，メンバーとリーダー）の3つの構造的観点から解説しています。個人内凝集性を上げるための介入としては「メンバーの所属感，受容，関与，グループへの忠誠心」に焦点を当てる（関係性，受容，支持をより多く報告するメンバーは症状の改善をより報告しているといいます），グループ内凝集性を上げるための介入としては「グループ全体の相互の好感と信頼，支持，世話，グループとしての『作業』への関与によって捉えられるグループレベルの魅力や親和性のような特徴」に焦点を当てる（ドロップアウトが減るといいます），対人関係的な凝集性を上げる介入としては「メンバー間に生じる肯定的で魅力的な行動の交換」に焦点を当てる（グループの初期段階に存在すると症状の改善につながるといいます），としています。凝集性が高いと自己開示も高くなり，他者からのフィードバックも頻繁になるといいます（表5-2参照）。

グループメンバーの選定については，AGPA（2007 日本集団精神療法学会監訳 2014）では「理想的なクライエントを描くなら，動機が高く，積極的で，心理学的心性があり（psychologically minded），自己内省的な人」とし「ある程度の人対人関係能力が求められる」としています。逆に入れないほうがよい人としては「怒りの強い反社会的な人はたいていの場合に集団精神療法の適応外とされるが，反社会的な人ばかりの同質グループであればうまくいくかもしれない」として「絶対的なものとしてではなく相対的」としつつも，「物理的・身体的・環境的（logistial）な理由，あるいは知能水準や心理的，対人関係的な理由によって，対人関与，対人学習，洞察の獲得などのグループの主な活動に参加できない場合」あるいは「心理学的心性が低い，自己内省が乏しい，動機が低い，あるいは過剰な防衛，否認，慎重さを示すクライエント，また他のメンバーから怒りや否定的反応を引き出すようなクライエント」などを挙げています。

表5-2　凝集性に関するエビデンスに基づく原則（Burlingame et al., 2002）
（AGPA, 2007 日本集団精神療法学会監訳 2014 より転載）

グループ構造の利用	原則1　治療への期待を調整し，グループルールを明瞭にし，グループに効果的に参加し，集団凝集性を高めるために求められる適切な役割と技能をメンバーに教える，という事前準備を行うこと。
	原則2　グループリーダーは，初期の数セッションのグループプロセスを明瞭なものにすべきである。なぜなら，初期構造が高水準であることは，あとの段階で自己開示と凝集性が高まることの予測因子だからである。
	原則3　グループの構成には，個人内（個人メンバー），グループ内（グループメンバー間）それぞれについて考慮すべき事柄のバランスを取るような臨床的判断が求められる。
言語的相互作用	原則4　リーダーが，リアルタイムで観察するモデルを示し，効果的な対人的フィードバックを導き，統制感と所属感を適度な水準に維持することは，凝集性によい影響をもたらすだろう。
	原則5　フィードバックのタイミングと口調は，リーダーが関係形成過程を促進する際のきわめて重要な事項と捉えるべきである。その際，グループの発達段階（例えば，挑戦的なフィードバックは，グループの凝集性が高まったあとのほうが受容されやすい）や，フィードバックを受ける際の個々人のレディネスの違い（メンバーが受け入れられていると感じるかどうか）を考慮することは重要である。
情動的風土の確立と維持	原則6　個人メンバーはリーダーの関わり方を代理学習するので，リーダーの存在は個人メンバーだけでなく，すべてのグループメンバーに影響する。したがって，他者に奉仕するために自分自身の情動をうまく扱うことがきわめて重要である。例えば，対人葛藤を効果的に扱うリーダーは，グループ全体にとって強力で肯定的なモデルを提供するであろう。
	原則7　グループリーダーの主要な焦点は，グループメンバーの情動表現，それへの他者の反応，そしてそうした表現がどこから生じてくるのかの意味を話し合うことを促すところに置かねばならない。

　そしてグループには発達段階があり，発達段階に応じた介入が必要です。介入することにより治療要因が阻害されないようにすること，グループプロセスがネガティブに進まないように管理することが重要です。AGPA（2007 日本集団精神療法学会監訳 2014）はグループの発達を5段階に分け，それぞれの段階での介入を以下のように解説します（別離期／分離期には問題や症状が再発する場合があるため，「別れの儀式」が必要であることにご注意ください）。

①形成期／前親和期

　ここでは，メンバーが近しい関わり合いに対して接近－回避的行動をとる特徴があり，親密性を特徴とするやりとりが見られることはまれである。メンバーはグループについての不安，アンビバレンス，不確かさを仄めかすだろう。リーダーへの依存は高く，それがグループ状況からの「回避」風土と交互に生じる。自己開示と治療目標の伝え合いが次第に起こるが，せいぜいためらいがちなものである。（中略）すなわち，グループの目的とセラピストの役割を明確にし，グループ作業とメンバー参加のための指針を提供しなければならない。扱い方としては，リーダーは対人距離の調整をする一方，信頼感をもたらし，メンバーが個人目標を見いだすのを助け，メンバー間の共通点を見いだすのがよい。それによって，グループの相互作用がより構造的で予想可能なものになっていくのである。

②動乱期／権力・統制期

　メンバーはここで，情動的に関わりはじめる。リーダーの権威と「コンテイナー」としてのグループの安全感が要求される。メンバーが上下関係を作ろうとするときに，サブグループが現れる。衝突と否定的な敵意感情の表現がよく見られる。リーダーの仕事は，グループが安全かつ成功裡にこの段階を乗り越え，よい作業同盟がメンバーの間に形成されるようにすることである。つまりグループの目的とメンバーの共通目標を再確認できるように動き，グラウンドルールと期待を強固なものにし，グループ凝集性とメンバー間の対人学習を促進しなければならない。扱い方としては，リーダーは否定的感情表現を引き出し，メンバーが衝突を発見して解決することを助け，発達途上にあるグループの潜在能力を明らかにするのがよい。グループの目的と一致しない行動は必要であれば直面化しなければならない。ただし，個人に特定役割のレッテルを貼

ったり，サブグループを固定視したりすることは避けねばならない。

③活動期／親和期

　グループが前の段階の衝突をうまく乗り越えられたら，メンバーの信頼感，関与，協力への動機が増し，グループ行動の規範は確立されたものになっていよう。この構造とともに，グループはより自由なコミュニケーションとフィードバック，そしてさらなる凝集性と開放性によって特徴づけられる。リーダーシップ機能はメンバー間に分散する。つまり，リーダーはあまり重要でなく，さほど活動的でなくともよくなるのである。扱い方としては，リーダーの介入は支持と直面化のバランスを維持することを目指すのがよい。リーダーの主な課題は，フィードバックについての作業過程や洞察を促進しつつ，現在展開しているやり方で問題解決を促進することである。この段階でメンバーがプロセスから脱線したように見えるときには，以前の発達的問題と再び向き合っているという可能性もあることに注意が必要である。

④遂行期／分化期

　グループは成熟に達し，相互援助のための創造的システムとして機能している。その一方でグループの強さと限界についてのメンバー間の認識が一層明確なものになる。その過程で相互依存と個人の差異について率直な表現と受容が目立ってくる。グループにいられることや，グループ活動そのものが期限のあるものだということに触れたとき，そのアンビバレンスがワークスルーされれば生産的なものになるだろうが，回避されたりサブグループが再び作られたりするならば防衛的なものになるだろう。リーダーの関心は，グループが自分たちで運営していくことにある。介入レベルで言えば，リーダーはメンバー間の共感を促進し，メンバーが個人の違いを認め，それを展開していくことを助けるのがよい。また，メンバーレベルの問題とグループレベルの問題の両方に焦点を当てる介入を活用するのがよい。

⑤別離期／分離期

　終わりが見えてくると，グループは湧き上がる悲しみ，不安，怒りを経験する。グループが心理的支えの源になっていた場合にはとりわけ，治療の終わりを深い対象喪失として経験する。問題や症状が再発することもある。生産的な作業と否認や逃避のような防衛的な試みとが交互に起こる。加えて，将来の方

向性や，治療過程を継続したり，得たことを維持したりするための計画を語ることもある。この段階では悲しみと感謝の両方の表現がよく見られる。リーダーの主な作業は，感情表現を助けるとともに未完の仕事に対して注意を向けることである。グループ経過の体系的な振り返りと評価を促し，グループが終わったあとの計画を立てるよう励まし，別れを告げる作業に関与するよう促さなければならない。後者の活動はきわめて重要な課題である。というのは，終結が適切に行われない限り，治療で得たものが消えてしまう可能性があるからである（Quintana, 1993）。

　こうしたグループの発達段階を通じて，ファシリテーターには(1)運営機能（executive function：ルールや制限を設け，時間を管理し，逸脱を調整する），(2)思いやり（caring：グループメンバーの幸福感や治療の効果に関心を持つ），(3)情動的資源（emotional stimulation：感情，価値，個人の態度の表現を発掘し，促進する），(4)意味帰属（meaning-attribution：メンバーたちが人生上の事柄を変えるために何をするかというだけでなく，自分自身，お互い，グループの外側の人々を理解する能力を発展させるようにする）という機能が求められます（AGPA，2007 日本集団精神療法学会監訳 2014）。これら4つの機能に加え，AGPA（2007 日本集団精神療法学会監訳 2014）ではクライエントの自己覚知の育成，グループ規範の確立，セラピストの透明性を保ちつつ必要な自己開示を行うこと（不必要な自己開示は行わないこと）にも触れています。
　以上，グループサイコセラピー分野の説明を用いましたが，グループ・キャリア・カウンセリングの機序も基本的には変わりありません。構成的エンカウンターグループを活用するにせよ，体験学習を重視するラボラトリー方式のグループワークを活用するにせよ，ファシリテーター（研修講師）がグループ活動の趣旨や目的をグループメンバーと共有し，必要な介入を行い，グループメンバー間のやりとりを通じて個人の発達を促進するためには，こうしたグループサイコセラピーの知見が活用できると考えています。構成的エンカウンターグループやラボラトリー方式のグループワークでは，具体的かつ良質なグループワーク内容が公表されていますので，ぜひ章末の文献なども参考に実践してみてください。

発展学習・グループ学習のための議論のテーマ

- ●指導者として，あなたはいつ，どんな場面でどんなグループの支援をすることができますか？　どういうグループ支援をしたいと思いますか？
- ●あなたはこれまでグループ体験をしたことがありますか？　したとしたら，何が良くて，何がよくなかったですか？　していないとしたら，なぜしていませんか？　どんなグループ体験ならやってみたいと思いますか？
- ●グループ体験を効果的・効率的なものにするためには，キャリアコンサルタントはどういう知識や態度，姿勢があるとよいと思いますか？　そうした知識や態度，姿勢を得るためにはどうすればよいと思いますか？　どこで知識や態度を学べると思いますか？

[引用・参考文献]

The American Group Psychotherapy Association（2007）．*Clinical Practice Guidelines for Group Psychotherapy*. New York：The American Group Psychotherapy Association.
　　（日本集団精神療法学会（監訳）（2014）．AGPA 集団精神療法実践ガイドライン　創元社）

Burlingame, G. M., Earnshaw, D., Hoag., Barlow, S. H., Richardson, E. J., Donnell, A. J., & Villani, J.（2002）．A systematic program to enhance clinician group skills in an inpatient psychiatric hospital. *International Journal of Group Psychotherapy*, 52, 555-587.

Burlingame, G. M., Fuhriman, A., & Johnson, J. E.（2002）．Cohesion in group psychotherapy. In J. C. Norcross (Ed), *psychotherapy relationships that work: Therapist contributions and responsiveness to patients* (pp.71-88). New York: Oxford University Press.

星野 欣生（2003）．人間関係づくりトレーニング　金子書房

星野 欣生（2007）．職場の人間関係づくりトレーニング　金子書房

國分 康隆・國分 久子（総編集）片野 智治（編集代表）朝日 朋子・大友 秀人・岡田 弘・鹿嶋 真弓・河村 茂雄・品田 笑子・田島 聡・藤川 章・吉田 隆江（編集）（2004）．構成的グループエンカウンター事典　図書文化社

Quintana, S. M.（1993）．Toward an expanded and updated conceptualization of termination: Implications for short-term, individual psychotherapy. *Professional Psychology: Research and Practice*, 24, 426-432.

津村 俊充（2012）．プロセス・エデュケーション——学びを支援するファシリテーションの理論と実際——　金子書房

Yalom, I. & Leszcz, M.（2005）．*The theory and practice of group psychotherapy* (5th ed.). New York: Basic Books.

第**6**章

教育指導

　厚生労働省（2009）では，指導レベルのキャリアコンサルタントに求められる機能・役割と能力として「教育訓練システム，能力評価システム，情報システムと並ぶ労働市場インフラ（基盤）であるキャリア形成支援システムの中核を担う『指導レベル』キャリアコンサルタントには，キャリアコンサルティングの普及促進に指導的な役割を果たすことが期待されるほか，他のキャリアコンサルタントの模範として，相応の社会的機能とこれを裏付ける能力が求められる。このため，『指導レベル』キャリアコンサルタントには，1対1の支援を中心とした『キャリアコンサルティング機能』に加え，他のキャリアコンサルタントを『指導する機能』，組織への働きかけや関係者との連携等の『コーディネート機能』が求められ，これらの機能・役割を果たすに当たり十分な，指導者にふさわしい，①体系的かつ詳細な知識，②適切かつ安定的なスキル，③思考・行動特性を有していることが必要とされる」としています。

　厚生労働省（2006）では当初，指導者の教育指導には「キャリアコンサルタントがキャリアコンサルティングの実践を重ねる中で抱える，思ったようにうまくいかない，どのように対応したらよいか分からない等の不安を解消したり，自分では正しいと思っているやり方が実際には独善的で誤っていることに気づかせる等，第三者の視点からキャリアコンサルタントの歪みを正す機会としての機能」としていましたが，厚生労働省（2009）では「『指導レベル』キャリアコンサルタントに求められている指導能力には，『現場のキャリアコンサルタントの相談に乗り，相手の身になって的確にアドバイスができる能力』が求められているとの意見があった」として，「現場のキャリアコンサルタントからの相談に対して，不安を解消し，気づき，成長を促すような的確な指導・アドバイスができる能力」と再定義されています。

　さてでは，どうやったら的確に「不安を解消し，気づき，成長を促す」ことができるのでしょうか。抽象的なキャリア理論や，職人的なカウンセリング・

スキルを適切に伝達することができるのでしょうか。

　そのヒントを得るために次の課題に取り組んでみましょう。図6-1 で「未成年がお酒を飲んでいない」ことを確認するためには，どのカードを裏返せばよいでしょうか？（正解は196ページに）。この問題は多くの方が正答を導けるはずです。

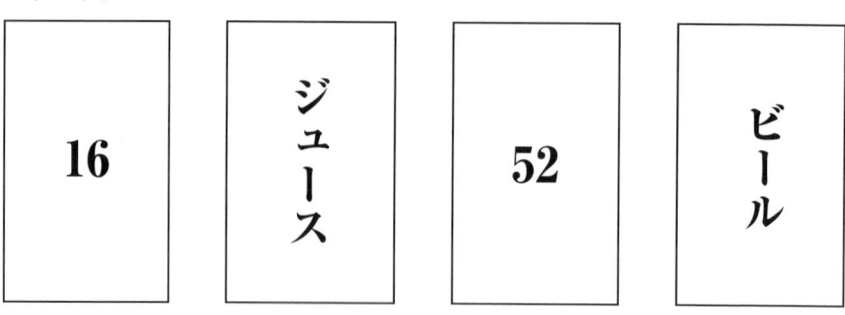

図6-1　片面に年齢，片面に注文ドリンクが書いてあるカード（片面は見えない）

　では次の問題はいかがでしょう（図6-2）。

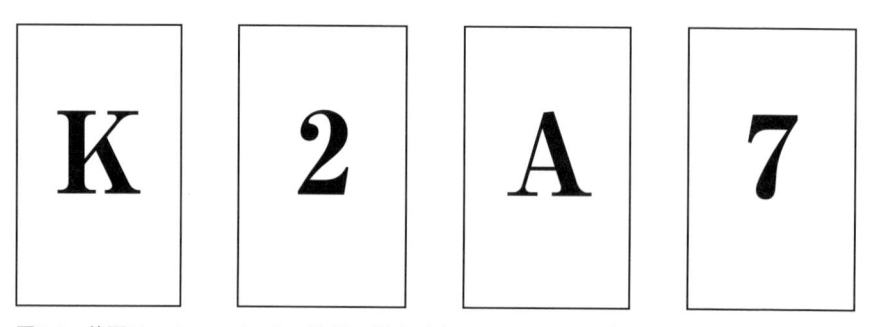

図6-2　片面にアルファベット，片面に数字が書いてあるカード（片面は見えない）

　「片面が母音（A，E，I，O，U）であれば，裏面は奇数」が事実であると確認するためには，どのカードを裏返せばよいでしょうか？　前の問題と同様に，表が2通り，裏が2通りの4つの組み合わせであることは変わらない（問題の難易度は変わらない）のに，こちらの問題の正答率は大幅に下がることが知られています。

　こうした現象を，教育学の分野では「4枚カード問題」と言い，人間の推論

や予測が純粋に論理的ではなく，文脈（過去の知識や経験）に依存するということが知られています。上の問題は場面をイメージしやすいので正答を導きやすく，下の問題はあまりに抽象的であるがゆえに正答に到達しにくいのです。

このように，指導者が教育するに当たっては，受講者の持っている知識や経験に「はしごをかける」あるいは「相手にわかる表現や例示，比喩を使って教える」必要があるのです。受講者がどんな知識や経験を持っていて，学びにはどんな期待（意味）を持っていて，それに対して指導者はどんな知識や経験を提供しようとしていて，学びにはどんな期待（意味）を持たせようとしているのか，ということを摺り合わせていく必要があります。こうした学びを実現するには，（社会）構成主義的な考え方が参考になると考えています。

ギャニオンとコレイ（Gagnon & Collay, 2006 菅原監訳 2015）は構成主義的な学びのデザイン（Constructivist Learning Design：CLD）理論を紹介し，(1)生徒は何を学ばなくてはならないのか，(2)いま，生徒は学習のどの段階にいるのか，(3)生徒は学ぶよう要求される事柄にどのように意味づけをするのか，の３つを「鍵になる問い」としています。そして構成主義的な学びをデザインするためには，シチュエーション（生徒にとって意味のある目標，タスクを決める），グループ（生徒同士が意思疎通を図ることのできる機会を生み出す），ブリッジ（生徒が新しい事柄を学ぶ以前から持っている知識を明るみに出す），タスク（学びの目的を明らかにしたり，信憑性を評価する作業をしたりする際に，（答えを教えるのではなく）質問をすることで生徒に考えさせる），エグジビット（生徒に学んだ事柄を他者に提示させる），リフレクション（生徒が個人的にあるいはクラス全体で学んだことについて教師と共にじっくりと考えて話し合う）の６つの構成要素を，「流動的な順序で」用いていくとしています。生徒が躊躇なく能動的に参加できるようにするためには，(a)間違いを奨励する，(b)探索を奨励する，(c)学習者相互のやりとりを促す，などの必要があります。ギャニオンとコレイ（Gagnon & Collay, 2006 菅原監訳 2015）では「建設的で情熱を感じさせる風土も不可欠な要素」と指摘しています。グループで（を）教える場合には，グループの「学ぶ雰囲気」も重要となるのです。特に対人関係やカウンセリング，グループ・ダイナミクスなどの学びでは，単に「知識詰め込み型」の座学教育だけでなく，メンバー同士で話し合う，自ら発

言・質問・参加する，メンバーの発表を聞きコメントする，メンバーを受け入れるなどの「アクティブ・ラーニング」形式を導入することが重要です。対人関係やカウンセリングなどの学びの場合は，グループで議論やワークができるよう，机や椅子が移動できるタイプの部屋を使う必要も出てくるでしょう。アクティブラーニングが失敗する原因の分析（図6-3）が，実践の際の参考になると思います。

（※筆者注：なお4枚カード問題の正解は，上の問題が「16」と「ビール」，下の問題が「2」と「A」です。「AならばBである」の反対（対偶）が「not Bならば not Aである」ことに注意が必要です。）

　指導する内容としては，これまで本書で学んできたとおり，キャリア理論・カウンセリング理論に加えて倫理の学習，人間関係やグループ・ダイナミクスの学習，カウンセリング・スキルやアセスメント活用の指導，ロールプレイのファシリテーションなどがあり得るかもしれません。指導者の専門知識や経験年数等により，指導分野を複数人で分担担当することもあるでしょう。

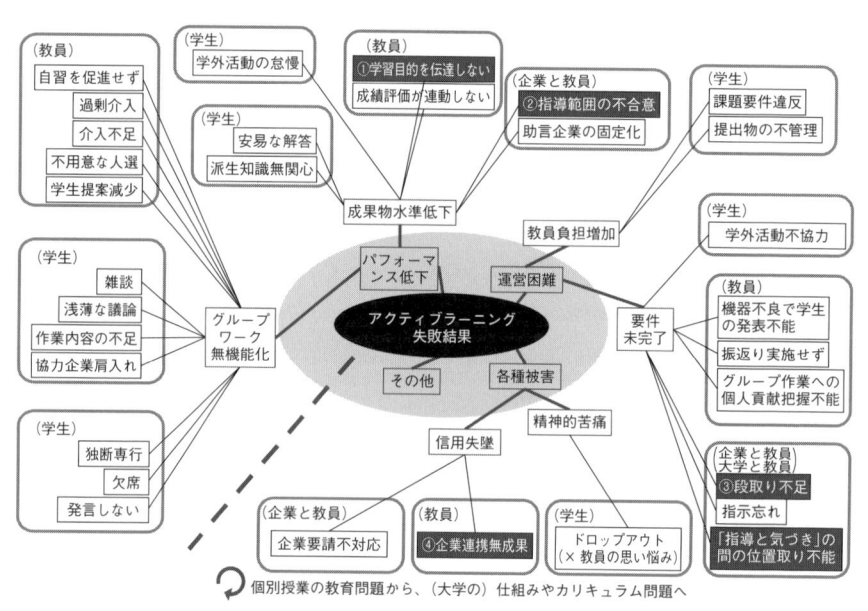

図6-3　「アクティブラーニング失敗事例ハンドブック～産業界ニーズ事業・成果報告～」
（中部地域大学グループ・東海Aチーム，2014 より転載）

　指導計画を立てるに当たっては，基本的に本書で網羅された分野のような内容を，必要十分な時間をかけて学ぶ必要があります（「はじめに」の養成研修の項目・時間数をご参照ください）。

　また指導を評価するに当たっては，ギャニオンとコレイ（Gagnon & Collay, 2006 菅原監訳 2015）をもとに構成主義的な学びのデザインを参考にするならば，(1)感情：生徒が感情や身体による経験をどのように振り返ることができるか，(2)想像：生徒が感覚的に得た経験をどのように振り返ることができるか，(3)言語：生徒がやりとりから得た経験をいかに振り返ることができるか，を生徒（受講者）からインタビューで聞き取る（あるいはアンケート等で論述式で書いてもらう）という方法が考えられます。論述式の問題で事例を検討してもらう方法もあるでしょうし，目の前でロールプレイをやってもらう等の方法もあるでしょう。あるいは資格試験の合否も1つの判断材料にはなるでしょう。受講生が「正答を導けない」のであれば，それは受講生が悪いのではなく，教え方が悪い可能性があります。

　指導者もまた人間であり，個性（ユニークな興味や関心，仕事観や人生観，クセや偏見など）を持っています。受講生に関する評価・態度を「自分の基準」でしてしまいがちですが，自分の仕事観や人生観・クセなどに気づき，受講生の成長を最大限にするためにはどうすればいいのか，日々振り返りを行うことが重要です。親しみやすく，熱心で，知識が豊富で，信頼できる学校教員が好かれ，自己中心的で生徒への理解がない学校教員は嫌われるという研究報告もあります（例えば，豊田（2000）など）。グループアプローチの項の記述を参考に，指導者として受講者とのリレーションづくり，アセスメント，ストラテジー，インターベンションに配慮して指導を進めていくことが重要です。指導の都度，受講者からのフィードバックをもらい，自己を反省する姿勢が重要だと考えています。

発展学習・グループ学習のための議論のテーマ

● これまであなたが出会った指導者（キャリア分野に限らず）で，「素晴らしい」「尊敬する」と思えた人はどんな人ですか？

● 指導者として，あなたはどういう教育姿勢でありたいと思いますか？　何を

大切にし，何に注意しますか？

●あなたはこれまで後進に教育指導を行ったことがありますか？　成功事例・非成功事例を思い出し，「次はどうするか」考えてみましょう。

●教育指導を効果的・効率的なものにするためには，指導的キャリアコンサルタントはどういう知識や態度，姿勢があるとよいと思いますか？　そうした知識や態度，姿勢を得るためにはどうすればよいと思いますか？　どこで知識や態度を学べると思いますか？

［引用・参考文献］

中部地域大学グループ・東海Aチーム（2014）．アクティブラーニング失敗事例ハンドブック　一粒書房（http://www.nucba.ac.jp/active-learning/ から入手可能）

Gagnon, G. W., & Collay, M.（2006）．*Constructive Learning Design*. Thousand Oaks, CA：Corwin Press.
（ギャニオン，G. W., コレイ，M.（著）菅原 良（監訳）太田 和寿・福田 志保（訳）（2015）．構成主義的な学びのデザイン　青山ライフ出版）

厚生労働省（2006）．キャリアコンサルティング研究会報告書　キャリアコンサルタントの資質確保体制の整備に係る調査研究　https://www.javada.or.jp/topics/pdf/H17_taiseiseibi.pdf（2019 年 2 月 25 日）

厚生労働省（2009）．キャリアコンサルティング研究会報告書　https://www.javada.or.jp/topics/pdf/H20_houkoku.pdf（2019 年 2 月 25 日）

豊田 弘司（2000）．好かれる教師像と嫌われる教師像　奈良教育大学研究紀要，*36*，65-71.

第7章

事例指導

　指導者レベルのキャリアコンサルタントには，経験の浅いあるいは中堅キャリアコンサルタントへの事例指導（スーパービジョンを含む）も求められます。

　厚生労働省（2019）は「個別面談の力量を向上させていくことに加え，キャリアコンサルタント倫理綱領を確実に体得するためにも，キャリアコンサルタントとしての初期段階にある者に留まらず，経験を積んだキャリアコンサルタントにおいても，積極的かつ定期的にスーパービジョンを受けるべきである。本報告書で述べるキャリアコンサルティングのためのスーパービジョンは，事例の理解や対応方針・技法の検討を主目的とする事例検討の要素に加え，教育的介入を通じたスーパーバイジーの成長と，同時にクライアントのキャリア形成の支援等の要素を含むものであり，さらにはそれを通じた組織活性化への貢献を図るものとして期待される。このため，指導を受けるべきテーマに応じて，面接技術だけでなく，組織の活性化等多様な領域に関する知識や専門性に係る複数のスーパーバイザーに指導を受ける場合もありうる」としています。指導レベルにあるキャリアコンサルタントと言えども，定期的にスーパービジョンを受けることを検討する必要があります。同書ではさらに「倫理」の説明の際に「スーパービジョンを受けること等による継続的な学習」を求めており，指導者は技術的な面だけでなく教育・発達的な指導，組織への介入面での指導，倫理的な面での指導も期待されています。そのためにも「スーパービジョンを受けること（スーパーバイジーになる経験）等により，スーパービジョン（スーパーバイザーの態度や姿勢）を学ぶ」必要があるのです。

　また同書では指導者の育成等として，「指導者としての学びの出発点にある1級キャリアコンサルティング技能士等が，指導者としての継続的な学習・研鑽を積むことが必要である。また，その実践的指導力向上のために，スーパーバイザー養成のための標準的カリキュラムモデルや，適性・能力判定基準等を整理して示す必要がある。なお，スーパーバイザーは，特定の理論や学派等に

とらわれず一定の質を備えた指導を行うことができなければならない。国家試験の合格により知識・技能の水準について客観的に判定される技能士とは異なり，スーパーバイザーは，指導者としての学習及び経験を積み重ねる中で総合的に能力評価されていくべきものである」（下線筆者）とし，単に1級キャリアコンサルティング技能士に合格しただけでは指導者たり得ないことを明確に宣言しています。また同書では，スーパービジョンの他に事例検討会や研修会・経験交流会への参加という「組織的に行う必要がある学習」を取り上げています。1級技能士であっても，最新の情報にブラッシュアップするだけでなく，グループワークやケースワーク，スーパービジョン等を通じて学習や経験を積み重ねていく必要があるのです。

　日本心理研修センター（2018）では，臨床家の6期発達モデルとしてローンスタッド（Ronnestad, M. H.）とスコーホルト（Skovholt, T. M.）を引用し，(1)素人援助者期，(2)初学者期，(3)上級生期（博士後期課程に当たる），(4)初心者専門家期（博士課程終了から臨床経験5年程度），(5)経験を積んだ専門家期（臨床経験15年程度），(6)熟練した専門家期（臨床経験20年から25年）と分けます。また日本心理研修センター（2018）はマスターセラピストの特徴を紹介しています（表7-1）。

　マスターセラピストの特徴を十分に表していない実践家は，「経験を積んだ実践家」といえども，引き続き定期的な自己学習やスーパービジョンが必要なのかもしれません。

　なお厚生労働省（2019）では，「スーパーバイザーは，特定の理論や学派等にとらわれず一定の質を備えた指導を行うことができなければならない。国家

表7-1　マスターセラピストの特徴（日本心理研修センター，2018）

認知的特徴	感情的特徴	対人的特徴
複雑さや曖昧さを歓迎する 蓄積された知恵によって導かれる 飽くことがない好奇心 人間であることへの深い理解 貪欲に学ぶ	深い自己受容 純粋な謙遜 自己への気づき 成長への強い意志 情熱をもって生を楽しむ 秘めた強さ 活気に満ちている	他者と深く関わる 鋭い対人的知覚と観察力 細やかな倫理的感覚 寛容であるが境界は明確である 人生のフィードバックを歓迎するオープンネス

試験の合格により知識・技能の水準について客観的に判定される技能士とは異なり，スーパーバイザーは，指導者としての学習及び経験を積み重ねる中で総合的に能力評価されていくべきものである」としたうえで「面接技術だけでなく，組織の活性化等多様な領域に関する知識や専門性」の必要性も指摘しています。このため事例指導を行う指導者は，自分が信奉する理論や学派とは異なる受講生が来た際にも，例えばその事例のリレーションづくり，アセスメント，ストラテジー，インターベンションの具体的なスキル（國分監修，2008）について把握し，必要な確認・質問等を通じて「その援助方法や技法に関する自己盲点を気づかせる」（國分監修，2008）あるいは「現場のキャリアコンサルタントからの相談に対して，不安を解消し，気づき，成長を促すような的確な指導・アドバイスができる」（厚生労働省，2009）必要があります。

　事例指導の実際としては，多くの場合，スーパーバイジーに事例の概要を資料として持参してもらい，その経過を述べてもらって必要に応じて確認・質問していく場合が多いのではないかと思いますが，団体や集団によっては「事前に面談記録（逐語録）を提出」という方法を取っているところもあるかもしれません。

　事例指導に用いる面談記録の中身としては，担当者名，面接日時，面接場所，クライエントの基本情報（年齢・性別・職業・家族歴等），主訴，回数（何回目の面談か），そして相談内容，その他（気になった点や疑問点などのメモ）ということになるかと思いますが，領域や分野あるいは組織により，より簡単な面談記録にしている場合もあるかもしれません。組織として面談記録を活用している場合は，個人情報の管理（棚であれば鍵をかけ，パソコンであればパスワードをかけ，関係者しか見られないようにする）の必要もあります。複数の面接経過をスーパーバイズする場合は，クライエントが変化した時期ごとに要約して面談記録を作成する場合もあります（学会誌の事例研究発表などを参考にしてください）。

　事例指導は第4章 **4** (2)スーパービジョンの項でも書いたとおり，指導者と受講者が1対1で実施する場合もあれば，指導者1対受講者多（あるいは受講者1でオブザーバー多）で行われる場合もあります。どの場合でも，守秘義務には注意が必要です。さらにこれらの方法（分類）のほか村山・中田（2012），

村山（2016）は来談者中心療法の考えに基づいて PCAGIP方式のスーパービジョンを紹介していますが，廣川（2016：2017）は実際にキャリア分野において PCAGIP方式のスーパービジョンについて試みています。

　また渡部（2018）は事例検討がベテランによる揚げ足取りになりやすいことを指摘し，このために「失敗例を事例検討に持ってこなくなる」危険性を指摘しています。渡部（2018）はリフレクティングチーム（複数のキャリアコンサルタントによる相談チーム）によるロールプレイなどを提案しています。

　なお山本・鶴田編（2001）では，事例報告をケース・カンファレンスの場合とスーパービジョンの場合，事例検討会・学会の場合の3つに分けています。ケース・カンファレンスは「相談機関のなかで，おもに新規の受理事例について，スタッフが現時点での見立てと処遇について共通理解をもつために開く定期的な報告会」と定義し，「第一に，簡潔さが求められる」「必要な最小限の事実の報告を中心とすることが大切である」「第二に，情報を共有することが求められる」「第三に，組織として事例の管理を行い，責任を明確にすることが求められる」としています。またスーパービジョンについては「臨床家が，より経験のある臨床家に，自分が担当する事例の進め方について定期的に相談すること」と定義し，「クライエントに対する責任をともなう指導関係である」としています（この点はキャリアコンサルタントに求められるスーパービジョンと異なるかもしれません）。山本・鶴田編（2001）ではスーパービジョンの際には（ケース・カンファレンスと異なり）「クライエントの言動と，臨床家である自分自身の言動と，両者の相互関係について報告することが必要であり，さらには，臨床家である自分の印象，考えについて報告することが必要」「最初は逐語的報告という形で，面接場面の忠実な報告を中心とすることが必要であるが，経験が増すにつれて，しだいに臨床家として感じたり現象や理解を報告することが意味を持ってくる」「比較的個人的な報告の場であり，必ずしも理路整然と報告する必要は」ない，としています。さらに事例検討会については「ほぼ同一の限られたなじみのある参加者によって，定期的に事例検討が行われる会をいう」と定義し，「事例検討会では，事例についての事実だけでなく，カウンセラーがとらえた意味を記述することが必要である」「事例検討会では，参加者の反応を『聞く』ことが意味を持つ」としています（学会の場合

については省略）。

　日本産業カウンセリング学会などではすでにスーパーバイザー養成が開始されていますが，厚生労働省（2019）は「スーパーバイザー養成のための標準的カリキュラムモデルや，適性・能力判定基準等を整理して示す必要がある」としており，今後，厚生労働省の研究会等を通じて，キャリアコンサルティング分野の新たなスーパーバイザー養成のための標準的なカリキュラムモデルが具体的に示される可能性があります。今後とも制度改正について注視していくことが必要です。

発展学習・グループ学習のための議論のテーマ

- 指導者として，あなたはどういう事例指導を行いたいと思いますか？　どんな指導方法を用いることができますか？　何を大切にし，何に注意しますか？
- あなたはこれまで事例指導を行ったことがありますか？　成功事例・非成功事例を思い出し，「次はどうするか」考えてみましょう。事例指導を行ったことがない場合は「どうやって事例指導方法を学ぶか」考えてみましょう。
- 教育指導を効果的・効率的なものにするためには，指導的キャリアコンサルタントはどういう知識や態度，姿勢があるとよいと思いますか？　そうした知識や態度，姿勢を得るためにはどうすればよいと思いますか？　どこで知識や態度を学べると思いますか？

[引用・参考文献]

廣川 進（2016）．新しい事例検討法（PCAGIP など）を試してみよう！　日本産業カウンセリング学会研修委員会研修 2016 年 7 月 17 日（於：大正大学），2016 年 11 月 20 日（於：公益財団関西生産性本部）

廣川 進（2017）．新しい事例検討会を試してみよう　日本産業カウンセリング学会第 22 回大会ラウンドテーブル・ディスカッション 2017 年 8 月 27 日（於：関西外国語大学）

國分 康隆（監修）（2008）．カウンセリング心理学事典　誠信書房

厚生労働省（2009）．平成 20 年度「キャリアコンサルティング研究会」報告書

厚生労働省（2019）．キャリアコンサルタントの継続的な学びの促進に関する報告書　https://www.mhlw.go.jp/stf/shingi2/0000199011_00001.html（2019 年 2 月 25 日）

村山 正治・中田 行重（編）（2012）．新しい事例検討法 PCAGIP 入門——パーソン・センター

　　ド・アプローチの視点から——　創元社

村山 正治（2016）．PCAGIP 法とは何か　https://www.counselor.or.jp/Portals/0/resources/research/
　　data/170613pcagipa.pdf（2019 年 2 月 27 日）

一般財団法人 日本心理研修センター（監修）（2018）．公認心理師現任者講習会テキスト
　　2019 年版　金剛出版

渡部 昌平（2018）．リフレクティング・プロセスを用いたキャリア教育 / カウンセリングの
　　可能性の検討　秋田県立大学総合科学研究彙報 , *19*, 29-32.

山本 力・鶴田 和美（編）（2001）．心理臨床家のための「事例研究」の進め方　北大路書房

おわりに

　キャリアコンサルティングを安定的に実践できるようになるに当たって，正直に申し上げればたくさんの理論家名や理論名を覚え，数行程度の理論概要を理解するだけで，果たして何ができるのか，という懸念はあります。効果的な理論や技法の1つを深く追求していけばいいではないか，という議論に賛同しないわけではありません。

　しかしキャリア理論やカウンセリング理論の歴史や全体を俯瞰して，その理論や流れがどういう関係にあるのか（新しい理論は古い理論の何を否定・改善・止揚しようとしているのか）を考えてみると，その歴史的変遷なり個々の理論家の思いなり時代背景を踏まえた対応なりがわかる場合もあるように思います。その中で自分の立ち位置はどこなのか，自分が何をしたいのか，何をしようとしているのか，何をすべきなのかが見えてくるような気がします。

　例えばフロイトなどの精神分析学派は従前の動物磁気説や悪霊説などとは何が違ったのか，行動主義は精神分析の何を批判して誕生したのか，ロジャーズなど人間関係学派は行動主義の何を批判したのか，スーパーはキャリア理論に何を持ち込み，コクランやサビカスは何のためにナラティブ／社会構成主義アプローチを導入する必要があったのか，という点です。

　時代背景とともにそうしたことを考えることで，現在に至るキャリア理論・カウンセリング理論の理解が深まるものと思います。皆さんが何によって立ってキャリアコンサルティングをすべきなのか，という立ち位置がわかると思います。今さら古典的な特性因子論そのままに説教調でキャリアコンサルティングを行っている方はいらっしゃらないと思いますが（基本は個人と仕事のマッチングですからあながち間違ってはいないとは思いますが……），個人の発達（成長）という観点，個人のニーズや主観の重視という観点，仕事だけでなく人生全体を考えるという観点，そうした観点は現代では必須だと考えています。

　また実践家としては，単に「知識として知っている」というだけでなく，「安定してキャリアコンサルティングの実践ができる」「応用できる」というスキルや経験も必要になってきます。傾聴や積極的関わり技法などを用いて，クライエントとの信頼ある人間関係を形成していく必要があります。場合によっ

ては，集団（グループ）をファシリテートする必要もあるかもしれません。組織や環境に働きかける必要が出てくるかもしれません。それらを習得するためには書籍を読むだけでなく，研修や講習に参加したり，ロールプレイやグループワークを実際にやってみたりする必要もあるでしょう。

　一度資格を取ってしまうと後は勉強しない，あるいは「更新できる最低限の講習で」済ませてしまう学習者も少なくないようですが，クライエントだけでなく自分自身を守るためにも，継続的な学習は必要だと思っています。「指導されに行きたくなる雰囲気づくり」も重要だと考えています。指導者レベルにある方に限らず，実践家同士で効果的・効率的に実践できるようになるための情報・意見交換をする必要性を感じています。

　最後に，この本を出版するにあたり多大なご協力をいただいた金子書房編集部の木澤英紀さん，株式会社アペルトの清水祐子さん，金子書房の皆さんに，この場を借りて感謝申し上げたいと思います。ありがとうございました。

秋田県立大学　渡部昌平

索　引

執筆者紹介

渡部昌平（わたなべ　しょうへい）

秋田県立大学総合科学教育研究センター准教授。1994年国際基督教大学卒業，1996年明星大学大学院人文学研究科心理学専修課修了，修士（心理学）。労働省入省後，札幌公共職業安定所，職業安定局業務調整課，民間需給調整事業室，飯田橋公共職業安定所，職業能力開発局キャリア形成支援室，沖縄労働局等を経て2011年から現職。キャリア・カウンセリング，キャリア教育を専門とし，著書として『LIFE CAREER（ライフ・キャリア）』（編著，金子書房，2019），『グループ・キャリア・カウンセリング』（編著，金子書房，2018），『実践家のためのナラティブ／社会構成主義キャリア・カウンセリング』（編著，福村出版，2017），『はじめてのナラティブ／社会構成主義キャリア・カウンセリング』（単著，川島書店，2016），『社会構成主義キャリア・カウンセリングの理論と実践』（編著，福村出版，2015）など。

よくわかる
キャリアコンサルティングの教科書

2019年11月25日　初版第1刷発行　　　　　　　　［検印省略］

著　者　　　　渡　部　昌　平
発行者　　　　金　子　紀　子
発行所　株式会社　金　子　書　房
　　　　　〒112-0012　東京都文京区大塚3−3−7
　　　　　TEL 03-3941-0111(代)　FAX 03-3941-0163
　　　　　振替　00180-9-103376
　　　　　URL http://www.kanekoshobo.co.jp
印刷／藤原印刷株式会社　　製本／一色製本株式会社